管理科学与工程丛书　●主编:葛新权

管理科学与工程丛书
主编：葛新权

基于知识管理的顾客关系质量研究

Study on Customer Relationship Quality
Based on Knowledge Management

杭建平　王建梅/编著

社会科学文献出版社
SOCIAL SCIENCES ACADEMIC PRESS (CHINA)

本书受北京市教委科学技术与研究生建设项目资助
本书受北京市重点建设学科管理科学与工程建设项目资助

总　序

　　基于 2003 年北京机械工业学院管理科学与工程硕士授权学科被批准为北京市重点建设学科，我们策划出版了这套丛书。

　　2004 年 8 月，北京机械工业学院与北京信息工程学院合并筹建北京信息科技大学。

　　北京机械工业学院工商管理分院于 2004 年建立了知识管理实验室，2005 年建立了北京地区第一个实验经济学实验室，2005 年 8 月召开了我国第一次实验经济学学术会议，2005 年 12 月获得 2005 年度北京市科学技术奖二等奖一项，2006 年 4 月获得北京市第九届人文社科优秀成果二等奖两项。2006 年 5 月，知识管理实验室被批准为北京市教委人才强校计划学术创新团队；2006 年 10 月，被批准为北京市哲学社会科学研究基地——北京知识管理研究基地。

　　2006 年 12 月，北京机械工业学院工商管理分院与北京信息工程学院工商管理系、经济贸易系经贸教研室合并成立北京信息科技大学经济管理学院。2008 年 3 月，企业管理硕士授权学科被批准为北京市重点建设学科。

　　2008 年 4 月，教育部正式批准成立北京信息科技大学。

　　经济管理学院是北京信息科技大学最大的学院。2007

年10月经过学科专业调整（信息系统与信息管理学士授权专业调出）后，经济管理学院拥有管理科学与工程、企业管理、技术经济及管理、国民经济学、数量经济学5个硕士授权学科，拥有工业工程专业硕士授予权，拥有会计学、财务管理、市场营销、工商管理、人力资源管理、经济学6个学士授权专业，设有注册会计师、证券与投资、商务管理、国际贸易4个专门化方向。

经济管理学院下设会计系、财务与投资系、企业管理系、营销管理系、经济与贸易系5个系，拥有实验实习中心，包括会计、财务与投资、企业管理、营销管理、经济与贸易、知识管理、实验经济学7个实验室。现有教授12人、副教授37人，具有博士学位的教师占23%，具有硕士学位的教师占70%。在教师中，有博士生导师、跨世纪学科带头人、政府津贴获得者，有北京市教委人才强校计划学术创新拔尖人才、北京市教委人才强校计划学术创新团队带头人、北京市哲学社会科学研究基地首席专家、北京市重点学科带头人、北京市科技创新标兵、北京市青年科技新星、证券投资专家，有北京市政府顾问、国家注册审核员、国家注册会计师、大型企业独立董事，还有一级学术组织常务理事，他们分别在计量经济、实验经济学、知识管理、科技管理、证券投资、项目管理、质量管理和财务会计教学与研究领域颇有建树，享有较高的知名度。

经济管理学院成立了知识管理研究所、实验经济学研究中心、顾客满意度测评研究中心、科技政策与管理研究中心、食品工程项目管理研究中心、经济发展研究中心、国际贸易研究中心、信息与职业工程研究所、金融研究所、知识工程研究所、企业战略管理研究所。

近三年来，在提高教学质量的同时，在科学研究方面也取得了丰硕的成果。完成了国家"十五"科技攻关项目、国家科技支撑计划项目、国家软科学项目等8项国家级项目和12项省部级项目，荣获5项省部级奖，获得软件著作权24项，出版专著16部，出版译著2本，出版教材10本，发表论文160余篇。这些成果直接或间接地为政府部门以及企业服务，特别地服务于北京社会发展与经济建设，为管理科学与工程学科的建设与发展打下了坚实的基础，促进了企业管理学科建设，形成了基于知识管理平台的科技管理特色，也形成了稳定的研究团队和知识管理、科技管理、知识工程与项目管理3个学术研究方向。

在北京市教育委员会科学技术与研究生建设项目、北京市重点建设学科管理科学与工程建设项目资助下，把我们的建设成果结集出版，形成了这套"管理科学与工程"丛书。

管理科学与工程学科发展日新月异，我们取得的成果不过是冰山一角，也不过是一家之言，难免有不当甚至错误之处，敬请批评指正。这也是我们出版本丛书的一个初衷，抛砖引玉，让我们共同努力，提高我国管理科学与工程学科研究的学术水平。

在北京市教育委员会与北京信息科技大学的大力支持与领导下，依靠学术团队，我们有信心为管理科学与工程学科建设、科学研究、人才培养与队伍建设、学术交流、平台建设与社会服务做出更大的贡献。

主编 葛新权
2008年4月于北京育新花园

摘　　要

　　本书在对知识管理与顾客关系管理进行基本介绍的基础上，主要针对如何提高企业顾客关系质量，以及如何构建企业顾客关系质量体系进行研究。

　　本书共分六章。第一章，知识管理。主要对知识管理的内涵及发展推动因素进行介绍，并对知识管理发展的历史进行归纳分析，同时介绍目前知识管理理论研究领域的一些主要流派。第二章，顾客关系管理概论。主要介绍顾客关系管理的发展演变，以及相关概念和应用。第三章，顾客分析。主要对顾客关系管理中一些有代表性的理论和概念进行总结分析，如顾客细分、顾客满意、顾客忠诚和顾客反馈等。第四章，顾客关系质量。主要对企业开展顾客关系管理过程中涉及的顾客关系质量和顾客关系质量管理体系进行研究。第五章，企业顾客关系质量管理体系的成熟度评价。主要应用成熟度的有关研究理论对企业顾客关系质量管理体系成熟度进行评价，并提出相关的概念、模型设想和评价指标体系。第六章，软件企业顾客关系质量应用案例。在前述章节阐述的基础上，结合软件企业的特点提出了软件企业开展顾客关系质量管理的框架。

Abstract

This book is aimed at the research on how to improve the quality of customer relationship for enterprises and how to establish customer relationship quality system for enterprises based on knowledge management and customer relationship management.

There are six chapters in this book. Chapter one, Knowledge Management, introduces the connotation of knowledge management and the driving factors to develop it, summarizes and analyzes its development history and presents some current mainstream schools in the knowledge management theory research. Chapter two, Introduction to Customer Relationship Management, presents the development and evolution of customer relationship management and related concepts and applications. Chapter three, Analyzing Customers, concludes and analyzes some representative theories and concepts in customer relationship management, such as customer segmentation, customer satisfaction, customer loyalty and customer feedback. Chapter four, Customer Relationship Quality, studies the customer relationship quality and its management system involved in the process of customer relationship management in an enterprise. Chapter five, Evaluation of Maturity of Customer Relationship Quality Management System, puts forward related concepts, model assumptions and evaluating indicators, and assesses enterprises' maturity of customer relationship quality management system using maturity theories. Chapter six, Case Study on the Application of Customer Relationship Quality Management, linking aforementioned contents, addresses a framework of customer relationship quality management for enterprises in software industry in connection with the characteristics of such enterprises.

目 录

前　言 / 1

第一章　知识管理 / 1
第一节　知识管理的内涵 / 2
第二节　知识管理的推动因素 / 11
第三节　知识管理的历史沿革 / 21
第四节　知识管理的流派 / 46

第二章　顾客关系管理概论 / 69
第一节　顾客关系管理的起源与发展 / 69
第二节　顾客关系管理实践中存在的问题 / 114
第三节　知识经济下的顾客关系管理 / 118

第三章　顾客分析 / 122
第一节　顾客 / 122
第二节　顾客细分 / 131
第三节　顾客满意 / 148

第四节 顾客忠诚 / 161
第五节 顾客反馈 / 169

第四章 顾客关系质量 / 175

第一节 顾客关系质量的概念和内涵 / 175
第二节 顾客关系质量的关键维度及模型 / 184
第三节 企业顾客关系质量管理体系 / 198

第五章 企业顾客关系质量管理体系的成熟度评价 / 223

第一节 企业顾客关系质量管理体系成熟度的
概念及模型 / 223
第二节 企业顾客关系质量管理体系成熟度评价的
指标体系 / 252

第六章 软件企业顾客关系质量应用案例 / 272

第一节 软件企业及其产品的特点 / 273
第二节 软件企业顾客特性分析 / 277
第三节 软件企业顾客关系的界定及关键维度 / 279
第四节 提高软件企业顾客关系质量的策略 / 284
第五节 软件企业顾客关系质量管理体系的构建 / 287

参考文献 / 300

Contents

Preface / 1

Chapter 1　Knowledge Management / 1
  Section 1　Defination / 2
  Section 2　Driving Factors for Knowledge Management / 11
  Section 3　Historic Revolution of Knowledge Management / 21
  Section 4　Schools of Knowledge Management / 46

Chapter 2　Introduction to Customer Relationship Management / 69
  Section 1　Origin and Development / 69
  Section 2　Existing Problems in the Practice of Customer Relationship Management / 114
  Section 3　Customer Relationship Management in Knowledge-based Economy / 118

Chapter 3 Customer Analysis / 122
- Section 1 Customer / 122
- Section 2 Customer Segmentation / 131
- Section 3 Customer Satisfaction / 148
- Section 4 Customer Loyalty / 161
- Section 5 Customer Feedback / 169

Chapter 4 Customer Relationship Quality / 175
- Section 1 Defination / 175
- Section 2 Key Dimensions and Models of Customer Relationship Quality / 184
- Section 3 Customer Relationship Quality Management System in Enterprises / 198

Chapter 5 Evaluation of Maturity of Customer Relationship Quality Management System in Enterprises / 223
- Section 1 Concepts and Models of Maturity of Customer Relationship Quality Management System / 223
- Section 2 Indicator System for Evaluation of Maturity of Customer Relationship Quality Management System in Enterprises / 252

Chapter 6 Applications of Customer Relationship Quality Management to Software Enterprises / 272
- Section 1 Features of Software Enterprises and Their Products / 273

Section 2	Features of Customers of Software Enterprises / 277	
Section 3	Definition and Key Dimensions of Customer Relationship of Software Enterprises / 279	
Section 4	Strategies to Improve Customer Relationship Quality for Software Enterprises / 284	
Section 5	Establishment of Customer Relationship Quality Management System for Software Enterprises / 287	

References / 300

前　言

自1997年美国学者Gartner Group提出顾客关系管理的概念以来，顾客关系受到了学术界及企业界的广泛关注，众多学者从不同角度，如顾客满意、顾客忠诚、顾客价值等，对顾客关系管理进行了研究。21世纪初，国内也开始逐渐接受并研究顾客关系管理，特别是在IT行业，随着2000年以来顾客关系管理（CRM）软件市场的迅速形成和壮大，中国出现了CRM软件推广的热潮。

目前国内外关于顾客关系管理的研究较多地集中于对理念的探讨以及对CRM软件和技术的完善。现有的顾客关系管理基本上从三个方面阐述：第一，基于技术层面，围绕CRM软件和IT技术对顾客关系管理进行探讨；第二，基于理念层面，对顾客关系管理的概念、由来及发展趋势进行探讨；第三，基于职能层面，从营销业务流程的角度论述顾客关系管理。管理的范围一般限于与组织营销有关的部门。

然而面对多变的市场环境，组织实施顾客关系管理并不仅仅是贯彻理念与应用软件和技术（就组织与顾客的关系而言存在着动态性和协同性），更重要的是反映在其管理结构和运行机制上，涉及战略层面，关联组织的全过程。因此，应从组织的战略全局关注顾客关系管理，特别要重视顾客关系的动态趋势和协同程度,这是顾客关系质量的体现。关系不仅具有长期价值,在短期内同样具有价值,关系变得越来越重要,关系质量的好坏影响着顾客对价值的感知,企业在交易过程中与顾客的交互在本质上影响着顾客的感知,这种感知直接影响顾客感知的利得与利失,顾客可能会将其关注的焦点从评价产品本身转向评估整体关系(张新国,2002)。

现代市场营销的实践证明,在企业中,营销收益的80%往往来自20%的顾客,这一现象说明了关系质量是企业之本。企业在与顾客建立关系时要考虑应该建立什么关系,是泛交,还是深交。一般而言,泛交强调的是关系数量,深交强调的是关系质量,前一种关系往往处于游离态,而后者基本上是一种稳态关系。

顾客关系管理理念来源于关系营销,关系营销中的一个核心概念是关系质量。目前探讨关系质量的文献主要出现在B2B、服务营销、关系营销等领域。研究的主题主要是关系质量的维度、领域等理论问题,除此之外对关系质量与企业绩效的关系、关系质量对顾客购买行为的影响也做了一些研究。Roberts等(2003)通过实证研究认为关系质量对顾客忠诚感有正向影响。Morgan和Hunt(1994)研究发现较高的关系承诺和信任能减少合作伙伴背离的倾向。Oliver和Macmillian(1992)指出顾客满意与信任会影响顾客忠诚感,如果顾客在与企业交易时感到满意并对其产生信任,则顾客将愿意继续与公司进行互动,且企业与顾客间的关系将日益亲密,忠诚感也将随之增强。Anderson和Sullivan(1993)指出,与企业进行交易时,如果与企业交易的顾客对该企业感到满意,并且信任该企业,顾客就会持续地与该企业保持交易，顾客满意与信任将会正向影响忠诚感。

　　组织对顾客关系的管理就是要不断提升组织与顾客关系的质量，从一般到优秀，从优秀到卓越。为此，组织应以系统科学的思想研究构建顾客关系质量管理模式，建立评价准则。构建顾客关系质量管理体系，评价顾客关系质量管理体系的成熟度，为不断改进顾客关系质量管理提供指南。

　　国外研究表明，员工满意度提高5%，就会提升1.3%的顾客满意度。提高企业内部顾客的关系质量，无疑会提高企业外部顾客的关系质量。因此，提高内外部顾客的关系质量，自然成了企业关注的焦点。

　　《哈佛商业评论》中把"顾客关系"列在组织资源的第一位，其重要性位于门户、产业位置、人才之前。在今天这样一个商品同质化和顾客需求个性化并存、由卖方市场向买方市场转移的竞争环境里，企业对"以顾客为中心"的顾客关系管理的客观需求已是毋庸置疑，持久稳定的顾客关系对于组织的生存和发展的重要意义是不言而喻的。关系质量是关系营销理论中一个比较重要的概念，学术界与企业界均认识到企业要维持与顾客的长期关系，就必须从多个方面来提升两者之间的关系质量。顾客关系质量的高低对企业有着重要影响。

　　研究顾客关系质量的理论意义如下。企业与顾客的关系突出地表现为多元性、协同性和动态性，企业在顾客关系的管理上应注重其质量，并通过建立质量管理体系不断地维护和提升顾客关系质量，使企业与顾客的关系得到建立，并不断维护和发展。目前这方面的理论研究尚属空白，为此本书在理论上提出：确立"顾客关系质量"的概念，并依据系统管理的思想，研究构建企业顾客关系质量管理体系的理论框架。

　　研究顾客关系质量的实践意义如下。在实践层面，中国现有的顾客关系管理的内容集中于市场、销售、客户服务等方面，基于这种导向，一些组织狭义地理解顾客关系管理，忽视了发挥顾客关系管理与组织其他经营环节的整合效应，认为实施顾客关系管理就是引进 CRM 软件，建立收集及处理顾客信息系统，这种情况致使企业走了一些弯路。从系统的观点分析，顾客关系管理并不仅仅局限于组织的营销业务和客户服务环节，还应涉及组织的战略部署与发展、文化的建立与认同、资源的规划与提供、流程的再造与控制等各个管理领域。本书在理论研究的基础上进一步构建了顾客关系管理体系结构和要素，并为体系运行的成熟度构建了评价准则，指导组织突破狭义的顾客关系管理，整合组织的其他管理要素建立体系，使顾客关系管理理论更为完善。

第一章
知识管理

自从人类社会出现文字，文字被用于记录发生的各种事情之后，就已经出现了对知识的管理，只不过当时的管理还处在一种很懵懂、很低级的状态。进入21世纪后，人类社会开始真正进入所谓的"知识经济"时代，知识管理无论是在理论研究还是在社会组织实践方面，才开始有了真正意义上的长足发展。

在知识经济时代，知识是最重要的资源，在促进社会进步和经济发展的过程中起到了越来越重要的作用。在知识经济时代，企业所处环境的不确定性和动态性越来越明显，市场竞争越来越激烈，创新速度越来越快，雇员的流动性加快，经营范围扩展到全球范围，等等，导致企业的运营与传统运营呈现明显的差异，传统的以土地、厂房、设备、技术、人才、资金等为核心的企业管理模式开始出现越来越多的局限性。企业必须不断获得新知识，并利用知识为企业和社会创造价值。因此，用知识取代这些传统资源成为企业最重要的任务，如何对知识进行管理成为理论研究和企业实践的重心。

第一节 知识管理的内涵

一 知识管理的定义

知识管理是一个新生事物,也是一个发展中的概念,不同的研究者从不同的角度、立场、理解和需要出发,对知识管理强调的侧重点各不相同,概念内涵也自然有所差异。其中具有代表性的定义有以下几种。

彼得·F. 德鲁克(Peter F. Drunker)认为:"知识管理能够提供知识,去有效地发现现有的知识怎样能最好地应用于产生效果,这是我们所指的知识管理。"

维娜·艾利(Verna Alee)认为,知识管理能够帮助人们对拥有的知识进行反思,帮助发展支持人们进行知识交流的技术和企业内部结构,并帮助人们获得知识来源,促进他们之间进行知识的交流。[1]

巴斯(Bassi)认为,知识管理是为了增强组织的绩效而创造、获取和使用知识的过程。[2]

法拉普罗(Frappulo)认为:"知识管理就是运用集体的智慧提高应变和创新能力。"他还认为知识应有外部化、内部化、中介化和认知化四种功能。外部化是指从外部获取知识,并按照一定的分类将它们组织起来,其目的是让想拥有知识的人通过内部化和中介化而获取知识;内部化和中介

---

[1] 陈鹏:《知识管理对现代物流的影响》,《当代经理人》2005年第5期,第68页。
[2] 赵洋、胡峰:《知识管理:理论内涵与实践意义》,《广东商学院学报》2002年第3期,第43页。

化所关注的分别主要是可表达知识和隐含知识的转移；认知化则是将通过上述三种功能获得的知识加以应用，是知识管理的终极目标。①

美国生产力与质量中心（APQC）认为，知识管理应该是组织一种有意识采取的战略，它保证能够在最需要的时间将最重要的知识传递给最需要的人。这样可以帮助人们共享信息，进而将之通过不同的方式付诸实践，最终达到提高组织业绩的目的。②

大卫·J. 斯克姆（David J. Skyrme）博士认为："知识管理是对重要知识及其创造、收集、组织、传播、利用与宣传等相关过程的系统管理。它要求将个人知识转变为某个组织可以广泛共享和适当利用的团体知识。"

Lotus Notes 公司认为，知识管理是当公司面对非连续性变化日益突出的环境时，针对其生存和发展能力等重要方面所采取的一种应对措施，它贯穿于组织的发展进程之中，旨在寻求信息处理能力与人的发明创新能力的有机结合。③ 知识管理是对一个公司集体的知识与技能的捕获——而不论这些知识和技能存在于数据库中、印在纸上还是存在于人们的脑海里，然后将这些知识与技能传递到能够帮助公司实现最大产出的任何地方的过程。

约吉斯·马尔霍特拉（Yogesh Malhotra）博士认为："知识管理是企业面对日益增长的非连续性的环境变化时，

---

① 邱均平：《知识管理学》，科学技术文献出版社，2006，第53页。
② 马海群：《知识管理学科建设的若干基本问题思考——兼评〈知识管理学〉》，《图书情报知识》2007年第5期，第103页。
③ 张同健：《知识管理研究述评》，《淮南职业技术学院学报》2008年第4期，第65页。

针对组织的适应性、组织的生存和竞争能力等重要方面的一种迎合性措施。本质上，它包含了组织的发展进程，并寻求将信息技术所提供的对数据和信息的处理能力以及人的发明创造能力这两方面进行有机的结合。"①

国内著名学者乌家培教授认为，"信息管理是知识管理的基础，知识管理是信息管理的延伸与发展"，"信息管理经历了文献管理、计算机管理、信息资源管理、竞争性情报管理，演进到知识管理。知识管理是信息管理发展的新阶段，它同信息管理以往各阶段不一样，要求把信息与信息、信息与活动、信息与人连接起来，在人际交流的互动过程中，通过信息与知识的共享，运用群体的智慧进行创新，以赢得竞争优势"。②

白杨指出："我认为对企业知识管理可以有两种不同的理解。一是广义的理解，认为知识管理是一种新型的管理模式，是以知识为基础的管理活动。它强调企业领导及员工对企业中各类知识的认识与学习，并将之作为企业各个环节运行的基础，在人们的思想中形成一种创新意识，以适应知识经济时代对企业发展的要求，是知识经济在企业管理中的具体化。二是狭义的理解，认为知识管理是企业现代管理中的一个内容，即设定知识总管，利用现代信息技术，对企业内部各方面的知识及员工的培训进行管理，以使得各类知识得到有效的利用，并转化为更大的生产力。"③

---

① 邓湘琳：《国内外知识管理的研究进展》，《湘潭师范学院学报》（社会科学版）2007年第1期。
② 朱晓峰：《知识管理研究综述》，《理论与探索》2003年第5期。
③ 白杨：《企业知识管理理论初探》，《情报科学》2000年第6期。

王伟光认为："知识管理是对信息、技术即知识的管理和对人的管理的统一，它要求把信息与信息、信息与活动、信息与人连接起来而形成知识网络，实现知识共享，并使传统组织结构发生变化，以适应'知识工作者'的出现和发展，进而通过'任务集中的团队'来实现组织内外多重利益关系的协同——双赢（Win-Win）战略。"

朱晓峰指出："知识管理是指企业在面对环境的日益加剧的不连续性、高度不确定性和未来的不可预测性背景下，以'人'为中心，以信息资源为基础，以技术为手段，以创新为目的的系统化、组织化地识别、获取、开发、使用、存储和交流企业所需知识并将其转化为提高核心竞争力的思想和活动。"

巢乃鹏引用 Marianne Broadbent 的观点，认为"'知识管理'是挖掘并组织个人及相关知识以提高整体效益的一种目标管理流程。也就是说，通过信息管理及组织学习来提高整个组织的知识水准，其目的是获取商业利益"。陈小让提出："知识管理就是为企业实现显性知识和隐性知识共享提供途径，通过对知识的识别、获取和利用，充分发挥其价值，从而提高企业的竞争力。"[1] 褚峻认为："在企业微观层面，知识管理就是对企业内部的知识进行组织和管理。它包括对显性知识的管理和对隐性知识的开发和管理。"郭强认为，知识管理的实质是对企业中人的经验、知识、能力等因素的管理，以实现知识共享。

关于知识管理，目前还没有一个标准的、清晰的定义。

---

[1] 付立宏、崔波：《近年来我国知识管理研究综述》，《郑州经济管理干部学院学报》2004年第2期。

但是有一点却成为大家的共识,那就是知识管理不是任何意义上的对人的管理,也不是真正的对知识的管理。知识管理更倾向于知识共享、信息系统、组织学习、智力资本管理、绩效管理和加强。

二　知识管理的特征

1. 知识管理在价值取向上高度重视知识与人才

在知识经济时代,知识成为主要的资产,而拥有知识的是人,人才是极其重要的,这种重要性就体现在人才所拥有的知识上。人才能够致力于在更广泛的背景下解释知识,将知识与其他类型的信息结合起来,或者将知识的各种领域结合起来。因此,知识管理要对知识和人才高度重视。

2. 知识管理在管理内容上以无形资产管理为主要内容

波兰学者迈克尔·波兰尼(Michael Polanyi)于1958年根据知识能否清晰地表述和有效地转移,把知识分为显性知识(Explicit Knowledge)和隐性知识(Tacit Knowledge)。因此,知识管理实际上包含对两类知识的管理,也就是对显性知识和隐性知识的管理,并且以隐性知识管理为重点,同时特别强调显性知识与隐性知识之间的相互转化与共享。

3. 知识管理在组织机制上注重集体知识共享与创新

未来知识经济下,企业的成功取决于组织的整体创新能力,这就要求组织的领导层把组织工作人员集体知识共享和创新视为成功的关键,集体知识共享和创新带来的知识效益取决于组织工作人员吸收、分享和利用知识的能力。在重视知识共享的同时,还应该突出创新管理,这种创新对一个企业来说是至关重要的。

4. 知识管理在管理方式上注重知识在管理工作中的作用的新发展

知识管理代表了理解和探索知识在管理工作中的作用的新发展，这种理解和探索的方式更加有机、全面。当企业面对日新月异的非连续性的环境变化时，知识管理是针对组织的适应性、组织的生存及组织的能力等重要方面的一种迎合性措施。个人和组织要适应现代经济日益复杂多变的环境，知识管理是真正的向导。

5. 知识管理在生产方式上注重个性化、多样化的生产

以增加物质财富为目的的工业社会的大批量生产方式逐渐被淘汰，灵活多变、适应性强、个性化的柔性生产方式应运而生。[①] 企业的赢利不仅在于量的生产，同时还取决于个性化、多样化的生产，并且能够有效地将二者进行结合。

6. 知识管理在首要目标上注重支持决策

知识管理的最首要目标并不是降低成本，它应以与实践结合，更好、更快地支持决策为宗旨。[②] 知识管理不同于信息管理，它通过知识共享，运用集体的智慧提高应变的创新能力。知识管理对包括信息在内的所有智力资本进行综合决策，并实施全面管理，对企业高层管理者起到支持决策的作用，更好地为管理者出谋划策，从而提高管理效率。

7. 知识管理在整体发展目标上注重社会的整体发展

传统企业管理往往把追求企业经济目标放在压倒一切的位置上，但在知识经济时代，企业在追求自身经济利润的同时，还应追求整个社会的发展目标，形成"顾客满意、员

---

① 张润彤、曹宗媛、朱晓敏：《知识管理概论》，首都经济贸易大学出版社，2005，第47页。
② 潘芳莲：《试谈知识管理的特点》，《情报科学》2007年第7期，第586页。

工满意、投资者满意、社会满意"的企业管理目标体系。"如果一个企业不能对资源利用、生态平衡、经济的可持续发展承担责任，如果不能对消费者的直接利益和间接利益承担责任，如果不能对员工的身心健康和全面发展承担责任，如果不能为投资者带来应有的收益，那么在知识经济时代的市场竞争中就会被淘汰出局。"因此，追求企业与社会整体的和谐发展，是知识管理研究的一个重大课题。

8. 知识管理在管理理念上注重不断改进和永无穷尽

知识管理意味着改进知识的利用过程。但知识只是在一定的过程中产生、利用和分享的，而这些过程又随着行业的不同而不同。因此，知识管理不仅针对知识体系本身，而且要面向应用领域，将知识"市场化"或"实用化"，[①] 使知识的潜在使用者能够了解其应用价值或生产力，并将知识用于价值创造中。另外，知识管理的任务又是无穷无尽的，企业所需知识的类型一直在发生变化，新的技术、管理方式、规则问题和与消费有关的事层出不穷，公司不断改变其策略、组织结构及产品和服务的重点，新的管理人员和专业技术人员对知识有新的需求。

三 知识管理的内容

应该说，知识管理是一个复杂的系统，不同的人站在不同的角度，就会对知识管理提出不同的观点和看法。这些观点和看法表面上不一致，但其内涵都是差不多的。下面列举一些具有代表性的观点，供学习参考使用。

美国波士顿大学商学院著名信息管理教授托马斯·H.

---

① 邱均平：《知识管理学》，科学技术文献出版社，2006，第61页。

达文波特认为，知识管理真正的显著方面分为两个重要类别：知识的创造和知识的应用。①

Yogesh Malhotra 博士认为，知识管理的主要内容包括两方面：信息技术所提供的对数据和信息的处理能力与人的发展创造能力。

邱均平教授指出，广义知识管理的研究内容包括理论研究和应用研究两方面。前者可细分为知识的特性和运动规律研究、知识组织管理研究、知识信息管理研究、知识管理方法体系研究；后者是指各行业、各学科领域的知识创新和管理在本领域的应用。②

尹继东认为："知识管理从纵向层次看，主要包括知识获取的管理、知识利用的管理和知识创意的管理；从横向层次看，主要包括信息管理、无形资产管理、职工教育与培训、人才管理、经营战略决策等。"

党跃武认为，知识管理的内容体系包括以下四大方面：①知识管理基础工作，包括知识管理规划组织和知识管理政策制定；②知识资本识别和维护，包括知识资本识别、知识资本审计、知识资本体系构建和知识资本体系维护；③知识资本开发和创新，包括知识管理系统建设和知识资本价值开发；④知识管理成果评价，包括知识管理系统评价和知识服务体系评价。

盛小平认为，知识管理的内容体系包括以下七方面：①知识生产管理；②知识组织管理；③知识传播管理；④知识营销管理；⑤知识应用管理；⑥知识消费管理；⑦人力资源

---

① 邱均平：《知识管理学》，科学技术文献出版社，2006，第70页。
② 徐向艺、辛杰：《企业知识管理》，山东人民出版社，2008，第53页。

管理。

朱晓峰、肖刚认为，知识管理大致应该包括以下六项内容：①知识管理的基础设施，即网络和知识库等基本基础设施建设，这构成人与人之间的各种交流渠道；②知识管理与核心业务结合，即重组业务流程，使得在企业内部形成畅通无阻的知识链，并让每一个员工在获取与业务有关知识的同时，都能为企业贡献自己的知识、经验和专长；③知识管理的具体工具，包括文件管理系统、信息管理系统、搜索和索引系统、通信和协作系统、专家系统和无形资产评估系统等；④知识的获取和检索，即多策略、多模式、多方法、多层次地检索和获取知识；⑤知识的传递，如建立知识分布图、定期发送 E-mail、设立 BBS 进行互相交流等；⑥知识的共享和知识管理评测，包括建立一种良好的企业文化、激励员工参与知识共享、设立专职的知识管理负责人（如知识总监 CKO）、建立知识管理的规章制度和鼓励制度等。[①]

根据知识管理的基本内涵，知识管理的内容仍然可以从广义和狭义两方面去理解。广义的知识管理内容包括对知识、知识设施、知识人员、知识活动等诸要素的管理。狭义的知识管理内容则指对知识本身的管理。其中狭义的知识管理即对知识本身的管理，应该成为知识管理研究的核心内容。对知识本身的管理，包括三方面的内容：①对显性知识的管理，体现为对客观知识的组织管理活动；②对隐性知识的管理，主要体现为对人的管理；③对显性知识和隐性知识之间相互作用的管理即对知识转换的管理，体现为知识的应

[①] 徐兆英：《论知识管理的内容、特征及其对管理科学的贡献》，《东北师大学报》（哲学社会科学版）2004 年第 6 期，第 120 页。

用或创新的过程。对显性知识的管理，即信息管理。目前在图书情报学领域对显性知识的管理已有大量的理论与实践研究成果，但对隐性知识的管理和对知识转换的管理，目前无论是在理论上还是在实践上都还没有形成完整的模式，尚处于理论探讨阶段。

20世纪80年代，日本大学教授、著名管理学家野中郁次郎和竹内广隆受到波兰尼关于隐性知识和显性知识的启发，提出了著名的显性知识与隐性知识转化的理论。这个理论对后续知识管理的研究起到了巨大的推动作用。

第二节 知识管理的推动因素

一 为什么需要知识管理

管理大师杜拉克曾经说过："目前真正控制性的资源和生产决定性因素既不是资本，也不是土地和劳动力，而是知识。"[①] 纵观世界经济的发展历程，我们发现，20世纪50～60年代市场竞争主要表现为以成本为主的竞争，70年代提升为以品质为主的竞争，80年代转而向以全球化和快速进入市场为主的竞争，90年代以后表现为以创新为主的竞争。进入21世纪，我们面临的竞争逐渐转向以知识为主的竞争，我们正在步入知识经济时代。

目前，各国的政治家、经济学家、企业家和公众对知识经济的关注程度超过以往任何一种经济形态出现之初的情形。知识经济备受世人关注是有其深刻原因的。一个人所共

---

① 徐向艺、辛杰：《企业知识管理》，山东人民出版社，2008，第1页。

知的事实是，微软公司无论从其历史、员工数量、厂房、库房、货物库存、设备乃至物质总资产等方面都比不上通用汽车公司，但其市场价值和总资产却远远大于通用汽车公司。以发展历史为例，通用汽车公司经历了100多年，而微软公司只有30多年；以总资产而论，微软公司的总资产是通用汽车公司总资产的数倍。这究竟是怎么回事呢？答案并不复杂，起决定作用的是知识和知识管理。① 通用汽车公司是工业经济的代表，它在设施水平和库存量方面均居世界首位，而微软公司在其产品的知识含量和知识管理方面全球领先。因此，在竞争加剧、市场需求变化、新型运作及管理实践、知识管理方法的进一步发展，以及信息技术可获得性的提高等因素的推动下，知识及知识管理已经成为一种必要。

二 知识管理的内部推动因素

与一般生产管理、资本管理相比，知识管理是通过"知识积累—创造—应用—形成知识平台—再积累—再创造—再应用—形成新的知识平台"这一完整过程进行引导和约束的，知识管理促进知识在企业内部和外部产生与流动，使知识在企业中实现增值，从而达到提高企业核心竞争力的直接目的，并最终保持企业市场竞争的持续优势。

在企业内部，许多新变化和新发展也为更好地进行知识管理创造了许多机遇。在不同领域，这种状况当然也有所不同，但基本上都包括以下几方面的变化。

1. 企业效率的瓶颈

知识管理强调利用知识将企业内部主要职能领域进行有

---

① 郑杰：《谈知识管理》，《特区经济》2005年第5期，第332页。

效整合，对现有内部业务流程进行再造，使企业能力与市场需求达到一致和协调，以此适应市场需求，提高企业的竞争能力。通过努力获取和共享最好的经验以及重复使用知识资产，帮助企业少犯错误，缩短作业时间，并最大限度地减少重复劳动，实现知识向产品、生产力和经营绩效的转化，从而提高企业经营效率。

很明显，企业在工作流程及信息流动方面的束缚大大降低了其应有的效率，使企业出现了效率瓶颈。不过在过去的几十年中，通过在某些方面的改进，企业原有的瓶颈大部分已被消除或转移了。这些改进有：增加对技术及后勤的投资；促使员工更加努力地工作或延长工作时间；加强对工作任务和工作流程的组织；完善支持决策及工作的信息系统（使信息更精确、完整、及时）；提高传统流程的自动化程度以简化运作过程。[①] 同时，这些改进本身又会要求更高的效率和更多的智能性行为。因此，企业瓶颈已从原来有形的、可触及的领域转向了需要更好的知识及关键技术的知识密集型领域。

2. 企业的创新能力和应变能力

现代企业强调创新和应变，其主要来源是企业环境发生的变化：全球经济一体化促使企业经营范围不断扩大；技术进步速度加快要求企业必须创新；竞争的激烈和需求的变化迫使企业必须做出调整；等等。传统的以厂房、设备、技术为核心的管理虽然也强调创新和应变，但受这些资源特征的限制，其创新和应变能力往往体现不出应有的效果。在知识

---

① 〔法〕查尔斯·德普雷、丹尼尔·肖维尔主编《知识管理的现在与未来》，刘庆林译，人民邮电出版社，2004。

经济条件下，企业经营的核心资源是知识。

企业通过知识管理，形成完善的知识资源和管理体系，能够为企业创新和及时调整奠定坚实良好的基础；通过知识挖掘和知识共享，特别是隐性知识挖掘和共享，能够在企业内部加强沟通和交流，引发思想碰撞的火花，不断产生新的想法和创意，从而有助于企业不断开发新的产品和服务。同时，在掌握充分的内外环境变化知识资源的基础上，企业管理者能够及时获知环境可能发生的变化，根据已有知识迅速分析环境中的种种变化因素，对比各种选择方案和可能结果，从而降低企业经营的不确定性。在有效决策的基础上，把握机遇，做出快速反应，把风险事件的影响降到最低，从而保证企业持续有效地发展。

3. 员工技能的提高

毛主席说过一句话："政治路线确定之后，干部就是决定的因素。因此，有计划地培养大批的新干部，就是我们的战斗任务。"企业管理何尝不是这个道理。决策者明确未来发展战略后，管理的实际效果完全取决于员工队伍。这个队伍的技能素质和知识水平直接影响着企业的市场竞争能力和优势所在。有效的知识管理可以不断提高这支队伍的素质和技能，而且企业在信息管理、技术、人工智能应用等领域取得的进展也使采用新的知识管理方法成为可能。这些进展包括支持协同性工作的群件技术、知识编码技术、绩效支持系统、自然语言理解技术及先进的搜索引擎等。[①]

知识管理可以将企业塑造成"学习型组织"，营造一个

---

① 〔法〕查尔斯·德普雷、丹尼尔·肖维尔主编《知识管理的现在与未来》，刘庆林译，人民邮电出版社，2004。

不断学习的氛围，将员工学习的行为制度化，通过经验规范和价值观的传递，通过知识交流、共享和集体参与，以在职学习、联机培训、远程教育和企业知识网络等方式，提高员工的技能素质。同时，知识管理还可以向个人提供借以发现、挖掘和优化已创造的共同知识工具，并把它们应用于新流程，解决新问题，在"干中学"的模式中提高员工的技能，因此员工技能的提高需要知识管理。

4. 竞争上的差异化

按照波特教授的观点，企业可以采用两种竞争战略：成本领先战略和差异化战略。受制于传统资源的易得性和可模仿性，利用传统资源进行差异化经营陷入了两难的尴尬局面。某个企业努力形成自己的特色后，很快就会发现周围迅速出现大批类似的企业，导致自身投入巨大资源所形成的差异优势瞬间消失。在知识经济时代，由于知识的难以模仿和复制性，因此可以利用知识管理产生各种不同的差异化战略、经营模式和产品服务，这样便可以领先于对手，抓住顾客。

知识是组织中最难模仿的核心竞争优势。任何企业都很难兼顾所有的领域。所以，企业必须致力于固守自己最优秀的核心能力，即不断地进步、吸纳并使用丰富的知识，进而将其整合在组织的核心领域中，这样便能永远领先于他人。又由于知识本身深植于企业文化和领导管理制度中，这样也难以被竞争者了解和模仿。由于知识是一种综合的混合体，因而表现的方式应是以最有效的途径来整合各种资源、能力、设备及人员，所以很难明确地找出哪一项是主要影响因素，对手如果模仿便显得非常困难。[①] 有形资产就像厨师在

---

① 林冬青：《知识管理理论与实务》，电子工业出版社，2005。

做菜时所需要的素材,每位厨师选用的素材虽然相同,但味道却相差很多,差异就在于厨师综合选用的素材的知识有所不同,这样所产生的综合效果也将有所不同。

三 知识管理的外部推动因素

很多企业的生存和成功在很大程度上会受到外部因素的影响,对于这些外部因素,企业只能努力适应并尽可能地根据其变化做出反应,只有这样,企业才能在激烈的竞争中生存下来。这些外部因素一般包括以下几方面。

1. 知识经济体系的形成

在21世纪,知识将取代劳动力、土地、资本,变成最重要的竞争和生存的武器。在农业革命时代,土地是企业最重要的资本;在工业革命时代,资金、设备和劳动力是企业最重要的资本;进入21世纪,知识将取代农业革命时代的土地与劳动力,也将取代工业革命时代的资本与设备而成为最重要的竞争和生存的利器。知识(信息)密集型产业的成长率最高,并且它的价值与产值也最大,如电子业、信息业、通信业和服务业等。以美国为例,在1970年以后,知识(信息)密集型产业的就业人口已经超过工业的就业人口,占其就业人口的55%,并且有60%的出口产业与知识(信息)密集型产业有关。美国的Amazon、Yahoo、Microsoft等企业都是知识(信息)密集型的产业,这些产业的价值与产值甚至比一般资本密集型产业(如GM、福特等)的产值都大。[①] 欧美先进国家目前也将知识(信息)密集型产业留在国内,而将其余资本、劳动力密集型的产业外移。

---

① 林冬青:《知识管理理论与实务》,电子工业出版社,2005。

2. 知识的经济价值

知识对于企业来讲，具有两方面明显的经济价值。

第一，经济效用递增。按照经济学的观点，传统资源的效用存在边际递减的现象，但对于知识资源来讲，其效用则是递增的。知识是一种不断修正和改进的资源，使用的人越多，就越能发挥它的价值。使用知识的人越多，通过补充、强化、验证、改正、改善和运用，就越能提高知识的正确性与丰富度，它的效用也就越高。

第二，知识是企业日常经营中重要的无形资源。由于无形资源具有稀缺、不可模仿和不可复制性，因此它是企业重要的竞争优势来源，也是企业价值的主要组成部分。拥有足够丰富的知识资源，就能够不断提升企业价值和股东价值。

3. 全球化、快速、动态和激烈的市场竞争

随着技术的进步和全球化国际网络的普及，整个市场对产品质量、产品多样化、服务需求、响应市场的时间及产品生命周期等都发生了很大的变化（见图1-1），迫使企业必须不断地以更为快速、更高的质量及更加节省成本的方式进行经营。为使这些目标达成，企业必须拥有优秀的作业流程知识、市场知识、客户知识及产品服务知识，只有这样才能形成反应快、效率高的组织。如果企业无法充分地利用知识提高作业的效率，不能快速地创新应变能力以响应市场的变化，那么在这个竞争激烈的战场上，企业将比过去更难生存。

4. 企业管理的巨大变革

彼得·德鲁克在《知识社会的兴起》一书中指出，100多年来人类经历过三次革命，即工业革命、生产力革命和管理革命，这三次革命都是由知识意义的根本转变驱动的。随着知识经济的形成和发展，需要有与之相适应的管理模式、

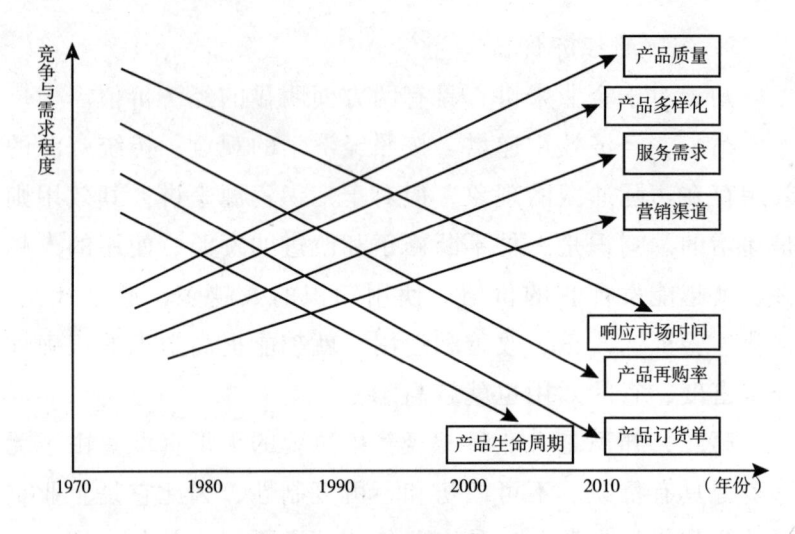

图 1-1　外部环境的变化

资料来源：Gladstone, 2009。

管理理论和管理实践，正如彼得·德鲁克所强调的："因为知识社会是一个组织的社会，其中心器官是管理，仅仅管理就能使今日的所有知识成为有效。"[①] 如果说诞生在美国的"泰罗制"引发了企业管理的第一次革命，那么在21世纪，全球的企业管理将迎来以"人性化"的知识管理为标志的第二次革命。

5. 就业结构日益知识化

企业界日益看重雇员的知识和技能，看重员工的脑力，看重能运用他们的脑力想出各种新办法、新点子的知识型员工，其目的自然是利用他们为企业创造更高的价值。因而知识和技能越高，报酬就越优厚，无专门技能者则所得甚微，知识型员工将越来越受重视。管理大师们预言，未来知识型

---

① 张润彤、蓝天：《知识管理》，高等教育出版社，2005。

员工将超过产业工人成为最大的工作群体。总而言之，知识社会无疑将是一个以知识工作者或知识型员工为主导的社会。也就是说，由知识工作者或知识型员工组成的社会，其组织管理方式需要知识管理的新形式。

6. 日益成熟的顾客

顾客的要求越来越高，并且对能够帮助他们取得成功或反过来能为自己的顾客提供更好的服务定制产品和服务的需求越来越强烈。他们会要求更新颖的外观、更好的性能、更高的品质或更快的反应。这种现象随处可见。而且，目前这一切仍在以一种近乎疯狂的速度继续发展。要在这种环境中生存，企业必须不断完善对顾客需求及自身能力的认识，以使其绩效高于或至少不低于竞争对手。

7. 更有力的竞争对手和供应商

竞争性的组织其实一直努力在产品、服务和业务等方面进行创新，有时它们还能通过采用新技术或新业务模式使其竞争力实现飞跃式的突破。要想在激烈的竞争中领先，企业必须通过不断的学习来建立有竞争力的核心优势。供应商自身的能力也一直在提高，他们完全有能力进行市场所需的创新活动，以创造或提供更高级的产品。为充分利用这种机会，企业必须了解供应商的能力，懂得该如何将它们与企业内部的各种努力、趋势和文化结合起来。[1]

上述推动因素将进一步促使企业去关注并努力改造那些能为其提供最大回报的组织环节。一般来说，这要求企业以最少的投入获得最大的产出。然而，这种要求本身需要企业

---

[1] 马海群：《知识管理学科建设的若干基本问题思考——兼评〈知识管理学〉》，《图书情报知识》2007 年第 9 期，第 102 页。

拥有密集的知识，并具备在各个环节上建立和维持具有竞争力的智力资本的能力。

四　知识管理实施的一些成功案例

有许多公司通过知识管理的实施获得了相当不错的成果，这些在知识管理研究上取得了成绩的著名例子有如下几个。

巴克曼实验室（Buckman Lab）。巴克曼实验室开发了一个被称为K'Netix的知识管理系统，该系统让分散在全球80个国家的全体员工贡献与分享知识。该系统由于能搜集使新产品成为快速转移上市的最佳实践而使其提升了新产品的收入比率，占所有产品收入比率的50%（由22%上升到35%），即提升了新产品相关利润的10%，且将其对顾客问题响应的速度由过去的几个星期缩短成几个小时。[①]

德州仪器公司（Texas Instruments）。由于1992年该公司在13个半导体晶圆厂实施了最佳时间转移的知识管理项目，使得该公司每年产值提升至5亿美元（相当于一座新厂的总投资成本，被称为Free Lab），后来持续推动使总产值增加至15亿美元，等于建造了3座免费的新厂。

瑞典Skandia财务公司。由于推动了知识管理项目，加之积累了过去的成功开发新市场的经验，使得筹划、分析、设计一个新市场的时间由7年减少到7个月。

Hoffman-La Roche制药厂。该厂估计新药上市的时间只要拖延1天就会损失将近100万美元的成本，因此，该厂实施了一个知识存储与分享的知识管理项目——"Right the First Time"，有效凭借过去的经验及文件的快速截取，将新药上市和

---

① 林冬青：《知识管理理论与实务》，电子工业出版社，2005。

审核的天数减少了 1~2 个月，节省了该厂近 4000 美元的成本。

Dow 化学公司。由于整理公司所保存的许多专利与智力财产权，结果为公司增加了 4000 万美元的收入，且专利许可的年收入达 1.25 亿美元，比以往提高了 5 倍。

Chevron 石化公司。该公司的知识管理团队在研究了加州洛杉矶及路易斯安那州外海的天然气压缩技术后发现，只要他们将已经存在于上述地区的最佳天然气压缩任务推广给其他团队，就可以帮助公司足足省下 2000 万美元。

休斯航天公司（Hughos Space & Community）。为了降低航天产品的研发费用并缩短上市的时间，该公司建立了一个知识存储与分享的知识管理系统——"知识高速公路"（Knowledge Highway）。该系统整合了 Internet、教训学习知识库（Lesson Learned Knowledge Base）、最佳实践、专家黄页与人际关系图及各种设计文件等，让从事设计工作的员工不必像过去那样任何事情都需要自己做，而能快速地再利用（Reuse）过去的设计经验。这个系统不仅使每个太空飞行器节省了 760 万~2500 万美元，而且缩短了产品上市的时间。其主要宗旨是：在休斯航天公司内没有一样东西是设计两次以上的。[1]

第三节　知识管理的历史沿革

一　知识管理思想的来源

1. 知识管理思想的时代根源[2]

有一种观点认为，知识管理是企业管理活动发展的自然

---

[1]　林冬青：《知识管理理论与实务》，电子工业出版社，2005。
[2]　杨建秀：《论知识管理学的创生和发展》，大连理工大学硕士学位论文，2005。

产物。萨维奇博士在其所著的《第五代管理》一书中，把企业管理的历史划分为五个发展阶段：工业时代初期以所有制为核心的第一代管理、以严格等级制为特点的第二代管理、以矩阵型组织为特征的第三代管理、以计算机网络为特征的第四代管理、以知识为核心的第五代管理。[①] 按照萨维奇博士的观点，知识管理是企业管理发展的一个自然演进阶段。据此有人指出，知识管理只是企业管理在不断完善过程中水到渠成的一个阶段。

另一种观点认为，知识管理是信息管理发展的一个新阶段。美国学者 D. A. Marchard 和 F. W. Horton 把信息管理的发展过程划分为三个阶段：物的控制自动化技术的管理、信息资源的管理、商业竞争分析和知识的管理。据此，丁蔚指出，信息管理是知识管理的基础，知识管理是信息管理的延伸和发展。

还有一种与此相似的观点认为，人类的管理活动经历了科学管理时期、行为科学时期和信息文化时期三个阶段，信息文化时期又称为信息资源管理时期，是知识管理的早期形式。[②] 但对这种观点持反对态度的人认为，把知识管理当成信息管理发展的自然或必然结果不符合客观事实，因为知识管理的出现虽然与信息向知识的转化有关，但新财富越来越源于知识，组织所要管理的主要是无形资产而不仅仅是信息。知识管理的理念或思想充分体现了社会经济增长方式从数量速度型向主要依靠科技进步和提高劳动者素质水平转移的趋势。依靠科技进步和提高劳动者素质水平来推动经济

---

① 〔美〕查尔斯·M. 萨维奇：《第五代管理》，谢强华等译，珠海出版社，1998。
② 丁蔚、倪波：《知识管理思想的起源——从管理学理论的发展看知识管理》，《图书情报工作》2000 年第 9 期。

增长是当前全球经济发展最突出的特点，而这一特点正体现了主张依靠知识创新来推动经济增长的创新经济思想。知识创新是知识管理的目的，知识管理是知识创新的基础和手段。由此看来，知识管理思想的时代根源在于社会经济发展越来越依靠知识创新的新经济增长模式的出现。①

2. 知识管理思想的渊源

从思想渊源的角度看，当代知识管理有许多渊源。其中之一是抽象性的哲学思考，还有一个则是人们在工作场所中对专业知识的需求所引发的那些具体思考。当然，教育家和企业领导人也会从他们自身的角度出发对知识管理进行阐释。

知识管理思想的历史渊源如下。

宗教及哲学（如认识论）对知识管理的作用和性质的认识，以及思想禁锢被打破以后个人"自主思考"的权利。

心理学对知识在人类行为中的作用的认识。

经济学和其他社会科学对知识在社会中的作用的认识。

商业理论对工作及组织的认识。

20世纪提高效率的努力工作合理化原则（泰勒的科学管理，即Taylorism）、全面质量管理（Total Quality Management，TQM）以及改进效率的管理科学。

心理学、认知科学、人工智能（Artificial Interlligence，AI）和争取在竞争中实现更快的学习进而为高效工作提供支持的学习型组织（Learning Organization）。②

---

① 付立宏、崔波:《近年来我国知识管理研究综述》,《郑州经济管理干部学院学报》2004年第2期。

② 〔法〕查尔斯·德普雷、丹尼尔·肖维尔主编《知识管理的现在与未来》,刘庆林译,人民邮电出版社,2004。

关于知识管理的上述渊源，许多学者都曾做过详尽的论述。

二 知识管理产生的背景

知识的传递是人类的一种自然行为，但是真正意识到知识对于新经济时代的重要价值，并对知识运转规律进行系统研究的始于20世纪60年代西方社会的一些学者。自从美国管理学家彼得·德鲁克在1988年发表《新型组织的出现》以来，"知识管理"便成为管理学领域最热门的话题。知识管理是基于知识在当今社会经济发展中的重要地位而被提出来的，是现代企业的新型管理模式，为企业的知识创新提供自给机制，并成为企业重组的依据。20世纪90年代以后，知识管理首先在美国，随后在西方其他各国企业中得到推广。

1. 历史背景

按照马克思主义的社会发展论观点，知识的积累是人类社会生产力发展的内在动力。唯物主义世界观认为，知识是人类在改造世界的过程中通过对客观世界和主观世界的实践以及分析、综合等科学思维方法获得的。知识的积累提高了人类的生产力水平，改变了人类的社会生产关系，最终影响着人类的历史发展进程。随着历史进程的不断延续，人类越来越意识到知识对人类发展的重要作用。早在西方文艺复兴时期，唯物主义和近代实验科学的始祖弗兰西斯·培根就提出了"知识就是力量"。英国近代经济学家亚当·斯密在18世纪就提出，知识是社会进步的源泉之一。19世纪美国经济学家李斯特强调在经济活动过程中建立、创造和传播知识是推动生产力发展的基础。到20世纪上半叶，美籍奥地利经济学家约瑟夫·熊彼特强调创新是经济发展的主要动力。当传统的工业经济在发达国家得以充分发展的同时,由其引发的资源稀缺性与人类需求无限性之间的矛盾,也给人们带来了悲观和失望。当代的各个经济学派都无一例外地强调知识在促进社会进步及经济持续发展中的重要作用。经济学家不得不把目光投向新的经济增长要素上——知识。近几十年来,信息科学所带动的科学技术革命几乎触及社会经济所有部门,逐渐改变了以传统的大量消耗原材料和能源为特征的工业经济模式,科学技术的迅猛发展所引发的人类社会和人们生活方式的强烈变革,使人类的心智和创造力都取得了空前的拓展和成就。

2. 经济背景

信息经济和知识经济的兴起和发展、经济全球化和一体化、经济信息化和信息经济化,以及市场竞争的日益加剧,是知识管理学产生和发展的经济背景。知识经济使组织的外部环境发生了深刻的变化,使企业不得不重新考虑自身所处的环境,重新组合企业的资源,以应对非线性变化环境的要求。知识成为知识经济时代组织最重要的资源,加强对组织知识资源的管理是提高组织核心竞争力的关键,这就是知识管理兴起的直接动因。

3. 技术背景

现代信息技术、管理方法和管理工具的飞速发展及其结合,是知识管理学产生的技术背景。知识管理涉及的现代信息技术主要有计算机技术、网络技术、通信技术和人工智能技术,以及一些应用技术,如数据仓库技术、知识挖掘技术、智能检索技术、知识组织技术、专家系统、知识地图、组件、白板、模式识别、决策支持系统、数据库技术、知识获取技术、网格技术、可视化技术等。知识管理过程涉及大量的管理方法。其中，有定性方法，如系统分析法、综合分析法、因果分析法、归纳法和演绎法等；也有定量方法，如矩阵法、内容分析法、层次分析法和计量方法等。知识管理还需要大量的工具，主要有搜索引擎、知识门户、知识地图、数据挖掘工具、知识合成工具、知识创新工具、基于 Internet 的论坛、群件、网上培训系统、知识推送系统、可视化工具和知识资产管理工具等。[①] 这些技术、方法和工具的发展与成熟，为知识管理的产生与发展提供了有利条件，将会为知识管理带来革命，并将引发知识管理的诞生。

4. 实践背景

知识管理产生和发展的另一重大背景是知识管理实践的普遍展开。全球 500 强企业都不同程度地推广和实施了知识管理方案，并取得了显著的成效。其他组织和机构也纷纷仿效，开始评估其自身的知识管理策略，甚至国家和政府也开始考虑自身的知识管理战略，使知识管理在全球范围内如火如荼地展开。知识管理已经成为一种不可阻挡的潮流和趋势。而知识管理实践的普遍展开又强烈要求将知识管理实践经验概括提升为理论，来有效指导组织和机构的知识管理实践活动，这就为知识管理的产生和发展提供了实践基础和现实需求。

5. 理论背景

随着知识经济时代的到来，人们对知识价值的认识日益明确。知识资源观、财富观和价值观已深入人心，并不断地被应用于企业生产和组织管理等社会实践活动，而且正被众多的社会实践活动广泛印证。于是，强烈的社会需求使知识

---

① 潘旭伟、顾新建等：《知识管理工具》，《中国机械工程》2003 年第 5 期。

工作者、管理人员和科学研究人员不断总结和提炼知识管理实践经验,并将其上升为理论,使知识管理理论日益完善和丰富,为知识管理的产生和发展提供了丰富的理论基础。目前有关知识和知识管理研究的论文、著作和网络知识成倍增长,研究内容涵盖了众多的学科领域,形成了一个庞大的研究团体和网络。知识管理理论是以往管理理念和管理思想的继承与发展,是知识经济时代管理理论的拓展和创新。已有的管理理论、知识理论和知识经济理论等是知识管理的理论来源。

6. 学科背景

20世纪末,现代经济学、管理学和知识经济理论日益成熟和完善起来,并逐渐渗透到企业管理理论和实践之中,使企业管理理念和思想发生了根本性变化,出现了第五代管理思想,即知识管理。可见,知识管理糅合了现代信息技术、知识经济理论、企业管理思想和现代管理理念,是一个时代的综合产物。在此基础上形成的知识管理是一门综合性应用学科,它是现代知识经济理论、经济学、企业管理、管理学和计算机科学等学科理论高度发展和企业管理实践有机结合的综合产物。①

7. 教育背景

20世纪末~21世纪初,在世界各国高等教育的许多相关专业(如企业管理、经济学、管理学、情报学、信息管理与信息系统、管理科学与工程等),以及MBA、EMBA、MPA和企业知识培训等职业教育中都设置了专门的知识管

---

① 邱均平、文庭、张蕊、张洋:《论知识管理学的构建》,《中国图书馆学报》(双月刊)2005年第3期。

理课程，有些课程还直接贯以"知识管理学"之名。① 尽管目前还没有形成一个完整的知识管理学内容和学科体系，但现实情况已经明确地反映出这样一个事实：知识管理已开始作为一门重要的必修课进入高等教育和职业教育的核心课程，甚至直接培养知识管理专门人才的知识管理学科专业已经呼之欲出。基于这一背景，急需对目前已经产生的知识管理理论、方法与实践研究成果进行高度整合，建立一个完整的知识管理学学科体系。

三 知识管理的发展

1. 知识管理在国外的发展

人类关于知识管理的认识和探究几乎与人类文明历史一样久远，但知识管理作为一个重要的管理领域的兴起则只有不到20年的历史。随着人类社会从工业经济时代进入知识经济时代，西方传统的企业管理模式与管理理念越来越不能控制和解释许多企业的兴衰起伏。知识管理是自20世纪泰勒科学管理后最重要的管理发展，它的本源可以追溯到20世纪中期北美洲的商务实践。值得一提的是，威廉·艾伦·怀特（Wliiina Allna Whyt）所著的《上班族》和斯隆·威尔逊（Sloan Wilson）所著的《穿灰色法兰绒制服的人》成了20世纪50年代的畅销书。②

其实，与知识管理有关的研究可以追溯到20世纪50年代。哲学家波兰尼（Polanyi）于1958年提出了"显性知识"（明确知识）和"隐性知识"（缄默知识）的知识形态

---

① Anonymous, "Business School Knowledge Management Course", *The British Journal of Administrative Management*, Orrington, Mar / Apr 2008, Iss. 19.
② 杨建秀：《论知识管理学的创生与发展》，大连理工大学硕士学位论文，2005。

分类，开启了现代对知识管理的研究历程。

彼得·德鲁克，这位 20 世纪最伟大的管理思想家和百科全书式的管理理论大师，是很多人认为最早感知和预言知识经济时代来临的人物之一。1959 年，彼得·德鲁克在其《明日的里程碑》(Landmarks of Tomorrow) 一书中创造了"知识工人"(Knowledge Worker) 这个新词语，并于 20 世纪 80 年代提出了"知识管理"的概念，正式用"知识管理"一词来形容"企业的知识活动过程"。他在 1991 年指出："知识是一种能够改变某些人或某些事的信息。这既包括使信息成为行动的基础方式，也包括通过对信息的运用使某个个体（或组织）有能力进行改变或进行更为有效的行为的方式。"他进一步指出："知识管理是提供知识，去有效地发现现有的知识怎样能最好地应用并产生效果，这是我们所指的知识管理。"[①]

日本的野中郁次郎和竹内广隆在他们的专著《创造知识的公司》(The Knowledge-Creating Company) 中，从柏拉图 (Crater Plato)、笛卡尔 (Rene Descartes)、波兰尼 (Michael Polanyi) 的知识哲学谈起，融入日本企业的实务经验，试图建构一套系统性的知识管理理论，后来经过发展成为 SECI 模型。[②]

美国波士顿大学商学院的托马斯·达文波特教授提出了"知识管理的两阶段论"。知识管理的第一个阶段是，企业像管理其有形资产一样来对其知识资产进行管理，获取资产并将其"存放"在容易被获取的地方，相对于有形资产的"仓库"，存放知识资产的地点就是"知识库"；知识管理的

---

① 〔美〕彼得·F. 德鲁克：《知识管理》，杨开峰等译，中国人民大学出版社，1999。
② 百度百科，http://baike.baidu.com/view/777806.htm。

第二个阶段是,当企业意识到自己知识库里的"知识资产"太"拥挤"时的应对策略。[①]

到了20世纪90年代中后期,关于知识管理商务价值的出版物数不胜数,如詹姆斯·布赖恩·奎因(James Brian Quinn)、托马斯·戴文帕特(Thomas Davenport)、彼得·圣吉(Peter Sedge)、保尔·罗莫(Paul Roomer)以及卡尔·埃列克·斯威彼(Karl Erik Sveiby)。以知识管理为核心的企业管理和发展战略已成为理论界和企业管理界的共识,成为西方企业管理的热点和重点。知识管理发展历程的简单归纳见表1-1。

表1-1 知识管理的发展

年份	进展情况
20世纪70~80年代	开始出现一些超文本/群件应用系统,依赖人工智能和专家系统的知识管理系统(MKS),以及诸如"知识获取""知识工程""以知识为基础的系统""基于计算机的存在论"等观点
20世纪80年代中期	尽管古典经济学理论忽视了知识作为资产的价值,而且多数组织缺乏管理知识的战略和方法,知识(以及它以专业能力形式的表述)作为竞争性资产的重要性已经明确化
1989	一个美国企业社团启动了"管理知识资产"的项目
1989	有关知识管理的论文开始在《斯隆管理评论》《组织科学》《哈佛商业评论》以及其他刊物上出现
1989	关于组织学习和知识管理的第一批专著也开始出版,如圣吉的《第五项修炼》和Sakaiya的《知识价值的革命》

[①] 吕新业:《企业知识管理系统构建与实施研究》,天津大学硕士学位论文,2004。

续表

年份	进展情况
1989	国际知识管理网络(IKMN)在欧洲创办
1990	许多管理咨询公司开始实施企业内部的知识管理项目,而且一些著名的美国、欧洲和日本企业建立了重点知识管理项目
1994	IKMN又吸收了位于美国的"知识管理论坛"和其他与知识管理相关的团体和出版物,公布了对欧洲企业开展的知识管理调查的结果
1995	欧共体开始通过ESPRIT计划为知识管理的相关项目提供资助

资料来源:王德禄:《知识管理的IT实现——朴素的知识管理》,电子工业出版社,2003。

许多国际著名企业和跨国公司,包括微软、IBM、英特尔、美国航天局、摩托罗拉、施乐和福特等,为保证企业或组织的稳定发展,都将知识管理的理念、方法引入自己的企业,建立了自己的知识管理战略,并设立知识主管(Chief Knowledge Officer,CKO)。世界500强企业中已经有一半以上建立了知识管理体系,推行了知识管理。美国一家知名顾问公司的2000年研究报告指出,美国有超过60%的大型企业已经或正在进行知识管理导入,欧洲与英国有高达70%的大型企业已经或正在导入知识管理。企业导入知识管理后所获得的具体效益分别是:可以协助企业做出更佳的决策(71%)、可以提高对顾客的掌握度(64%)、可以协助企业降低成本(57%)、可以协助企业增加利润(52%)。[1]

随着知识管理理论的成熟和方法体系的日益完备,产业界也将其视为对业已失败的全面质量管理(TQM)和业务

---

[1] 〔美〕卡尔·弗莱保罗:《知识管理》,徐国强译,华夏出版社,2004。

流程重组活动的一个补救措施,从而大大刺激了对知识管理产品与服务的需求。与此同时,基准研究、最佳实践、风险管理、变革管理、情报学等领域的专业学术性组织也开始研究知识管理与其专业领域间的关系,其中有代表性的是美国生产力与质量中心和美国情报学会。为此,新一轮的管理变革浪潮正席卷全球。知识管理继续成为激烈争论的话题,并成为商务世界中一个不断演进的理论。

正如泰勒的科学管理理论和方法是工业时代的企业管理基础,知识管理的出现恰好是为21世纪知识经济时代的企业组织提供必需的管理基础。

2. 知识管理在国内的发展

1997年"两会"召开之前,"两会"代表的桌上都有一份科技部的报告——《知识经济与中关村》。这份报告在当时引起了很大反响。从1995年开始,经过两年的关于知识经济的讨论,在1997年的"两会"上,关于知识经济的探讨直接引申到中关村关于风险投资、知识型企业、知识资产等对中国实际问题的探讨。在这些探讨中,知识管理是其中一个重要的内容,但当时还只是一种非常朴素的思想。

具体而言,国内的知识管理理论基本上可以被认为是从1998年引入并开始研究的。进入1999年,关于知识经济的研究和实践逐渐从宏观层次转向了微观领域,学术界开始研究知识经济的微观基础——企业知识管理等问题,企业界也在积极探索如何进行知识管理以面对知识经济时代的挑战和大好机遇。许多国外著作被翻译出版,同时乌家培教授对知识管理做了科学定义,王方华教授等编著了《知识管理论》一书,不少国内其他学者也积极地投入该领域的研究,发表了一系列学术文章。

以国家自然科学基金管理科学部将"企业知识管理问题研究"作为 2000 年鼓励研究领域为标志,国内学术界关于知识管理的研究掀起一个高潮,并将波及企业界,引发一个企业知识管理实践的高潮。[①]

以"知识管理"为关键词,在中国知网上对 1999 ~ 2012 年发表的论文进行搜索。其中,全文出现"知识管理"的共有相关文献 1936531 篇(见图 1 - 2),篇名出现"知识管理"的文献共有 12031 篇(见图 1 - 3)。

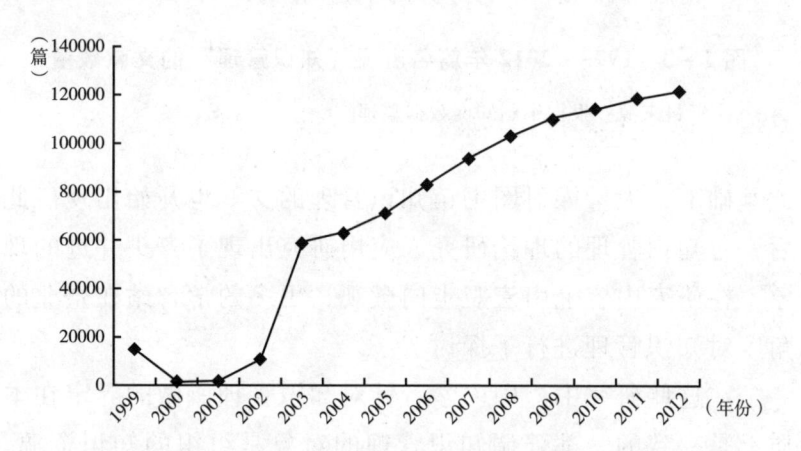

图 1 - 2 1999 ~ 2012 年全文出现"知识管理"的文献数量

资料来源:根据中国知网数据整理。

纵观以上文献资料,其发展变化有一个明显的规律。从 1999 年开始,国内学者主要是对国外知识管理思想进行介绍,并展开了对知识管理的理论研究,如知识管理与信息管理、知识管理与竞争情报的关系等。从 2000 年起,学者们便将知识管理与企业实践相结合,发表了大量研究文章。在

---

① 邱晓兰:《国内外知识管理研究对比分析》,《经济师》2009 年第 2 期。

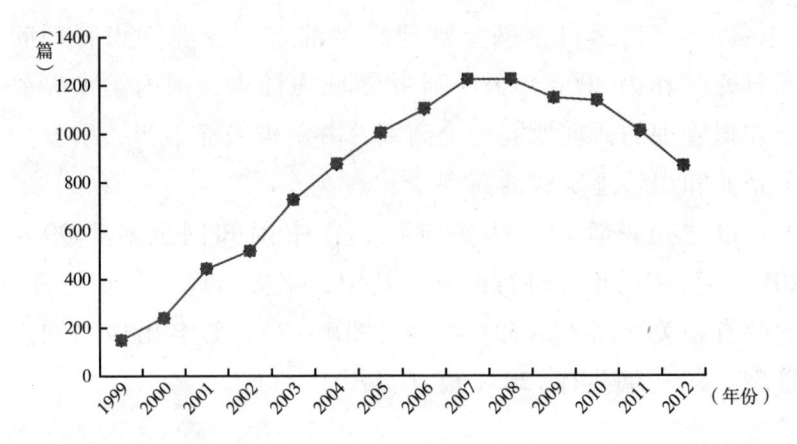

图 1-3　1999~2012 年篇名出现"知识管理"的文献数量

资料来源：根据中国知网数据整理。

此基础上，大量探讨图书馆知识管理的文章也开始出现。此后，对知识管理的理论研究、应用研究出现了齐头并进的现象，在研究内容上由宏观走向微观，更多的学者站在企业的角度对知识管理进行了探讨。[①]

在这些研究中，国内学者针对知识管理所做的界定在本质上是一致的，都强调知识管理的对象是组织的知识资源。企业开展知识管理的目的是提高企业的竞争力，而且知识管理与信息管理是相辅相成的。

国内知识管理的发展从总体上看可以分为以下几个阶段。

（1）理念阶段（20 世纪 90 年代末）

在此阶段，"知识管理"这个词开始进入中国。随着美国前总统克林顿施政期间"知识经济/新经济"的兴盛，中

[①] 李莉、杨亚晶：《国内知识管理研究综述》，《现代情报》2005 年第 10 期，第 9~11 页。

国政府也开始逐渐重视"知识管理"这个舶来词。此阶段以高校、研究院学者为主导,重在理念讨论,还谈不上企业及组织真正的应用。

(2) 技术阶段(2000~2005年)

由于国际顶级的服务商和软件开发商的知识密集特征比较显著,人力资本和知识资本的作用非常明显,再加上信息技术掌握程度高、贴近客户等先天的优势,他们敏锐地捕捉到可以将"技术"作为切入点,期望开拓未来业务新空间。[①] 此阶段以软件及服务商为主导,重在系统功能的实现方面,国内一些领头羊企业(如联想、TCL、三九药业、中国移动等)开始尝试导入知识管理进行实践。

(3) 内容阶段(2006年至今)

在突破技术问题之后,国内的领头羊企业通过实践,逐渐加深了对知识管理的认识,并结合自己的业务和需求,反思走过的路,认识到需要规划基于支撑企业战略的核心知识和资源。这相当于知识资源的原始积累阶段,欲了解自己核心的"Know How"并制订获取的行动方案,建立自己的核心竞争优势是企业及组织所关注的问题。[②] 借鉴国外企业的经验,这个修炼内功的入门过程至少需要3~5年的时间。

(4) 应用阶段

一些通过入门修炼的企业才谈得上进入知识应用阶段。这个阶段应该回归到以员工为核心指导实践工作的本源,当企业已经有了大量可以重用的知识,伴随企业共享知识文化

[①] 无涯子:《中国知识管理发展概述》,http://www.360doc.com/showweb/0/0/343779.aspx,2007年1月25日。

[②] 李莉、杨亚晶:《国内知识管理研究综述》,《现代情报》2005年第10期。

的形成，员工通过重用知识尝到甜头，节省时间、提高效率、降低成本、创造价值，这时候就是见效收获的时节。所以，知识管理既不是单纯的管理改进项目，也不是单纯的 IT 建设项目，知识管理本质上应该实现"管理""IT""人才"提升的相互融合，"管理"引导"IT"，"IT"固化"管理"，从而实现"人才"评价、"管理"内容和"IT"形式的统一。[①]

四 当前知识管理研究的热点问题[②]

1. 知识管理的原则

在知识管理的初级阶段，要注意的是原则问题。当某一组织在有关知识管理的一些原则上达成共识，具体的方法和计划就会在此基础上随之产生。基于以上认识，知识管理的研究学者纷纷给出相应原则。国外以达文波特教授为代表，提出了知识管理的十大原则：①知识管理的代价很高；②有效的知识管理需要人员和技术的结合；③知识管理具有政治性；④知识管理需要知识管理者；⑤知识管理受益于市场；⑥分享和利用知识往往是不自然的行为；⑦知识管理意味着改进知识利用过程；⑧知识管理永无穷尽；⑨知识管理需要知识契约；⑩员工比资产更重要。国内以王德禄为代表，指出最有效的知识管理需要把握积累、共事和交流三个原则。

2. 知识管理的评测

随着知识经济的发展，企业越来越重视知识管理，将知

[①] 孟丁磊、王宇：《国内知识管理理论的发展》，《现代情报》2007 年第 8 期。

[②] 卢金荣、郭东强：《知识管理热点问题研究综述》，《科技管理研究》2008 年第 1 期。

识管理的成就定为 21 世纪企业超越自我的标杆。因此，对知识管理的评测也就成为知识管理一直关注的问题。国际上知识型企业的评比有成功建立企业知识文化、最高管理层对知识管理的支持等 11 项标准；著名的毕马威公司对企业进行知识诊断，测试内容包括对知识进行分类、识别知识、寻找知识片段等 18 个方面；R. 扬从知识管理技术的角度提出知识体系的结构必须具有以完全的开放系统和标准为基础、始终以顾客为中心等 12 个特征。

3. 知识管理的模型

知识管理模型的研究是人们对知识管理的了解不断深入的过程，确定合理的知识管理模型框架是实施知识管理的基础。目前，这方面的研究已经取得了一些成果。知识管理模型可以划分为基于知识的管理模型（Knowledge-based Model，KBM）、基于知识管理工具的管理模型（Knowledge Tools-based Model，KTBM）和基于组织绩效的管理模型（Organizational Performance-based Model，OPBM）三种类型。最具代表性和奠基性的 KBM 是由日本学者 Nonaka 于 1991 年首次提出的。[①] 这个模型以知识划分为显性知识和隐性知识为基础，提出了知识创造和转化过程的四种程序。KTBM 研究的核心内容是"如何管理知识"。Nonaka 和 Konno 对原有的 KBM 模型进行了延伸与扩展，并提出了四种"场"，即源发场、互动场、网络场和练习场。"场"模型主要研究如何创造一个良好的组织环境来促进知识创新过程。最具代表性的 OPBM 是 Garayannis 模型。

[①] Nonaka Ikjurio, "The Knowledge Creating Company", *Harvard Business Review*, 1991, 11 (9), pp. 96 – 104.

Garayannis模型提出，应建立一个支持、监控、获取、评价和不断丰富组织认知能力进程的知识管理网络。

周竺等人则将知识管理模型分为三大类，即知识分类模型、智力资本模型和社会结构模型。最广为人知的知识分类模型就是Nonaka模型。按照这个模型，显性知识和隐性知识不仅可以相互转化，而且可以转移到其他主体。在智力资本模型中，最典型的就是斯堪的亚模型。这个模型假设知识管理可以分为人力资本和结构资本两大类，并假设知识管理可以通过科学方法进行度量并资本化。社会结构模型主要描述学习型组织和组织学习，Demerest模型就是一个代表。这个模型强调组织内部的知识构造。与此相类似，由Jordan和Jones提出的模型包括知识的获取、扩散、所有权和存储。天津大学的奉继承和赵涛认为，知识管理体系结构的模型主要包括描述模型、框架模型、数学模型、过程模型和功能模型等。此外，比较具有代表性的知识管理模型还有动态知识管理模型，比较典型的有Sthle的动态智力资本模型[1]和Rastogi模型[2]。相对于过去的智力资本模型，这些模型是有机的、动态的。

4. 知识管理与企业核心竞争力

知识管理与企业核心竞争力是目前管理科学领域讨论的两大热点问题，研究知识管理和企业核心竞争力的相互关系，对于提高我国企业管理水平、增强企业的核心竞争力有

---

[1] Sthle, "Dynamic Intellectual Capital in Global Rapidly Changing Industries", *Journal of Knowledge Management*, 2002, 6 (2), pp. 177–189.

[2] Rastogi, "The Nature and Role of IC: Rethinking the Process and Value Creation and Sustained Enterprise Growth", *Journal of Intellectual Capital*, 2003, 4 (2), pp. 227–248.

着重要的意义。C. K. Prahalad 和 Gary Hamel 在 1990 年给出的企业核心竞争力的定义是："组织的积累性学识，特别是关于如何协调不同的生产技能和有机结合多种技术流派的学识。"[1] 哈佛商学院企业管理教授 Dorotny Leonard-Barton 认为公司核心竞争力应定义为识别和提供优势的知识体系。由此可见，企业的核心能力，就是一个企业进行知识积累、创新和应用的能力，企业要提高核心竞争能力，就必须以知识管理为依托。

朱海明和王金明等人对知识管理与企业核心竞争力的关系进行了分析，认为企业特有的知识和资源是核心竞争力的基础，知识管理有助于企业的创新和提高企业的适应性。在此基础上，他们提出利用知识管理来提升企业核心竞争力的对策：①树立知识资本的新概念；②营造有利于知识共享的组织文化；③创建学习型组织；④按知识管理的要求实施管理创新。而田新认为，知识管理和企业核心竞争力具有特征、资源培育、实现手段及组织构建等方面的共性，并提出建立知识创新的激励机制和加强信息基础设施建设等措施是利用知识管理来培育核心竞争力的有效措施。此外，建立知识经理制度、构建有助于知识交流的内部网络、创造良好的企业文化、建立柔性化组织、搭建较高的知识平台等也是加强知识管理以提升企业核心竞争力的重要对策。

5. 知识管理的技术

从 20 世纪末到 21 世纪初，知识管理技术的兴起与应用使知识管理的可操作性大为提高，知识管理的发展进入了一

---

[1] C. K. Prahalad, Gary Hamel, "The Core Competence of the Corporation", *Harvard Business Review*, 1990, 5, pp. 79 - 91.

个全盛时期。这一时期的主要推动者是国际知名的 IT 厂商和咨询公司，而一些世界顶级企业的成功也带来了相当有影响力的"标杆效应"。Compaq 公司在实施知识管理时，将整个技术分为四大类，即知识收集技术、知识共享技术、知识利用技术以及知识拓展技术；毕马威公司提出了知识特征矩阵归类法，从知识位置及知识结构化程度两个维度来归类知识管理技术；Gartner 公司提出了知识管理技术的成熟度矩阵，认为知识管理技术将逐渐从知识存储和检索层次的应用向促进知识共享和智能技术利用方向发展。从以上文献可以看出，知识管理技术并不是没有分类，而是缺少统一、科学而规范的分类标准。

6. 知识管理与供应链管理

目前，供应链管理已经成为增强企业竞争力的一种重要手段。供应链管理就是对整个参与组织与部门之间的物流、信息流与资金流进行计划、协调和控制等，其目的是通过优化提高所有相关过程的速度，最大化所有相关过程的净增加值，提高组织运作效率与效益。从供应链角度来看，供应链知识管理是对供应链上知识资源的管理，是运用供应链全体参与企业的智慧，通过对供应链中隐性知识和显性知识进行系统的开发和利用来改善和提高整个供应链的创新能力、反应能力、工作效率和技能素质，以加强供应链的核心竞争力。知识管理和供应链管理的结合是十分必要的。若供应链管理中缺乏实现供应链整体最优所需的知识和信息，便会导致供应链整体运转的次优。供应链中知识管理的必要性主要体现在以下两个方面：第一，可以消除由信息不对称和牛鞭效应（Bullwhip Effect）引起的不确定性；第二，可以提升供应链的竞争力。在供应链中加强知识管理还可以提高供应链中知识的利用率，增加供应链节点企业间的透明度和扩大知识共享的范围，并且可以提高供应链的整体协作程度和快速反应能力。陈菊红等人认为在供应链中的知识管理应遵循知识的保密－公开－共享的关系原则、协调原则、开放原则和共享原则，并在这些原则的基础上提出在供应链中实施知识管理的具体策略应包括建立供应链的知识库、建立信息网络、建立供应链培训体系及培养供应链内的联盟文化等方面的内容。钱鸿雁在分析供应链中知识管理特点的基础上，提出了加强供应链中知识管理的措施，即培育供应链中知识共享的文化、加强供应链中知识的传播和建设供应链知识管理系统。

7. 知识管理与客户关系管理

IDC 知识管理项目高级研究分析员 Greg Dyer 指出："今天，企业启动知识管理项目最普遍的原因是想增加收益和利润、维持企业的关键能力和专家知识、改善客户关系。"IDC 的预测报告说明了这样一个问题：客户关系管理和知识管理息息相关。将知识管理与客户关系管理进行融合，便形成一种适应潮流的新颖的管理哲学——客户知识管理。企业实施知识管理和客户关系管理的最终目标是一致的，如果将二者结合起来，就更能释放二者的潜能，从而更好地提升企业竞争力。华中师范大学的叶彩鸿认为，客户关系管理与知识管理思想相互渗透、密不可分，并且具有类似的实施前提。因此，将二者整合具有很强的可行性。同时，二者的整合可以实现优势互补，这主要体现在有利于实现企业向以客户为中心的知识型企业转型，有利于实现与发展客户智能，可同时提升客户关系管理系统与知识管理系统的实施成效等。邓子云认为，客户关系管理与知识管理是一种强耦合关系，二者融合后具有优化性、客户性、综合性、技术性和同一性等特征。浙江大学的李智等人提出客户关系管理的知识管理策略应包括知识的共享、知识的收集和检索、知识的转化以及知识的挖掘和发现等内容。客户知识管理系统的评价、知识管理基础设施和要素在企业客户关系管理应用实施过程中的关键作用和转化机制，以及应用数据仓库、数据挖掘、知识发现、知识地图等创建技术实现客户价值链最大化的实证与案例分析研究，将是对知识管理和客户关系管理二者进行融合研究的热点。

8. 知识管理与信息管理

在知识管理与信息管理的问题上，目前主要有两种观点：一种观点认为信息管理是知识管理的基础，知识管理是信息管理的延伸与发展；另一种观点以邱均平教授为代表，认为知识管理是一个跨学科、综合性的研究领域，它与信息管理之间并不存在简单的包含或延伸关系，但知识管理对信息管理及其学科的发展具有重要的启示作用。从上述两种观点不难看出，知识管理在历史上曾被视为信息管理的一个阶段，但是一般认为知识管理与信息管理之间在管理观念、管理范围、管理重点、管理目标等方面都有明显的区别。

9. 知识管理与虚拟企业知识管理

虚拟企业是由具有开发某种新产品所需的不同知识和技术的不同企业组成的一个临时的企业联盟，此联盟用来共同应对市场的挑战，联合参与市场的竞争。虚拟企业的根本是虚拟，是信息化、知识化和数字化，所以信息资源和知识资源是虚拟企业运营的根本要素，对信息和知识的有效管理是虚拟企业管理的关键和必然选择。许孟丽认为，虚拟企业的知识管理内容主要包括知识的获取、知识的传播和共享、知识的运用和知识的创新等方面,她总结了在虚拟企业中实施知识管理的理论意义和实践意义。霍艳芳则从生命周期理论、企业竞争优势等方面论证了虚拟企业实施知识管理的必要性。成桂芳认为,虚拟企业管理框架具有分布式特点,它以成员企业知识管理框架为基础,并由知识管理部门、知识管理业务系统、通信协调层和支撑层四大部分构成。程敏认为,虚拟企业知识管理过程应包括知识的识别和收集、组织、共享、学习、应用及创新等方面的内容,并提出在虚拟企业中知识管理应遵循系统性原则、保密与共享均衡原则和开放性原则。与传统企业相比,在虚拟企业中实施知识管理相对较为复杂,要求知识管理必须满足虚拟企业动态复杂的特点。因此,应更加深入地分析虚拟企业的知识流动和知识共享的特点以及目前存在的主要问题,并提出在虚拟企业中有效实施知识管理的步骤和措施。

10. 知识管理与竞争情报

竞争情报研究是指对竞争环境、竞争对手和竞争策略信息的研究,它本质上属于知识产品的生成和增值。因此,知识管理和竞争情报之间的关系成为情报学科研究的重点领域。国内众多专家分别从两者的联系和区别进行多角度、全方位的比较与探讨。例如,邱均平教授认为知识管理与竞争情报的目标相同,都与信息、知识有关,都把活动重点放在企业,都十分重视人的作用;其区别在于产生的时代背景不同,对信息和知识的侧重点不同,其外延存在较大差异,实施者和实施方法不同。

11. 知识管理与电子商务

以互联网为主要载体的电子商务凭借其无可比拟的优

势，迅速地改变着传统商业的运作模式，已成为提升企业核心竞争力的决定性因素之一。近年来，关于知识管理和电子商务融合的研究已成为国内外研究的热点。[①]

马春红认为知识管理和电子商务都重视信息技术，都以人为本，实施的结果都提高了企业竞争力和应变力。丁蔚等人认为企业电子商务的瓶颈在于对"流动性整合"的忽视，即忽视了信息、知识与传统商业流程之间的充分协调，而知识管理系统就是实现"流动性整合"的理想工具。蒋骁和李冠艺等人认为电子商务企业导入知识管理可为企业实施电子商务提供规划，可为企业内部信息与知识传递制定规范，并为企业电子商务的竞争建立规则。除此之外，电子商务企业导入知识管理还能提高企业生产效率和响应能力，有利于实现企业电子商务的知识创新和组织创新以及企业资源的整合。在分析电子商务企业导入知识管理动因的基础上，一些学者还提出了包括构建知识管理型组织结构、构建企业知识网络、完善知识库建设和实现企业内部知识共享等在电子商务企业中有效实施知识管理的措施。知识管理在电子商务实践中的应用将会越来越受到电子商务企业的重视，并成为电子商务企业成功的关键因素之一。

12. 知识管理与协同商务

协同商务的概念在 1999 年 8 月由世界著名的咨询公司 Gartner Group 提出来后，在全世界范围内引起了巨大的反响。作为企业应用中新的管理策略和手段，知识管理和协同商务是紧密相连的。知识管理具有推动知识创造、实现知识

---

① Hflin, Glee, "Impact of Organizational Learning and Knowledge Management Factors on E-business Adoption", *Management Decision*, 2005, 43 (2), pp. 171 – 187.

共享的能力,而协同商务正是基于信息和知识共享的电子集市。协同商务可为知识管理提供便利的信息采集环境,也可方便地提取由企业协同商务系统提供的企业库存以及采购、生产、运输、销售、财务等环节的数据,知识管理则可为协同商务系统的实施提供决策支持。[①] 与普通信息交流、知识共享相比,基于协同商务环境下的知识交流、知识共享流程和机制具有自己的特点。复旦大学的张成洪等人提出,在协同商务环境下的知识共享具有复杂性、开放性和增值性等特点,并提出了协同商务的知识共享流程。凌卓华等人认为,在协同商务环境下的知识交流与共享机制具有广泛性、开放性和协同效应等特点,并提出在协同商务环境下实施知识共享,较组织内部的知识共享具有更多的障碍因素。武汉大学的杜鹃等人提出基于协同商务的知识管理应遵循共享、协调、开放等原则。基于这些原则,协同商务环境下知识管理的实施应包括建立协同商务链的知识库、建立协同商务链上的知识管理平台、培养协同商务链内的联盟文化等方面。目前对协同商务环境下知识管理的研究主要围绕一些基本概念、一般的知识共享问题等进行论述,还没有形成较为完备的理论体系。较为深入地探讨协同商务与知识管理的关系、考察协同商务环境下实施知识管理的影响因素以及建立知识管理在协同商务环境下的评价体系等将会是今后的研究方向。将业务流程进行有机结合、隐性知识与显性知识的转换模式等问题是当前知识管理研究的难点。对知识创造、知识集成、知识地图等的研究也是知识管理研究中值得重视的内容。

---

① Bthuraisingham, Agupta, Ebertino, Eferrari, "Co-elaborative Commerce and Knowledge Management", *Knowledge and Process Management*, 2002, 9 (1), pp. 43 – 53.

第四节　知识管理的流派

一　知识管理发展历程中的代表人物及其主要观点

"知识管理"一词最早是由卡尔·维格于 1986 年在联合国国际劳工组织中提出的，[①] 应该说，知识管理作为一个活动早已存在，但用"知识管理"这样一个词来形容企业的知识活动过程，始于美国的管理大师彼得·F. 德鲁克。1959 年，彼得·F. 德鲁克在其《明日的里程碑》(*Landmarks of Tomorrow*) 一书中创造了"知识工人"(Knowledge Worker) 这个新词语，他认为在产业工人中出现了一种新型的劳动力阶层，这些工人接受了大量的正规教育，具备获得与应用理论和分析知识的能力。[②] 同时，德鲁克是最早感知和预言知识经济时代来临的人，他在 1998 年 1~2 月号《哈佛商业评论》上发表的《新型组织的出现》一文中，提出了 21 世纪最大的管理挑战是如何提高知识工人的劳动生产率。他的著作对管理者理解和认识知识经济、接受知识管理以及现代知识管理的研究和实践都产生了深刻的影响。

托马斯·达文波特 (Thomas Davenport) 具有信息技术和管理咨询的背景，他对知识管理内涵和原则的阐述颇具实践指导性，而且他在知识管理工程实践和知识管理系统上做了开创性的工作。他提出并论述了以下几个重要问题。①关

[①] 〔美〕弗莱·保罗：《知识管理》，徐国强译，华夏出版社，2004，第 17 页。
[②] 储节旺：《国内外知识管理理论发展与流派研究》，《图书情报工作》2007 年第 4 期，第 80 页。

于信息和知识管理之间的关系。知识和信息之间不断地转变是必要的，因为人们无法总是人对人地交流与共享知识。②关于知识创造。成功的日本公司十分注重"默然知识"，即基本上难以用文字表达的知识。它们通过对产品和战略的大胆设想，加上提倡知识和信息的共享、透明度和积极作用推动知识创新。③关于人的因素。既然知识主要寓于员工之中，并通过员工对其加以利用和分享以获得经营结果，那么知识管理就不仅要管理信息和信息技术，而且要管理人。如果还没有对知识管理得出这个重要的结论，那么就可能是遗漏了很多东西。④关于知识利用。知识必须应用在一个有的放矢的工作环境中，否则就毫无价值。许多公司不遗余力地用关于知识的信息来将其知识库的"货架填满"。但是，雇员们不仅必须应用和利用知识经营好今天的企业，而且要为明天的企业研究出新高招。[1] 他的关于知识管理的两阶段论和知识管理模型是近期知识管理的主要贡献。他的专著《应用知识——工商企业的知识管理》是知识管理领域权威性的著作。

野中郁次郎和竹内广隆深入研究了日本企业的知识创新经验，并在《创造知识的公司》一书中提出了著名的知识创造转换模式，这个模式已成为知识管理研究的经典基础理论。受迈克尔·波拉尼（Michael Polanyi）关于隐性知识和显性知识之间区别的启发，野中郁次郎特别强调隐性知识和知识环境对企业知识创造和共享的重要性。[2] 野中郁次郎和竹内广隆认识到，公司的许多知识存在于其员工的主观掌握

---

[1] 邱均平：《知识管理学》，科学技术文献出版社，2006，第66页。
[2] 顾基发、张玲玲：《知识管理》，科学出版社，2009，第24页。

之中。如果能够适当地对其进行了解和开发,这些资源将为公司的日常运作创造巨大的价值。公司有必要主动开发一些程序来挖掘这些思想和见识。野中郁次郎和竹内广隆发现中层管理人员是理想的项目和计划领导人,因为他们不但能理解高层管理人员的要求和比喻,而且能够沟通和鼓舞企业中的专业人员。他们的概念是一种"中层－上层－下层"的管理。[①] 野中郁次郎和竹内广隆认为企业文化和价值观即使不比质量和工艺重组更重要,至少也是同等重要的,并确实能够以不同的方式提高企业在整体性、不规则性和敏捷性方面的工作效果。他们的这些理论对现在知识管理的研究和发展起到了重要的指导作用。

斯威比既是企业家又是企业分析家,因此他对知识管理的研究有着浓厚的实践色彩。他首先定义和发现了知识型组织(Knowledge Organization)这一知识经济时代最重要的企业组织形态,并开创性地对知识型企业的组织特性、生命周期、治理结构和成功要素等进行了系统研究。他首创了知识型上市企业的分析评估模型以及包括无形资产在内的会计报告系统,他对无形资产测量系统的研究也已成为瑞典、欧盟和联合国经济合作与发展组织制定新的会计报告标准的重要基础。[②] 20世纪90年代后期,斯威比提出了以知识为核心的企业发展战略框架,并将关于知识型企业的组织理论,包括有形资产和无形资产在内的监测信息系统统一在知识战略框架之下,形成了完整的知识型企业的管理理论和方法体系。

---

① 张润彤、曹宗媛、朱晓敏:《知识管理概论》,首都经济贸易大学出版社,2005,第32页。
② 顾基发、张玲玲:《知识管理》,科学出版社,2009,第24页。

二　国外知识管理的流派分析

对知识的不同认识造成了人们对知识管理的不同理解，国外学者迈克尔·厄尔对40多家企业进行了研究，从中归纳出7种知识管理"学派"，这些学派又分别属于三大派系。

技术主导型。体系学派。管理者寻求将知识编入知识系统或数据库，为员工和决策者提供支持。地图学派。各种名录和"地图"指引企业主管找到相关专家。工程学派。主张向骨干员工提供尽可能多的知识，有助于提高流程效率。

经济主导型。商业学派。管理者寻求识别企业的所有知识资产，如专利、商标、版权和许可证，然后加大对这些资产的商业开发力度。

行为主导型。组织学派。以跨越不同群体的知识共享为基础。空间学派。相信精心设计的工作和休息场所可以增加人与人之间的接触，促进横向交流和知识拓展。战略学派。将其企业定义为知识企业，信条是研究本企业所拥有的知识，有助于发现企业如何在竞争中脱颖而出，从而实现增值。

国内彭锐和刘冀生两位学者在总结与分析国外知识管理实践与研究成果的基础上，归纳出国外知识管理研究可分为4种学派，即认识论学派、战略管理学派、空间学派、知识创新学派。[①] 下面对这两位学者的研究结论进行介绍。

1. 认识论学派

这一学派从认识论角度来分析知识，以知识的哲学含

---

① 彭锐、刘冀生：《西方企业知识管理理论"丛林"中的学派》，《管理评论》2005年第8期。

义、构成、价值、知识类型、知识源（感知、记忆、推理）、知识与其他概念（如必然性、合理性、原因等）的关系以及人们如何获取与社会和组织实践相关的知识等为核心研究内容。主要代表人物有波普尔（Karl Popper）、波兰尼（Michael Polanyi）、达文波特（Thomas Davenport）和普鲁萨克（Laurence Prusak）等。

波普尔是20世纪最具影响力的英国哲学家之一，因创建庞大的哲学理论体系（包括科学哲学、历史哲学、社会政治哲学、伦理哲学和宇宙论等）而闻名于世。他撰写了多部著作，其中包括《客观知识》。波普尔对知识论的发展具有深远而巨大的贡献，他把认识论研究转向对科学知识增长的研究，使知识论成为研究知识的发现与增长的理论，并建立起呈严密理论形态的科学发现发展的方法——"猜想与反驳方法论"。[1]

波兰尼是20世纪另一位著名的匈牙利哲学家，他在一系列著作中剖析了知识的认知领域问题。波兰尼认为："人类的知识有两种，通常被描述为知识的，即以书面文字、图表和数学公式加以表述的，只是一种类型的知识。而未被表述的知识，像我们在做某事的行动中所拥有的知识，是另一种知识。"[2] 他称前者为显性知识，后者为隐性知识。所谓显性知识，就是能够用语言加以表述的知识。这里所指的语言包括文字、数学公式、各类图表等多种符号形式。[3] 隐性知识是指那种我们知道但难以言传的知识。波兰尼指出，

---

[1] 盛小平、吴菁：《知识管理流派浅析》，《国家图书馆学刊》2007年第1期。
[2] Polanyi M., *Study of Man*, Chicago: The University of Chicago Press, 1958.
[3] Polanyi M., *Personal Knowledge*: *Towards a Post Critical Philosophy*, London: Routledge, 1958.

"我们所知道的要比我们所能言传的多",这一日常生活和科学研究中的基本事实就表明了隐性知识的存在。例如,我们知道某人的相貌,能够在成千上万的人当中认出他的脸,但通常我们很难说出是如何认出这张脸的,很难明确地说出我们是凭什么迹象认出来的。他进一步指出,隐性知识包括两种意识(辅助意识、集中意识)与三项组合(认识者、辅助物和集中目标)。[1] 总之,波兰尼的这些观点为知识认识论及哲学研究开辟了新天地。

达文波特和普鲁萨克是美国著名的信息管理和知识管理专家,他们在《营运知识:组织如何管理它们知道的事物》一书中把知识定义为:"知识是结构性经验、价值观念、关联信息及专家见识的流动组合。知识为评估和吸纳新的经验和信息提供了一种构架。知识产生并运用于知者的大脑里。在组织机构里,知识不仅存在于文件或文库中,也根植于组织机构的日常工作、程序、惯例及规范之中。"他们认为,知识如同一件人造物或某件事物一样具有行为或过程的特性;知识产生于信息,如果信息要转变为知识必须经过比较、推论、联系和谈话这一转变过程;从知识来源看,知识有五种类型,即从外部获取的知识(包括购买与租用)、用于开发的专用知识、通过融合产生的知识、通过适应产生的知识、利用网络产生的知识。[2] 他们这些观点加强了人们对知识和知识管理的进一步了解。此外,还有许多学者从认识论角度对知识进行了广泛的探索。例如,美国学者艾莉(Verna Allee)提出了知识的"波粒二相性"——知识的实

---

[1] Polanyi M. , *Knowing and Being*, Chicago:The University of Chicago Press, 1969.
[2] Davenport T., Prusak L., *Working Knowledge:How Organizations Manage What They Know*, Boston:Harvard Business School Press, 1998.

体性与知识的过程性,认为"我们所注意的知识的性质,依赖于我们怎样看待它同行为、工作和结果的关系。当我们在一定程度上对知识进行分类、组织甚至测度时,知识便具有实体的性质。在知识的创造、适应、提高以及运用等持续的运动过程中,它也有过程的性质"。[①]

厄尔(Michael Earl)认为知识可分为三个层次:一是经验;二是判断(包括政策规则、可能性参数和启发式教育法等);三是科学(包括被接受的定律、理论和程序等)。一般来说,经验知识的获得要求行动与记忆,判断知识的学习要求通过大量的分析与感知,而科学知识的取得则要求采用公式化与一致性的形式。[②] 梅拉利(Yasmin Merali)提出了一种认知一致性的框架,它通过连接认识、社会和行为三方面的知识来帮助人们处理知识管理的社会情境过程,这种框架由模式、自我概念、关系脚本和关系条例组成。

2. 战略管理学派

这一学派从战略管理角度来研究知识管理,把知识看成组织最有价值的资源,注意到知识对企业战略形成与企业成功的重要影响,并把知识管理当作公司战略的本质和竞争优势的一个重要方面。其主要代表人物有莫尔腾·汉森(Morten T. Hansen)、萨克(Michael H. Zack)、卡尔松(Sven A. Carlson)、蒂瓦纳(Amrit Tiwana)和达佛斯(Daghfous)等。

莫尔腾·汉森目前是欧洲商学院教授,之前在哈佛大学商学院工作过7年。他于1999年提出知识管理的两种战略,即编码化战略和个人化战略。前者是指对一些企业

---

① 〔美〕维娜·艾莉:《知识的进化》,刘民慧等译,珠海出版社,1998。
② 郁义鸿:《知识管理与组织创新》,复旦大学出版社,2001。

而言经过精心编码的知识储存在数据库中，企业员工都可方便地调用。后者是指在另一些企业中，知识与开发知识的人员密不可分，知识主要通过人员之间的直接接触实现共享，在这类企业中，计算机的主要作用是帮助人们交流，而非储存知识。他还认为，企业知识管理战略的选择并不能随心所欲，而必须依赖于企业服务客户的方式、企业的经济状况以及员工的具体情况。就像一些咨询公司所发现的那样，如果企业强调错误的知识管理战略，或者试图同时推行两种战略，则会快速削减企业实力。[1] 汉森的这种观点在以后的理论研究与管理实践中得到了广泛的响应。

萨克是美国东北大学商业管理学院副教授，他在《开发知识战略》一文中提出"知识战略"这个概念，认为知识战略是平衡组织的知识资源与能力，以获得那些能够提供高于竞争者产品与服务所需的知识。识别那些有价值的和独特的基于知识的资源与能力，以及懂得这些资源与能力如何支持公司产品与市场地位是知识战略的基本因素。为说明战略与知识的联系，组织必须说明其战略意图，识别那些执行既定战略所需的知识，并与实际知识进行比较，从而揭示其战略知识差距。不管知识是如何基于内容进行分类的，每个公司的战略知识都可以按照其支持竞争优势的能力分为核心知识、先进知识与创新知识。核心知识是公司按章办事所需的最少知识，先进知识是确保公司具有竞争优势的知识，创新知识是有助于公司在行业中处于领先地位并明显区别于其

---

[1] Hansen M. T., Nohria N., Tierney T., "What's Your Strategy for Managing Knowledge?" *Harvard Business Review*, 1999, 77 (2).

竞争者的知识。企业采用 SWOT 分析，可以找出存在的知识差距，确定企业所需知识的来源，选择进攻型或保守型战略。[1]

卡尔松是瑞典延雪平大学国际商学院信息学系教授，他认为知识管理可以从战略角度来进行阐释——把知识作为战略资源与能力进行管理。战略知识管理是指处理知识管理的远景与方向，以及如何组织与管理为获得竞争优势的、与知识相关的资源与能力。它实质上是用知识与知识程序来获取与维持竞争优势的一种方法，这种方法包含以下几项主要任务：战略远景规划、知识远景与关键知识识别、设计、知识保护或放弃、实施应用。这种战略知识管理框架能够为组织提供以下指南：提供组织目标，识别组织的关键知识与知识程序；开发与提炼关键知识和知识程序以放大价值；用最好的方法实施与传播关键知识和知识程序；确保关键知识与知识程序能够以最佳方式得到应用；决定是否和如何保护关键知识与知识程序，以免被模仿，或者是否打算放弃。[2]

蒂瓦纳是美国爱荷华州立大学管理科学系教授，他在《知识管理十步走：整合信息技术、策略与知识平台》一书中提出了实施知识管理的十个步骤：分析现有的基础设施；协调知识管理和业务战略；设计知识管理基础设施；现有知识资产与系统的审计；设计知识管理团队；创建知

---

[1] Zack M. H., "Developing a Knowledge Strategy", *California Management Review*, 1999, 41 (3).

[2] Carlson S. A., "Strategic Knowledge Managing within the Context of Networks", In Holsapple C. W. eds., *Handbook on Knowledge Management: Knowledge Matters*, New York: Springer-Verlag, 2003.

识管理系统蓝图；开发知识管理系统；利用结果驱动的渐进方法进行项目试验和部署；领导和激励机制；知识管理的实物期权分析。① 这十个步骤组合起来实质上就是一种知识管理战略。

从企业核心能力（或核心竞争力）角度来研究知识管理，是战略管理学派中的一个重要分支。这个分支的代表人物是达佛斯。

达佛斯博士认为知识日益成为最有价值的战略资源，利用知识处理问题与获取市场机会的能力是公司最重要的能力；公司了解其客户、产品、技术和市场越多，就越能更好地超过竞争对手。因此，各种企业可以把知识管理当作获得可持续竞争优势的核心能力。公司不应该只开发某种核心能力，仅仅把知识管理作为促进器，而应该致力于把知识管理作为核心能力来建设，以增强其他创新能力。为此，企业需要从知识管理技能、知识管理物质系统、以知识管理为中心的管理系统、知识管理文化与价值四方面来建设企业核心能力。②

3. 空间学派

这一学派从三维空间角度来分析知识及其管理。代表人物主要有博伊索特（Max Boisot）、海伦·汉森（Helen Hasan）和范德皮尔（G. J. van der Pijl）等。

博伊索特是西班牙坎塔洛尼亚远程大学教授，他在《信息空间：认识组织、制度和文化的一种框架》和《知识

---

① 〔美〕蒂瓦纳：《知识管理十步走：整合信息技术、策略与知识平台》，董小英等译，电子工业出版社，2004。
② Daghfous A., "How to Make Knowledge Management a Firm Score Capability", *Journal of Knowledge Management*, http://www.tlainc.com/articl54.html.

资产：在信息经济中赢得竞争优势》两本著作中，以"具体的-抽象的、扩散的-非扩散的、编码的-非编码的"作为三轴定义信息空间（I-Space）理论框架。他认为编码与抽象是理解与建构数据的两个过程，它们都能影响数据处理与传递资源的有效利用，与那些没有编码、十分具体化的现象相比，已经编码和抽象的现象只需较少的数据处理。因此，后者能够在单位时间内扩散到更多的主体。[1] 他还认为，在这种信息空间里可以分别用网络元素和网络链接来表示知识。信息空间的知识管理在于创造、维持与利用知识资产网络，以便在给定时间内最大化地实现它们的价值。创造知识资产意味着产生新的元素与链接；维持知识资产意味着防止资产价值的无意识损耗；利用知识资产意味着了解如何利用信息流动力特别是社会学习循环，以便从它们那里获得价值。[2] 这种信息空间也可用来解释与分析动态知识流。首先，编码维度可处理主题分类，对应于隐性知识与显性知识维数；其次，抽象维度与人们理解现象有关，它需要认识与概念上的分类；最后，扩散维度也常常被称之为信息共享元，如果人们共享更多的知识，知识就能得到更多的扩散。

海伦·汉森是澳大利亚卧龙岗大学信息系统系副教授，他基于信息空间理论提出了知识空间（K-Space）框架。知识空间实质上仍利用信息空间的三维结构，把知识看作由三个基元（编码、抽象、扩散）彼此关联起来的一个立方体。

---

[1] 〔英〕马克斯·H. 博伊索特：《知识资产：在信息经济中赢得竞争优势》，张群群、陈北译，上海人民出版社，2005。
[2] Boisot M., "Information, Space, and the Information-Space: A Conceptual Framework", http://www.uoc.edu/in3/gnike/eng/docs/dp_02_boisot.doc.

这种知识空间除了可以实现 SECI 模式的知识转化外，还可以识别以下四种新的知识转化模式：连接，把显性知识转化为半隐性知识（是指那些具有最高扩散级别与最低编码级别的知识）；采用，把半隐性知识转化为隐性知识；标准化，把隐性知识转化为半显性知识（是指那些具有最低扩散级别与最高编码级别的知识）；系统化，把半显性知识转化为显性知识。[1]

范德皮尔是荷兰鹿特丹伊拉斯姆斯大学商业经济系教授，他构建了一种由知识管理过程（水平方向）、知识代理（垂直方向）和知识种类（对角线方向）构成的三维知识管理框架。水平方向的知识管理过程包括知识的开发、传播、加工、吸收、鉴定和评估六种活动；垂直方向的知识代理分为个人、群体、组织和内部组织；对角线方向的知识种类包括公司知识、支持知识与操作知识。[2]

4. 知识创新学派

知识创新是知识的产生、创造和应用的整个过程。它通过追求新发现、探索新规律、积累新知识达到创造知识附加值、谋取组织（如企业）竞争优势的目的。知识管理研究的知识创新学派有三种研究取向：一是从知识转化角度来进行分析，其代表人物主要是野中郁次郎（Ikujiro Nonaka）；二是从知识管理的具体过程角度来进行分析，其代表人物有布克威茨（Wendi Bukowitz）和威廉斯（Ruth Williams）等；三是从知识价值链（或知识链）角度来进行分析，其代表人物是霍尔斯阿普尔（C. W. Holsapple）。

---

[1] Hasan H., AI-hawari M., "Management Styles and Performance: A Knowledge Space Frame Work", *Journal of Knowledge Management*, 2003, 7 (4).
[2] 盛小平、吴菁：《知识管理流派浅析》，《国家图书馆学刊》2007 年第 1 期。

(1) 知识转化取向

野中郁次郎是东京一桥大学创新研究所教授，也是知识创新学派的核心人物。他于 1991 年在《知识创造型公司》一文中提出了"知识螺旋"的概念，认为组织中的知识创造有四种基本模式，而且发生着动态的相互作用，就像"知识螺旋"一样。[①] 他在 1995 年出版的《知识创造型公司：日本公司如何建立创新动力》一书中进一步把这四种知识转化模式归纳为 SECI 模型（SECI 分别代表四种知识转化模式）。S 即 Socialization（社会化），代表从隐性知识到隐性知识的转化，产生的是一种"意会"的知识；E 即 Externalization（外部化），代表从隐性知识到显性知识的转化，产生的是概念化的知识；C 即 Combination（组合化），代表从显性知识到显性知识的转化，产生的是系统的知识；I 即 Internalization（内部化），代表从显性知识到隐性知识的转化，产生的是运营知识，诸如项目管理、生产过程、政策的实施等。这种"知识螺旋"创新理论的认识论基础是明确区分隐性知识和显性知识，而知识创造的关键在于隐性知识的转化和运用。当隐性知识和显性知识的相互作用从一个较低水平动态上升到一个较高水平时，就形成了一个"螺旋"。1998 年，野中郁次郎提出了知识创造的基础——"Ba"（场），他认为"Ba"是一种新兴关系的共享空间，它提供了一种平台来促进个人和/或集体知识，既可以是物质的（如办公室、分散的业务场所）、虚拟的（如电子邮件、电话会议），也可以是精神的（如共享的经验、观念、理想）或这几种的组合。对应于 SECI 模

[①] Ikujiro Nonaka, "The Knowledge-creating Company", *Harvard Business Review*, 1991, 69 (6).

式，有四种不同的"场"，即始发场（个人共享感情、情绪、经验与心智模式的地方）、相互作用场（隐性知识变成显性知识的地方，表示外部化过程）、赛博场（在虚拟世界而非实际时空相互作用的地方，表示组合化过程）和练习场（支持内部化过程，促进显性知识向隐性知识的转化）。[1] 后来他用交互类型、交互媒介两种维度，把原来的四种场分别更名为始发场、对话场、系统化场和练习场。近年来，他将知识创造定义为通过个体、组织与环境之间的动态交互综合各种矛盾的辩证过程，这些矛盾体现在许多表面看似对立的概念之中，如有条理与混沌、微观与宏观、部分与整体、精神与物体、隐性知识与显性知识、自我与他人、演绎与归纳、创造性与效率性等。理解知识创造过程的关键在于熟悉超越及综合这些矛盾体的辩证思维与行为。某个组织不仅是处理信息的机器，而且还是一个通过行动和相互作用创造知识的实体。[2]

（2）知识管理过程取向

它主要以知识管理的过程如知识的生产、获取、组织、共享、传播、存储和利用等作为研究的核心内容，考察这些阶段知识运作的不同特点、方式、技术与实现途径，从而揭示整个知识管理过程。在此学派中，对知识管理过程的划分存在多种观点，涌现了多种不同模式（见表1-2）。[3]

---

[1] Nonaka I., Toyama R., Konno N, "SECI, Ba and Leadership: A Unified Model of Dynamic Knowledge Creation", *Long Range Planning*, 2000, 33 (1).

[2] Nonaka I., Toyama R., "The Knowledge-creating Theory Revisited: Knowledge Creation as a Synthesizing Process", *Knowledge Management Research & Practice*, 2003 (1).

[3] 盛小平、吴菁：《知识管理流派浅析》，《国家图书馆学刊》2007年第1期。

表1-2 知识管理过程划分模式

阶段模式	提出者	具体知识管理过程
三阶段	Gerhard Fischer	创造、综合、传播
四阶段	Cesanne Kerkhof	吸收、传播、生产、利用
五阶段	Michael H. Zack	获取、提炼、存取、传播、表现
六阶段	France Bouthillier	发现、获取、创造、存储与组织、共享、利用与应用
七阶段	Richard Hall, P. Andrian	外部化、(显性知识)交流、内部化、社会化、查找与获取外部显性知识、查找与获取外部隐性知识、发明新知识
九阶段	Christian Frank	发现、获取、组织、融合、共享、传播、使用、保存、排除

资料来源：盛小平、吴菁：《知识管理流派浅析》，《国家图书馆学刊》2007年第1期。

布克威茨和威廉斯在其《知识管理》一书中，提出由知识获得、使用、学习、贡献、评估、建立与维持、摒弃七个阶段组成的知识管理过程框架，并分章进行了阐述与诊断。他们认为必须将知识管理过程的所有因素综合起来进行管理，以便获得正确的组合、必要的知识以及运用这些知识的能力。[①]

（3）知识价值链取向

霍尔斯阿普尔是肯塔基大学伽顿商业经济学院管理系教授，他提出的知识价值链模型包括五种主要活动（知识获取、选择、产生、内部化、外部化）、四种辅助活动（领导、协调、控制和测度）以及伴随这些活动的组织学习与规划。他

---

① 〔美〕布克威茨、威廉斯：《知识管理》，杨南该译，中国人民大学出版社，2005年。

认为知识价值链的一个基本前提就是组织很好地进行学习与规划，它们是竞争环境下组织生存与成功的重要决定因素。[①]

三 国内知识管理的流派分析

国内比较有影响的是左美云、许珂、陈禹将知识管理划分为三个学派：技术学派、行为学派、综合学派。

（1）技术学派认为，"知识管理就是对信息的管理"。研究的角度包括：从知识组织的角度研究知识表示和知识库；从知识共享的角度研究团队通信与协作的技术；从技术实现的角度研究知识地图系统、知识分类系统、经验分享系统、统一知识门户技术等；从系统整合的角度研究知识管理系统与办公自动化（OA）系统、企业资源计划（ERP）等系统的整合；等等。代表人物及其作品有金吾伦的《知识管理：知识社会的新管理模式》、王德禄的《知识管理的IT实现：朴素的知识管理》、丁有骏的《知识管理与图书馆》、王广宇的《知识管理：冲击与改进战略研究》、夏火松的《知识管理：市场营销知识获取与共享模式》、叶茂林的《知识管理及信息化系统》《知识管理理论与运作》、奉继承的《知识管理：理论、技术与运营》等。

（2）行为学派认为，"知识管理就是对人的管理"。研究的角度包括：从组织结构的角度研究知识型组织；从企业文化的角度研究知识管理观念；从企业战略的角度研究企业知识管理战略；从人力资源绩效考评和激励的角度研究知识管理制度；从学习模式的角度研究个人学习、团队学习和组

---

① Holsapple C. W., Singh M., "The Knowledge Chain Model: Activities for Competitiveness", *Expert Systems with Applications*, 2001, 20 (1).

织学习；等等。代表人物及其作品有邓文彪的《企业核心利润源理论和方法》、薛彪的《知识管理实施推进制度》、杨治华的《知识管理：用知识建设现代企业》、侯贵松的《知识管理与创新》、刘希宋的《知识管理与产品创新人才管理耦合机理与对策研究》、高大成的《知识管理：中国航空工业企业面向未来的战略选择》等。

（3）综合学派则认为，"知识管理不但要对信息和人进行管理，还要将信息和人连接起来进行管理；知识管理要将信息处理能力和人的创新能力相互结合，增强组织对环境的适应能力"。组成该学派的专家既对信息技术有很好的理解和把握，又有着丰富的经济学和管理学知识。他们推动技术学派和行为学派互相交流、互相学习，从而融合为自己所属的综合学派。由于综合学派能用系统、全面的观点实施知识管理，所以该学派能很快被企业界接受。大多数学者属于这一学派。综合学派强调知识管理是企业的一套整体解决方案，在这套解决方案里，第一是知识管理观念的问题，第二是知识管理战略的问题，第三是知识型组织结构的问题，第四是知识管理制度的问题，接下来还有知识管理模板如规范的表格等问题。① 在此基础上，将知识管理制度流程化、信息化，将知识管理表格和模板界面化、程序化，将企业知识分类化、数据库化，在考虑与其他现有系统集成的基础上，开发或购买相应的知识管理软件，建设企业的知识管理系统。代表人物及其作品有：王方华的《知识管理论》、乌家培的《知识管理日趋重要》、汪大海的《新世纪的赢家：知

---

① 储节旺：《国内外知识管理理论发展与流派研究》，《图书情报工作》2007年第4期。

识管理成为时代新支点》、郁义鸿的《知识管理与组织创新》、储节旺的《知识管理概论》、张福学的《知识管理导论》、翟丽的《企业知识创新管理》、董小英和左美云的《知识管理的理论与实践》、周海炜的《核心竞争力：知识管理战略与实践》、朱晓敏的《知识管理学》、夏敬华的《知识管理》、韩经纶的《知识管理》《执掌知识企业》《知识首脑CKO》《知识共享与风险防范》、尤克强的《知识管理与企业创新》、樊治平的《知识管理研究》、钱军的《知识管理案例》、丁有骏的《知识管理与图书馆》、张润彤的《知识管理学》《知识管理导论》、林榕航的《知识管理原理》、邱均平的《知识管理学》等。

彭锐和刘冀生根据对知识特性的假设和研究焦点的不同，将知识管理研究划分为工程学派、过程学派、实体学派和系统学派。

(1) 工程学派

工程学派假设知识是一种智力状态，即知识是一种认知和领会的状态，因此无论对于个人还是组织，对知识的管理和应用都需要一定的条件和方法。工程学派基于这一认识，提出用工程的思想和手段来管理知识，将知识工程化，也就是将人和组织中的知识尽可能显性化、标准化，并通过工具固化下来，使之成为一种工业流程。工程学派的学者以前大多从事知识工程研究，他们发现在知识工程和知识管理研究的问题之间有很多重叠的地方，因此知识工程的原理和工具对知识管理具有借鉴意义和利用价值。尽管工程学派明显受到知识工程的影响，但是两者具有显著差异。知识工程是人工智能学科的发展，它通过知识分析、建模等技术手段来设计和构建具有智能特性，如实现推理、知识的再生产等的知识系统。而知识管理的工程学派则利用知识工程的思想和工具，研究一套有效的工具和知识管理系统，帮助组织有效地进行知识管理。工程学派的学者将知识管理定义为用于提高组织的知识基础设施水平的框架和工具包，其目的是使组织内"适当的人在适当的时间、适当的地点获得适当的知识"。工程学派的研究重点是研究如何实现知识获取和知识表述这两个过程对个人和组织的认知状态的影响，以及如何利用知识工程的方法论来构建知识管理系统。工程学派开发了大量知识管理工具（如知识地图绘制、阶梯式工具、矩阵工具、目录网格等），并建立了知识管理系统的方法（如许多企业、大学联合开发的方法论，近年来在企业知识建模、系统开发中成为最常用的工具）。[①] 工程学派的贡献在于将知识工程的工具和方法引入知识管理，保证了知识管理的准确性、科学性和高效性，但是它并没有涉及组织目标、组织环境变化等因素对知识管理活动的影响和需求，也没有说明组织如何利用知识来创造价值、培养竞争能力。

（2）过程学派

把知识看作一个过程是过程学派的基本假设。这一学派将研究的注意力集中于组织的知识流和知识流所经历的过程，如知识创造、共享、扩散等。过程学派认为，知识管理需要识别企业中代表知识运动某一过程的知识活动，以及知识流在这些活动节点的流动方式和流动特征。[②] 在过程学派看来，知识管理"是一系列过程的结合体，这些过程包括知识的创造、传播、应用，以实现组织的目标"。目前，知识管理学

[①] 彭锐、刘冀生：《西方企业知识管理理论"丛林"中的学派》，《管理评论》2005年第8期。

[②] 盛小平、吴菁：《知识管理流派浅析》，《国家图书馆学刊》2007年第1期。

者构建了众多基于知识过程的知识管理模型,这些模型归纳、概括了组织中的知识活动。通过这些活动,企业实现了知识积累、知识拓展和知识更新。除了对知识过程进行研究,过程学派还十分重视对知识流的研究,认为知识的流动过程是一个知识创造的过程,知识只有在流动中才能够最大限度地发挥其价值,因此知识管理在一定程度上是对知识流的管理。例如,著名的知识管理学者野中郁次郎和竹内广隆提出的组织知识转化和创造的螺旋模型就揭示了知识如何在企业内流动转化,并最终创造价值的过程,他们将企业内外部的知识流看作一个"价值网络"。

(3)实体学派

与过程学派相对的是实体学派,这一学派认为知识是企业内的战略资源,因此实体学派的研究重点是企业内的存量知识——智力资本。在实体学派看来,智力资本与知识管理如同"同树异枝的双胞胎",认为"知识管理是从组织的无形资产中创造价值的艺术",同时"知识管理是对组织控制的智力资本的管理"。因此,"知识管理是一种智力资本杠杆,是一种促使智力资本增值的有效手段"。实体学派的研究工作主要体现在三个方面:智力资本的识别,即组织中的哪些知识是有价值的;智力资本的培养和增值策略;智力资本的量度和报表。对智力资本的分类有利于对智力资本的识别。知识管理学者将能够给组织带来竞争优势的组织知识分为人力资本、结构资本(或称为组织资本)和社会资本(或称为关系资本、客户资本)三大类。如何培养智力资本?如何使智力资本增值?实体学派认为智力资本的增值有两种表现形式:一是企业智力资本的增加;二是获得经济价值即企业效益的提高。一方面,实体学派承认通过组织学习,即通过一系列的知识过程可以增加组织知识的存量包括数量和质量，实现智力资本的增值；另一方面，实体学派从知识资本化的角度，提出了经营智力资本的策略。

对智力资本的测量和报表是实体学派的一个重要研究领域。实体学派认为对智力资本的测量不仅可以帮助企业管理人员和投资者更加真实地了解企业发展的状况，揭示智力资本对企业绩效的贡献，还可以评估知识管理实施的效果，促进其改进。自20世纪90年代以来，一批企业的智力资本管理人员和会计领域的学者开始开发智力资本的报表工具，无形资产控制模型和平衡记分卡模型是其中的佼佼者。实体学派对知识管理理论的贡献主要在于：揭示了组织知识的战略价值；提出了管理智力资本的概念；对智力资本评估系统的研究为知识管理绩效的量化做了有益的尝试。[①] 但是实体学派常常忽略知识本身的转化和运动对智力资本数量和质量的影响，很少涉及知识管理技术和方法的研究，因而难以提出具体的、具有操作性的知识管理方案。

（4）系统学派

系统学派的基本假设是"知识是能力"，因此这一学派的研究重点不再是知识本身，而是企业的能力，即将知识管理与企业能力的培养紧密联系起来。系统学派认为，知识管理的重点应"定位在寻求能够建立核心能力的运用知识的方法，以使企业在核心业务竞争中获胜"。系统学派认为，"知识管理是指一个组织整体上对知识的获取、存储、学习、共享、创新的管理过程，目的是提高组织中知识工作者

[①] 彭锐、刘冀生：《西方企业知识管理理论"丛林"中的学派》，《管理评论》2005年第8期。

的生产力，提高组织的应变能力和反应速度，创新商业模式，增强核心竞争力"，因而这是一种"系统性的管理"。系统学派深受系统理论的影响。系统理论认为组织是一种社会系统，它因为一个共同的目标而形成，解决组织问题必须采用系统思考方法。系统思考要求把系统的各个部分看作相互作用的整体，所以系统学派重视研究知识管理在"整体的"企业管理中的作用，从知识的角度把企业的人力资源管理、信息系统开发和管理、市场营销乃至企业战略等协调统一起来，共同为企业的发展服务，创造整体大于局部之和的效应。正如著名知识管理专家 Grover 和 Davenport 指出的那样，"知识管理渗透于企业管理的方方面面，有必要将其与竞争战略、工作流程、文化和行为等整合起来"。系统学派对知识管理理论的贡献在于它拓展了知识管理的研究视角，不再把眼光仅仅局限于对知识及其过程的管理本身，而是从更加宏观的角度研究知识管理对整个企业经营带来的变革性影响。系统的、整体的研究观点使研究人员和企业管理者认识到知识管理对传统经营系统的改变可以提高企业能力，建立持续的竞争优势。然而，系统学派的发展时间很短，缺乏深入的实证研究。同时，它不太重视具体的知识管理技术、工具和知识过程，往往过于"务虚"。

在知识管理领域，目前还没有居于主导地位的理论范式和逻辑结构，也缺乏清晰的研究框架，但是随着知识管理研究的不断深入，这些理论流派的研究将会经历一个有机的整合过程，知识管理理论也会逐步走向成熟。当前企业在引入知识管理的时候，应该综合考虑不同流派的观点，那种只注重建立知识系统或者只重视知识过程的做法都是不可取的。毕竟知识管理作为一种新一代的管理模式，其在企业中的运用是一个系统工程。

　　总之,作为一种全新的经营管理模式,知识管理是市场经济高度发展的产物,它不仅具有丰富的内涵,而且拥有传统管理无法比拟的优势与特点。在知识经济时代,知识管理已逐渐成为促进企业创新、实现企业再造工程的有力工具。它让企业第一次可以突破自身金融资本或自然资源的制约,获得持续发展的可能性。随着世界上商业组织对知识资产依赖程度的增加,知识管理的重要性也越来越突出,因而它具有强大的生命力和广阔的发展前景。

第二章
顾客关系管理概论

第一节 顾客关系管理的起源与发展

企业在经营中需要综合利用各种资源进行优化配置，使其发挥最大的效益。在所有的资源中，顾客是最重要的资源之一，这已经成为不容置疑的结论。进入 21 世纪后，随着经济全球化的发展和互联网的普及，以往代表企业竞争优势的厂房、人员、资金、渠道等已不再是企业处于领先地位的决定因素，优良而强大的顾客关系管理则成为企业领先于竞争者的一个重要手段。

一 关系营销的起源及内涵

（一）关系营销的起源及理论发展

20 世纪 70 年代以来，尤其在 1973~1992 年，这是全球经济发展的一个具有明显特征的时期。这个阶段最重要的特征是 GDP 增长率和生产率增长率的下降。按照麦迪森的数据计算，美、法、德、荷、英、日六国的 GDP 年均增长率由 1950~1972 年的 5.31% 下降到 1973~1992 年的 2.41%；

劳动生产率的年均增长率由 4.91% 下降到 2.34%；全要素生产率的年均增长率由 3.04% 下降到 0.83%。① 布伦纳提供的七国集团的数据与此也十分接近：七国私人企业产量的年均增长率由 1950～1972 年的 4.5% 下降为 1973～1993 年的 2.2%；劳动生产率的年均增长率由 3.6% 下降为 1.3%。产量和生产率的降低幅度都很大，超过了一半以上。②

这个阶段发达国家增长率大幅度下降的原因是什么呢？原因当然是很多的，需求、供给、技术、制度和政策等都会带来直接的影响。但在诸多因素中，首先应该提到的是需求不足的影响。在此之前，特别是从"二战"结束到 20 世纪 70 年代初，此阶段属于资本主义社会发展的黄金时期。在这个时期，主要资本主义国家的空前发展，特别是欧洲大陆（尤其是德国）和日本的超高速发展，以及亚洲若干新兴工业化国家或地区出口型经济的迅速成长，使全球的工业品供给量达到前所未有的水平。而尽管在黄金时期国际市场也有了巨大扩展，但终究赶不上生产的增长。结果是生产与消费、供给与需求之间矛盾的尖锐化，形成空前规模的全球性生产过剩。③ 与此相对应，消费需求则呈现多样化的变化趋势，给企业带来了不小的生存压力。

众多企业开始把眼光放长远，企业不仅要取得一次性交易，还要在一次性交易的基础上，通过有效手段建立和维护与顾客的长期关系。在这种经济背景下，传统营销理论已经不能很好地适应环境的变化，越来越多的企业开始意识到传

---

① 〔英〕麦迪森：《世界经济二百年回顾》，李德伟等译，改革出版社，1997。
② 〔美〕罗伯特·布伦纳：《繁荣与泡沫》，王生升译，经济科学出版社，2003。
③ 高峰：《二十世纪世界资本主义经济的发展与演变》，三农中国网，http://www.snzg.com.cn/ReadNews.asp? NewsID=2973。

统营销理论在现实条件下的局限性。按照传统营销理论的思路和做法，企业在运营过程中，营销工作的重心在于不断开发新客户，注重一次性交易，用向顾客提供有限承诺来吸引更多的新顾客，提高销售额，实现企业的短期赢利目标。这种营销观念在短缺经济条件下具有一定的合理性，而在供大于求的环境中，却成为制约企业发展的桎梏。既然传统的营销理念过于追求短期目标的特征无法满足企业经营的要求，越来越多的企业和学者便开始思考更加适合企业经营需要的理论指导。

按照相关学者的研究思路，关系营销发展的历史起源，目前普遍接受的说法是始于20世纪70年代，发源于北欧的诺丁服务营销学派（Nordic Services Marketing）和产业营销学派（Industrial Marketing and Purchasing）。这是西方营销学者适应环境的发展变化，通过对大量企业的营销思想、营销策略、营销行动实践进行总结分析之后，在传统营销、社会营销、服务营销、内部营销的基础上，由"大市场营销"概念衍生、发展而来的。1984年，科特勒提出了所谓的"大市场营销"概念。随后，贝瑞也提出了如何维系和改善同现有顾客之间的关系，杰克逊提出了要与不同的顾客建立不同类型的关系，北欧诺迪克学派的代表人物葛劳罗斯、舒莱辛可、赫斯基论证了企业同消费者的关系对服务企业市场营销的影响。[1] 伴随信息技术浪潮的驱动以及其他科学理论的发展，关系营销的方式与内容也在不断拓展。

学者们对关系营销这一概念的提出有不同的看法。有人

---

[1] 百度百科，http://baike.baidu.com/link? url=-fiuDCznHHSt7bwqKLQHPZeRtEC_0Bu87cWK1ZaR1s6warw-Cy_ mi1BFB8BXj9QE。

认为，最早的提出应该是 1983 年由白瑞（L. Berry）在一篇关于服务营销的会议论文中引入文献的："关系营销就是提供多种服务的企业吸引、维持和促进顾客关系。"[①]

也有人认为是 Theodore Levitt 在 1983 年提出了关系营销的概念，将营销的范围拓宽，超越了一次性交易。Theodore Levitt 明确指出："随着在各种交易过程中所占的分量和比重越来越大，我们看到关系确实在促进销售。关系已经成为消费者再次消费选择的最为重要的因素。"

1985 年，巴巴拉·杰克逊在产业市场营销领域提出关系营销这个概念。他认为："关系营销是指获得、建立和维持与产业用户紧密的长期关系。"

营销大师科特勒说："在这个新的变化的世纪里，企业唯一可以持续的竞争优势是它与消费者、商业伙伴及公司员工的良好关系。"

实际上，在 1980 年，B. Schneider 就已经提出有关关系营销的思想："奇怪的是商人们和市场研究人员统统把工作重点放在如何去吸引顾客，而不去维系现有顾客。"这表明这位学者已经开始认识到建立顾客关系的重要性。

20 世纪 80~90 年代，对关系营销的研究进入了一个学派纷呈的阶段。比较有代表性的关系营销理论见表 2-1。

这些理论以多个视角，从不同的侧面对关系营销进行了探索，有力地推动了关系营销研究的深入，也为企业寻求改善营销业绩和在新的竞争环境下有效的营销方法提供了机遇。

[①] 郭媛媛、王季、宋占丰：《关系营销理论新发展及其思考》，《企业活力》2007 年第 1 期。

表 2-1 关系营销的主要理论

名称	代表人物	主要内容
六市场模型	英澳学派	该理论把对企业营销有影响的因素划分为 6 个市场,即顾客市场(已有的和潜在的顾客)、供应商市场(要成为供应商的伙伴而不是对手)、分销商市场(协助企业销售其产品或劳务)、竞争者市场(寻求资源共享或优势互补)、影响者市场(财务分析人员、记者、政府)、内部市场(组织及其员工)。企业实施关系营销战略必须开发和促进与这 6 个市场的关系
投入-信任理论	美国学者摩根和亨特	将影响企业营销成功的关系分为 4 组共 10 种合伙关系,即供应商合伙关系(产品供应商、服务供应商)、隐性合伙关系(竞争者、非营利组织、政府)、购买者合伙关系(最终顾客、直接顾客)、内部合伙关系(职能部门、员工、业务单位)。关系营销是直接指向建立、发展和维持成功交换关系的所有的营销活动
30R 理论	瑞典学者古姆松	关系营销就是从关系、网络和交互的角度看营销。他把企业面临的关系分为市场关系和非市场关系两大类共 30 种关系。前者主要包括顾客与供应商关系、分销渠道关系、顾客与服务提供者关系等 17 种关系;后者主要包括人际和社会网络关系、大众媒体关系、内部顾客关系、所有者关系等 13 种关系。其中,内部顾客关系是核心
价值、交换和对话过程理论	芬兰学者	把关系营销看成包含了价值、交互和对话的过程,即为顾客创造价值是关系营销的目的,交互过程是关系营销的表现形式,对话过程则是关系营销的沟通层面。他们认为关系营销就是指为了满足企业和相关利益者的目标而进行的识别、建立、维持、促进并在必要时终止的过程。它通过相互交换和履行承诺实现

续表

名称	代表人物	主要内容
全面营销理论	美国著名学者科特勒	1991年,科特勒提出全面营销的概念,认为只对顾客展开营销是不够的,企业必须进行全方位的营销。科特勒识别出企业环境中10个重要的营销对象,即直接环境中的供应商、分销商、最终用户和员工,间接环境中的金融机构、政府、媒体、联盟者、竞争者和公众。全面营销就是对这10个方面展开营销
影响三因素模型	Ellen Garbarino & Mark S. Johnon	关系营销来源于满意、信任、承诺3个因素的集合,检验3个因素的高低水平对关系营销的影响
关系营销四维度模型	Michael B. Callaghan	关系营销建立在以契约、互惠、感同、信任为基础的四大要素上。他指出:第一,强有力的契约关系是维持与发展双方关系的纽带,双方都要有既得的利益与支持;第二,企业要有调整另一方需求的能力,建立理解与情感;第三,关系双方要能有为对方着想的感同认知;第四,双方要对对方保持足够的信任。基于上述四个维度,关系营销才能称为真正全面的关系营销

资料来源:郭媛媛、王季、宋占丰:《关系营销理论新发展及其思考》,《企业活力》2007年第1期。李琼、黄勇:《关系营销理论综述》,《天府新论》2007年第12期。

时至今日,学术界和企业界对关系营销的讨论和关系营销的实践,已从单纯的目标消费人群的关系建立和维持,扩展到企业与各个利益相关者关系的建立和维持,这些利益相关者包括企业内部和外部的多个利益相关者。其中,企业内部的利益相关者包括投资人(股东)、员工、经理层,企业外部的利益相关者包括政府、购买者和供应者、债权人和社会公众等。这种外延的变化有效地扩展了传统市场营销的内涵和外延。

(二) 关系营销的内涵和特征

关系营销是一种将市场、服务和质量整合在一体的营销方法，它更能够为企业提供竞争优势。关系营销着眼于企业的长期发展，通过与顾客建立良好的持久关系，实现企业以及社会整体利益的最大化。所谓关系营销，就是以系统论为基本指导思想，将企业所处的环境视为一个整体。关系营销将企业置身于社会经济大环境中来考察企业的市场营销活动，认为企业营销活动的实质是识别、建立、维护和巩固企业和顾客及其诸如消费者、竞争者、供应者、分销商、政府机构和社会组织等相关利益主体的关系活动，其核心是建立和发展与这些利益相关方的良好关系。

1. 关系营销的内涵

关系营销不单纯注重一次性交易，更多的是通过与顾客建立良好的合作关系来留住更多的顾客。作为一种营销手段，关系营销强调在公司与顾客之间构建一种长期持续的关系，强调顾客服务、服务质量的重要性，并由此而采取一系列行动。它是对传统营销理论的变革和进一步发展，是适应社会环境变化的一种新的营销理论，是21世纪营销理论的发展趋势。

关系营销的概念有两个基本支撑点。首先，企业的营销活动是处在整个社会经济环境中的，它受到来自各方面的影响，而不仅仅局限于产品市场中；其次，建立良好的关系是企业营销活动成功的关键，这些关系包括企业与投资人（股东）、员工、经理层、政府、购买者和供应者、债权人和社会公众等的关系。

在建立各种关系的过程中，企业与内外部的利益相关者之间连续有效地进行信息沟通，使彼此在相互了解和信任的基础上，通过一系列的营销活动达到与各有关方建立良好关系的目的。与此同时，企业还应利用有效的信息搜集和反馈，随时了解这种关系的状态，并根据状态的变化及时调整自身的产品和服务，以强化这种关系，即能够有效地维持关系的存在，最终实现关系各方互利互惠的目标。

关系营销的中心是顾客忠诚。根据莱克海德和萨瑟的理论，一个公司如果将其顾客流失率降低5%，其利润就能增加25%~85%。有两种途径可以达到留住顾客这一目的。一种途径是设置较高的转换成本。设置较高转换成本的目的是当目标客户转移至其他厂商时将付出较高代价，如厂房、设备、技术等新增投资，以及存货的转变、资金的机会成本、交易成本、老客户折扣等。在这种情况下，顾客可能就不太愿意转换供应商。但这些方式最终会引起顾客的反感。另一种途径是提供较高的顾客满意度，就是使顾客逐渐成为企业的忠诚顾客。这样，企业的竞争者只能简单地采用低价和一些拉拢顾客的手段，实际上很难争取到顾客。

2. 关系营销的特征

关系营销的本质特征可以概括为以下四个方面。

（1）双向沟通。关系营销强调与各利益相关方建立关系，而建立和维持关系的关键在于有效沟通。与各利益相关者进行沟通时强调的是一种双向信息沟通，即企业将自身的产品、服务、物料需求等生产经营信息，甚至包括自身的期望、想法等传递给各利益相关方。同时，企业还应通过某些途径从这些相关方那里收集反馈的信息，及时了解各相关方的满意程度，并及时调整自身活动。这种双向的沟通机制不仅简单地传递了信息和情感，而且能有机地影响与改变信息和感情的发展。企业是整个社会大系统中的一个有机组成部分，必须对外开放，通过与外界进行各种交换，企业才能保持活力，维持生命力。在这个过程中，企业只有通过广泛的信息交流和信息共享，主动和各种利益相关方建立并维持联系，才可能使企业赢得各个利益相关者的支持与合作。

（2）彼此合作关系。一般而言，企业与各利益相关方的关系可以分为五种模式，分别是对抗、和解、协作、折中和规避。对抗，强调在与对方打交道时坚持自己的利益，目的在于使对方彻底就范，根本不考虑对方的要求。和解，设法满足对方的要求，目的在于保持或改进现存的关系，通常表现为默认和让步。协作，既考虑自己利益的满足，也考虑对方的利益，力图寻求相互利益的最佳结合点，并借助这种合作使双方的利益都得到满足。折中，通过各方利益相关者之间的讨价还价，相互做出让步，达成双方都能接受的协议。规避，按时机选择的早晚分为两种情况：一种情况是当预期将要发生矛盾与冲突时，通过调整来躲避冲突；另一种情况是当矛盾与冲突实际发生时主动撤出。从以上表述可以看出，企业与各利益相关方关系的最好存在状态是协作。在一个系统中，如果各个成员彼此之间强调的都是自身的利益，那么作为整体的利益就不会达到最优，相应的，每个成员的利益也就没有了保障。只有在合作的基础上，才能实现协同，才能保证系统整体的利益和每个成员的利益。关系营销强调的就是与投资人（股东）、员工、经理层、政府、购买者和供应者、债权人和社会公众等利益相关方建立相互信任的合作关系。

（3）长期性。企业与各相关方之间建立的利益关系并不是短期的回报，而是着眼于长期的发展需要。因此，关系营销注重从长期、战略的高度来改善与各利益相关者的利益联系。特别是在当今企业经营环境瞬息万变的背景下，任何企业都不可能只盯着眼前的"一亩三分地"，必须具有战略眼光，能够从长远发展的角度来规划各种关系的存在，通过持续的合作增强市场竞争力，挖掘市场竞争优势，以实现长远收益的最大化。

（4）控制。有这样一句话："这个世界上唯一不变的就是变化。"企业努力与各利益相关方建立起的良好关系一直处于动态变化之中。关系营销要求企业必须对这种动态变化进行监控，不断跟踪投资人（股东）、员工、经理层、政府、购买者和供应者、债权人和社会公众等有可能发生的变化，如他们的经营状况、期望、态度等，由此了解关系的动态变化，并及时采取措施消除关系中的不稳定因素和不利于关系各方利益共同增长的因素。此外，有效的信息反馈也有利于企业及时了解环境的状态变化，改进产品和服务，更好地满足市场的需求。

（三）关系营销的优势和劣势

根据林·贝利的观点，关系营销可以应用于以下情况：
（1）有替代品可供选择；
（2）顾客要决定他们的选择；
（3）市场持续地及周期地渴求该产品或服务。

关系营销不适于以下一些情况：
（1）价值相对较低的产品或服务；
（2）日用消费品；
（3）一般性商品；
（4）转换费用较低的商品；
（5）顾客倾向于单一交易关系的商品；
（6）没有或较低顾客生产介入的商品。

由此可以看出，关系营销并不是一个"包治百病"的药方。它在给企业带来竞争优势的同时，也有着自身的局限性。企业的规模、业务种类和复杂性、发展历史、企业文化等都有所不同，即使是同一家企业，在不同的历史发展时期，也会存在不同的状况，因此关系营销的应用必须紧密结合企业的实际情况，有针对性地加以使用。

从关系营销本身来讲，其具备的优势和局限如下。

关系营销给企业带来的最大优势就是能够有效地建立与企业各利益相关方的互利共赢的长期稳定关系，这将为企业带来诸多好处，有利于企业形成强大的市场竞争优势，使企业做大做强。

第一，关注顾客价值。实施、践行关系营销，可以有效地改变企业上下，包括高管和普通员工的营销理念，帮助企业将营销的重心从关注自身的产品和服务转移到关注为顾客创造的价值。传统观点是公司生产某种产品，然后将其销售出去。传统观点假定公司知道该生产什么，而市场的购买数量足以为公司带来利润。信奉这种传统观点的公司在物资短缺的经济环境中会有最好的成功机会，因为消费者不重视质量、性能和式样。然而，在人们有充裕的选择机会的环境下，大众市场实际上被分割为许多微观市场，每个市场都有自己的需求、感受、偏好和购买标准。因此，企业的经营者必须改变自己的观念，仅仅向顾客提供产品的观念已经无法适应现在的市场。企业要将目光从产品和服务转向价值，通过向顾客传递新的价值来维系顾客。企业的营销也应该解决三个重要的管理问题。①价值探索。通过了解顾客的认知空间、现有需求和隐含需求来识别新的价值机会。②价值创造。从顾客的角度识别新的顾客价值，并通过核心竞争力的应用有效地创造更多有新用途、新价值的供应品。③价值传递。仅仅创造出具有新价值的供应品还不够，企业还应有效地利用自身的能力和基础设施（如销售网络）更有效地传递这些具有新价值的供应品。

贝瑞和帕拉苏拉曼两位学者归纳了三种建立顾客价值的方法：一级关系营销（频繁市场营销或频率营销），维持关系的重要手段是通过价格刺激使目标公众增加财务利益；二级关系营销，在建立关系方面优于价格刺激，在增加社会利益的同时也附加财务利益，主要形式是建立顾客组织，包括顾客档案和正式、非正式的俱乐部以及顾客协会等；三级关系营销，与顾客建立结构性关系，提高顾客转向竞争者的机会成本，同时也增加顾客脱离竞争者而转向本企业的收益。

第二，强调留住老顾客。企业经营面对的是市场，按照与企业的关系，可以将市场中的顾客划分为两类：一类是新顾客；另一类是老顾客，也可以称为忠诚顾客。传统营销更加关注的是不断开发新顾客，而关系营销在不断开发新顾客的同时，更加关注如何有效留住老顾客。

关系营销之所以强调留住老顾客，主要是由于老顾客能够给企业带来更加丰厚的回报。一般认为，老顾客可以从两个方面给企业带来回报：一是降低成本（主要是营销成本）；二是扩大销售。

老顾客之所以能够降低成本，是因为老顾客与企业频繁打交道，使得彼此对对方的需求或产品服务更加熟悉，能够充分享受经验曲线效应，企业需要的营销投入不断降低。从扩大销售角度来讲，这种优势主要体现在重复购买和口碑营销上。老顾客之所以称为老顾客，就是因为在他们产生了对某种产品的需求时首先想到的就是你这家企业这种购买习惯，并真正实现了不断重复购买。这种局面的形成主要在于企业在日常运营中不仅强调自身的利益，而且兼顾彼此的利益，从而有效地提升了一部分顾客对企业的忠诚度，从而实现重复购买，而这种重复购买是不需要企业额外增加营销费用的，因此可以有效地增加企业利润。此外，老顾客通过自身的购买和使用，会有一种真实的正能量的体验。他们会通过与周边亲戚、朋友、同事的交流来传递这种体验信息，这种体验信息对潜在顾客的影响力和说服力是非常强大的，因此可以有效地帮助企业开发更多的潜在顾客，而这种对潜在顾客的开发也无须企业付出更多的营销成本。

顾客忠诚的提高也会间接提高员工的忠诚度。如果一个企业拥有相当数量的稳定顾客群，就会使企业与员工形成长期和谐的关系，在为那些满意和忠诚的顾客提供服务的过程中，员工就会体会到自身价值的实现，而员工满意度的提高也会导致顾客服务质量的提高，使顾客满意度进一步提升，形成一个良性循环。①

按照同样的思路，这些忠诚顾客就会形成企业强大的市场根基，帮助企业建立竞争优势，有效抵御现有竞争对手的竞争，并提高市场的进入壁垒，减轻潜在进入者的竞争威胁，进一步帮助企业理顺与其他利益相关者的关系。

案例链接：沃尔玛的顾客至上

在沃尔玛发展的始终，山姆就一直强调这一点：商品零售成功的秘诀就是满足顾客的要求，即顾客至上，以满足顾

---

① 吕庆华：《保持顾客关系是关系营销的关键》，《理论探索》2005年第1期。

客需求为己任。因此，在山姆的准则——"顾客第一"的指引下，沃尔玛逐步扩大，发展为世界一流的零售王国。山姆刚开始创业的时候，就将这一观点和信念转达给他身边的每一个人。沃尔玛始终坚持软件——服务与硬件——价格和品种的统一。山姆要求每一位采购人员在采购货物时态度要坚决。他告诫他们："你们不是在为沃尔玛商店讨价还价，而是在为顾客讨价还价，我们应该为顾客争取到最低的价格。"因此，沃尔玛的价格始终是最低的，而且沃尔玛商店的低价政策为当地小镇上的居民节约了数十亿美元的支出。在为顾客服务方面，沃尔玛一再告诉自己的员工："我们都是为顾客工作，我们公司最大的老板是顾客。"有一次，一位顾客到沃尔玛商店寻找一种特殊的油漆，而店里却没有这种商品，他们不但没有推却了事，反而由其部门经理亲自带这位顾客到对面的油漆店里购买，这使顾客和油漆店老板感激不尽。"我们以友善、热情来对待顾客，就像在家中招待客人一样招待他们，让他们感觉到我们一直在为满足他们的需要而努力。"山姆就是这样努力地为顾客着想的。为使顾客在购物过程中自始至终地感到愉快，沃尔玛要求其员工的服务要超越顾客的期望值：永远要把顾客带到他们寻找的商品前，而不仅仅是指给顾客，或是告诉他们商品在哪里；熟悉各自部门商品的优点、差别和价格高低，每天开始工作前五分钟熟悉一下新产品；对常来的顾客，打招呼要特别热情，让他们有被重视的感觉。沃尔玛一贯重视营造良好的购物环境，经常在商店开展种类丰富且形式多样的促销活动，如社区慈善捐助、季节商品酬宾、竞技比赛、幸运抽奖、店内特色娱乐、特色商品展览和推介等，以吸引广大顾客。为了顾客，山姆可以采用任何方式或特殊方式，甚至是全美行业都绝无仅有的方式，为公司服务，为股东服务，为员工服务，为社区服务，为顾客服务。

关系营销的局限有以下两点。

第一，关系营销涉及的利益相关方较多。对于一个企业而言，利益相关方的数量很多，尤其是规模庞大、经营方位广阔，甚至遍布多个国家的企业，其面临的环境更为复杂。不同的利益相关方，出于自身利益的考虑，对企业的期望不尽相同，甚至存在相互矛盾的现象。如何有效地协调彼此的关系，对企业来讲是一个不小的挑战。

第二，传统的关系营销更多的是站在企业角度来研究如何与各利益相关方建立并维持关系，很少从顾客的视角出发。如果仅从企业的视角出发，就不能形成互动、互利、互惠、相互依赖、互信的、真正的关系营销。[①]

二 顾客关系管理理论的起源

在经济全球化的大背景下，传统营销理念的应用开始出现很多制约。因此，一些突破原有框架、适应新形势要求的营销战略逐渐出现。20世纪90年代出现的顾客关系管理就是一种行之有效的理论框架和实践模式。

顾客关系管理最早的起源无法准确确定。有资料表明，美国是最早发展顾客关系管理的国家。这种观点比较容易接受，因为美国属于市场经济比较发达的国家，企业对市场的重视程度更高一些。

在美国，1980年初出现了所谓的"接触管理"（Contact

---

① 陈玉国、景奉杰：《从双向视角看关系营销》，《商业时代》2004年第18期。

Management），即专门收集顾客与公司联系的所有信息的管理方式。1990年前后，许多美国企业为了满足日益竞争的市场需要，开始开发销售力量自动化系统（SFA），随后又着力发展顾客服务系统（CSS）。1996年后，一些公司开始把 SFA 和 CSS 两个系统合并起来，再加上营销策划（Marketing）、现场服务（Field Service），在此基础上再集成计算机电话集成技术（CTI），形成集销售（Sales）和服务（Service）于一体的呼叫中心（Call Center），这样就逐步形成了今天大家所熟知的顾客关系管理。特别是 Gartner Group 正式提出了顾客关系管理（Customer Relationship Management, CRM）的概念，加速了顾客关系管理的产生和发展。1998年以后，随着电子商务的兴起，顾客关系管理开始向 eBRM/eCRM 方向发展。

概括地说，顾客关系管理出现的背景主要在于激烈的市场竞争使越来越多的企业开始关注争夺顾客。顾客关系管理主要是帮助企业真正从顾客需求出发，通过强化顾客关系来维持或提高市场占有率。顾客关系管理提倡关注顾客需求、赢得顾客忠诚。在这种模式下，顾客不再仅仅是营销的目标和对象，还是营销的参与者、启动和控制营销的决定者。顾客成为企业最为重要的战略资源，并成为企业利润的源泉。顾客关系管理产生的大背景主要有以下几个方面。

（1）市场竞争环境的变化，使得企业谋求进一步增长受到了限制。在技术进步速度越来越快、产品同质化程度越来越高的今天，企业所面临的市场竞争在广度和深度上都在进一步扩大，市场结构也由企业主导的推动型向顾客主导的拉动型转变。受现有市场规模和市场竞争条件的限制，企业单纯追求顾客数量的绝对增长已不再可行，取而代之的应该是追求顾客质量的提高，而要提高顾客质量，企业就必须重视管理顾客关系。企业只有从顾客需求出发，提高顾客忠诚度，并与顾客建立长期的互惠关系，才能形成自己独特的竞争优势，求得生存与发展。

（2）适应环境的变化，营销管理理念正在不断更新。按照相关营销理论的总结，营销观念的发展共经历了六个阶段，即生产观念、产品观念、推销观念、市场营销观念、客户观念及社会营销观念。生产观念、产品观念和推销观念的共同之处在于企业经营的出发点是企业的自身利益，工作的重心是产品的生产，关心的是产品的成本、质量，而不是顾客需求。在进行营销时，主要体现的是一次性的交易行为，至于顾客在购买后是否满意、是否还会再次购买，企业则不太关心。相比之下，市场营销观念、客户观念及社会营销观念则有了较为明显的改进。在这几种观念之下，企业经营的出发点是目标市场的需求，工作的重心是提高目标顾客的满意度，关心的是满足顾客需求、创造顾客需求，而不仅仅是产品的成本、质量。在进行营销时，主要体现的是关系营销，而不是一次性的交易行为。尤其是社会营销观念，除了兼顾企业和顾客的利益之外，更加强调社会整体的利益。

在传统 4P（产品、价格、渠道和促销）营销理论的核心基础上，随着市场需求条件和企业竞争环境的变化，美国营销专家劳特朋教授在 1990 年提出了 4C 理论。该理论以消费者需求为导向，重新设定了市场营销组合的四个基本要素：消费者（Consumer）、成本（Cost）、便利（Convenience）和沟通（Communication）。该理论强调：首先，企业应该把追求顾客满意放在第一位；其次，企业要努力降低顾客的购买成本；再次，企业要充分注意顾客购买过程中的便利性，而不是从企业的角度来决定销售渠道策略；最后，企业还应以消费者为中心实施有效的营销沟通。然而，由于 4C 理论忽略了市场经济的本质为竞争导向，因此在营销过程中企业的被动性较强，无法真正实现企业和顾客之间的双赢与互动。

针对上述问题，美国 Don. E. Schuhz 提出了 4R（关联、反应、关系、回报）营销理论。4R 营销理论以关系营销为核心，注重企业和客户关系的长期互动，重在建立顾客忠诚。该理论既从厂商的利益出发又兼顾消费者的需求，阐述了全新的营销四要素。

第一，关联（Relevance）。认为企业与顾客是一个命运共同体，建立并发展与顾客之间的长期关系是企业经营的核心理念和最重要的内容。

第二，反应（Reaction）。在相互影响的市场中，对经营者来说最现实的问题不在于如何控制、制订和实施计划，而在于如何站在顾客的角度及时地倾听并将测性商业模式转移成为高度回应需求的商业模式。

第三，关系（Relationship）。在企业与客户的关系发生了本质性变化的市场环境中，抢占市场的关键已转变为与顾客建立长期而稳固的关系。与此相适应产生了五个转向：从一次性交易转向强调建立长期友好合作关系；从着眼于短期利益转向重视长期利益；从顾客被动适应企业单一销售转向顾客主动参与到生产过程中；从相互的利益冲突转向共同的和谐发展；从管理营销组合转向管理企业与顾客的互动关系。

第四，回报（Reward）。任何交易与合作关系的巩固和发展，都是经济利益问题。因此，一定的合理回报既是正确处理营销活动中各种矛盾的出发点，也是营销的落脚点。这样，企业为顾客提供价值和追求回报是相辅相成、相互促进的，客观上达到了一种双赢的效果。

4R营销理论体现并落实了顾客关系管理的理念，即通过关联、反应、关系和回报，提出了如何建立关系、长期拥有顾客、保证长期利益的具体操作方式。①

顾客关系管理便是随着市场营销的发展而产生的，它延续了市场营销中关系营销的核心思想，并且在以上各个阶段营销思想的基础上对营销过程和营销方式进行了整合。顾客关系管理更强调对现有顾客关系的保持与提升，从而实现长期的顾客满意和顾客忠诚。它不但考虑了如何产生营销策略，而且包括了如何让营销策略通过卓有成效的方式作用于顾客。所以，企业营销的发展存在从交易导向向关系导向转变的趋势，强调长期顾客关系的事实与日俱增。

（3）信息技术的飞速发展，带来了顾客消费观念和消费行为的历史性和根本性变革。一方面，随着网络的不断普及，顾客搜集信息的难度大大降低，能够更加容易地实现货比三家。另一方面，随着信息覆盖面的不断扩大，顾客的可选性也大大提高。面对众多的选择，顾客的品牌忠诚度日益下降。这就迫使企业必须思考一个关键的问题，那就是怎样才能不断维系好顾客关系，减少顾客的流失。

信息技术发展带来的不仅是负面影响，也有正面影响。

---

① 〔美〕艾登伯格：《4R营销：颠覆4P的营销新论》，文武等译，企业管理出版社，2003。

先进的信息技术，如经过改进的数据收集、存储和分析工具，可以帮助企业对顾客消费的历史数据进行搜集和分析，可能会带来以前不知道的销售机会。例如，银行可以利用数据分析工具根据顾客信用卡的过往消费模式来分析顾客的消费喜好，为其寻找合作商户、推出消费优惠计划提供更可靠的信息；也能够不断改善向顾客提供的产品和服务质量，提高顾客满意度，从而带来竞争优势。

案例链接：数据挖掘案例——建立客户流失模型

随着市场竞争的加剧，中国电信面临的压力越来越大，客户流失也日益增大。从统计数据看，2012年，固话和小灵通的销户数已经超过了开户数。面对如此严峻的市场形势，当务之急就是要尽全力减少客户的流失。因此，利用数据挖掘方法，建立一套可以及时预测客户流失率的模型就相当有必要。

（1）确定客户流失模型的目标，预测可能流失的客户名单。经过对市场的分析，我们发现固话和小灵通流失率比较高，而宽带等数据业务还处于增长期，流失率比较低。因此，我们把预测的产品范围限定在固话和小灵通上。另外，我们也不考虑那些因为欠费被强制销户的客户，因为这些客户没有什么价值。还有，对已经加入了某一类有销户时间限制套餐且未到期的客户也可以不考虑。这样，我们建模的目标范围就变得更加明确。

（2）获取用于建模的数据。建模的数据可以从各个营运系统中提取。可以从IBSS系统提取客户数据、服务数据、产品数据、套餐数据、业务数据；从计费账务系统提取市话计费数据、长途计费数据、智能网计费数据、省数据业务计费数据；从 CMMS 系统提取渠道数据；从资源系统提取地址数据、资源数据；从交换系统提取通话数据；等等。另外，有一些数据需要通过市场调查获取，比如调查哪些地区是其他运营商有布线的固话竞争区域，可以在区域范围内的交接箱资料上加上"竞争区域"的标志。

（3）对数据进行清洗、格式化，转换成建模数据集。一个客户可能有多个固话和小灵通，销户指的是固话和小灵通拆机，而不是指客户不再使用所有的电信产品，因此在预测客户流失上并不具有真正的价值。经过分析，我们确定建模的对象为服务实体，即固话和小灵通。模型集的行代表一个固话或小灵通，计费等数据则对应到各个列。为了使预测结果更接近现实情况，我们取最近 12 个月的计费数据。接下来，我们要剔除一些无效的变量，如身份证号、电话号码、绝对日期、地址数据等，这些变量对建模没有用处。最后就是加入衍生变量。这个过程需要我们对电信业务进行深入的分析并充分发挥创造性，这样才能生成一组对建模很有意义的衍生变量。如根据固话对应的交接箱，我们提取出"是否处于竞争区域"的变量；从通话日期可以提取出"星期几""是否节假日"等变量。另外，还可以通过组合生成全部月份的变量总和及其方差、各月变量占总和的比等变量。经过这些清洗和转换工作，我们便生成了用于建模的数据集。

（4）建立模型。我们选用 SAS EM 软件包作为建模工具，在挖掘算法方面选用决策树算法。决策树算法可以处理上百个字段，具有探索功能，且高度自动化。考虑到固话和小灵通这两类产品有很大的区别，因此需要分别建立预测模型。接下来，我们对客户进行分类，按月平均消费额分成高价值客户和低价值客户。另外，再分出两类特殊客户，近期开户的客户和申请套餐的客户，对这四类客户分别建立模型，再将模型进行合并。

（5）模型评估。对模型的评估同样分成四类客户分别评分，即生成四类客户的评分数据集，分别输入模型中，得出预测结果，把结果和实际情况进行比较来评价模型的有效性。

（6）模型预测结果用于支持决策。客户流失率预测模型建立后，就可以及时预测某个客户流失的可能性。当其流失可能性高于某一分值时，我们就认为他是将可能流失的客户，就可以及时推出有针对性的营销套餐来留下该客户。

资料来源：CIO时代网，http://www.ciotimes.com/bi/sjwj/59200.html。

三　顾客关系管理理论的内涵

关于顾客关系管理的定义，不同的研究机构有着不同的表述。

最早提出该概念的 Gartner Group 认为，所谓的顾客关系管理，就是为企业提供全方位的管理视角，赋予企业更完善的顾客交流能力，最大化顾客的收益率。

Hurwitz Group 认为，顾客关系管理的焦点是自动化，并改善与销售、市场营销、顾客服务和支持等领域的顾客关系有关的商业流程。顾客关系管理既是一套原则制度，也是一套软件和技术。它的目标是缩减销售周期和销售成本、增加收入、寻找扩展业务所需的新的市场和渠道，以及提高顾客的价值、满意度、赢利性和忠实度。CRM应用软件将最佳的实践具体化，并使用了先进技术来协助各企业实现这些目标。顾客关系管理在整个顾客生命周期中都以顾客为中心，这意味着CRM应用软件将顾客当成企业运作的核心。CRM应用软件简化协调了各类业务功能（如销售、市场营销、服务和支持）的过程并将其注意力集中于满足顾客的需要上。CRM应用还将多种与顾客交流的渠道，如面对面、电话接洽以及Web访问协调为一体，这样企业就可以按顾客的喜好使用适当的渠道与之进行交流。

IBM则认为，顾客关系管理包括企业识别、挑选、获取、发展和保持顾客的整个商业过程。IBM把顾客关系管理分为三类：关系管理、流程管理和接入管理。

从管理科学的角度考察，顾客关系管理源于市场营销理论；从解决方案的角度考察，顾客关系管理是将市场营销的科学管理理念通过信息技术的手段集成在软件上面，得以在全球大规模地普及和应用。

埃森哲公司认为，顾客关系管理系统的实质是将企业的流程固化到一个IT系统上。顾客关系管理能力反映在企业与顾客所有的互动之中。

普华永道认为，顾客关系管理的要点之一是提升相关的能力。提出了评估支撑顾客关系管理能力的六个指标。

综合上述各种不同的说法可以看出，顾客关系管理指的是企业与其顾客的交流方式，它实施于企业的市场营销、销售、服务与技术支持等与顾客有关的领域。其核心思想是将企业的顾客（包括最终顾客、分销商和合作伙伴）作为最重要的企业资源，是一种旨在改善企业与顾客之间关系的新型管理机制，要求企业从以产品为中心的模式向以顾客为中心的模式转移，通过完善的顾客服务和深入的顾客分析来满足顾客的需求，保证实现顾客的终生价值。也就是说，企业关注的焦点应从内部运作转移到顾客关系上来。

从一般意义上讲，顾客关系管理的内涵主要包括两个方面的内容，即顾客价值和顾客关系。

（一）顾客价值

1. 顾客价值的内涵

管理大师彼得·德鲁克在1954年指出，顾客购买和消费的绝不是产品，而是价值。在后续的研究中，顾客价值这一概念得到了广泛的沿用，但缺乏对其进一步的详细描述与解释。一直到20世纪80年代，顾客价值理论才有了长足的发展。

顾客价值理论指的是企业通过向消费者提供具有较高价值的产品或服务来实现自己的目标。需要注意的是，对价值的理解应站在顾客的角度，而不是企业的角度。例如，一家文具厂商的负责人一直在抱怨自己的文具柜特别结实，从二层楼扔下去也不会坏，所以才没有人来买。这就说明这位负责人对于产品价值的理解没有站在顾客的角度，而是站在自己的角度，对产品的理解出现了偏差。

顾客价值理论是随着社会经济生活的进步和企业营销实践的发展，在顾客价值不断变化发展的基础上出现并得到很好的完善的，同时也是营销理论研究领域的进一步扩展和深化，并对企业营销实践给予了更好、更有效的指导。当今的时代是顾客经济时代，建立与顾客的新关系变得尤其重要，在打破简单的销售或服务的关系的同时，企业建立起来的是以顾客为中心的企业行为系统，顾客价值成为大多数企业关注的工作重心。

从20世纪80年代西方学者提出顾客价值概念到20世纪90年代顾客价值研究的兴起，从不同的立足点出发，不同的学者对顾客价值的解释不尽相同。从表面上看,这些学者对顾客价值采用了不同的表述,如价值、顾客经济价值、使用价值等,但从本质上分析,这些表面不同的背后反映的都是对顾客价值内涵的相似研究。表 2-2 是对过去几十年西方学者关于顾客价值内涵的研究进行的回顾与总结。

表 2-2　国外学者给出的顾客价值的定义

顾客价值的定义	给出定义的学者
顾客经济价值(EVC)是指在已知核心产品与其他产品的综合信息,可获得竞争产品的情况下,消费者愿意支付的最高值	Forbis,Mehta(1981)
顾客为了得到商品愿意付出的价格,这种支付的意愿为商品提供给顾客并被感知的收益	Christopher(1982)
在市场中价值通常被定义为"合理价格上的质量",并且被认为是对消费者而言比质量更加重要的因素,因为价值是消费者能够承担得起的质量	Progressive Grocer(1984)
使用价值代表了产品在顾客的使用过程中所展示的相关价值,尤其在工业产品中,价值分析者只考虑其使用价值(产品的用途和可靠性),而不考虑它的存在价值(魅力和美观、成本价值、交换价值等)	Reuter(1986)
价值是:①低价的;②得到想要的;③相比于价格的质量;④所获得利益与为此付出间的权衡。顾客感知价值就是顾客所能感知到的利益与其在获取产品或服务时所付出的成本进行权衡后对产品或服务效用的总体评价	Zeithaml(1988)
基于所接受和所给予的感知的一个产品的效用的顾客全面评估	Zeithaml,Parasuraman,Berry(1990)

续表

顾客价值的定义	给出定义的学者
感知利益相对于感知付出的比率	Monroe(1991)
购买者的价值感知代表了他们在产品或服务中感知的质量或利益,与相对于通过支付价格而感知的付出间的一种权衡	Monroe(1991)
考虑到可获得的改变的供应商的产品和价格,顾客价值是公司在为供应商提供的产品支付价格的交易中所获得的一系列经济、技术、服务和社会利益,在以货币单位衡量时的感知价值,即顾客价值是基于感知利得与感知利失的权衡或对产品效用的综合评价	Anderson, Jain, Chintagunta, Monroe(1993)
顾客价值就是相对于你的产品价格调整后的市场感知质量	Gale(1994)
合意属性相比较牺牲属性间的权衡	Woodruff, Gardial(1996)
顾客价值是指当顾客使用完供应商生产的优秀的产品或服务,并发现产品提供了一种附加价值时,建立在顾客和生产商之间的情感纽带	Butz, Goodstein(1996)
顾客价值就是一种相互影响的相对偏好的体验	Holbrook(1996)
在一个具体的使用状态下,顾客在给定的所有相关利益和付出间的权衡下,对供应商为他们创造的价值的评估	Flint, Woodruff, Gardial(1997)
价值就是利益与付出间的权衡	Woodruff, Gardial(1997)
顾客价值是顾客对那些产品的属性、属性表现以及从使用中引起的有利于或阻止顾客在使用状态下取得他们的目的和目标的结果的偏好及评估	Woodruff(1997)
价值被定义为集中的和长期持有的核心观念、期望目标或者消费者个人或组织的更高的能指导其行为的目标	Flint, Woodruff, Gardial(1997)

续表

顾客价值的定义	给出定义的学者
价值就是顾客为了达到某种目的而获取特定产品的愿望	Richard L. Oliver(1998)
价值过程是关系营销的起点和终点,关系营销应该为顾客和其他各方创造出比单纯交易营销更大的价值。关系范畴中的顾客感知价值可以表述为下面两个公式: 顾客感知价值(CPV) = (核心产品 + 附加服务)/(价格 + 关系成本) 顾客感知价值(CPV) = 核心价值 ± 附加价值	Groroos(2000)
顾客让渡价值就是顾客的总价值与总成本之差	Kotler(2001)
价值就是通过供应组织中的关键决策者所建立的顾客关系,或对取得多重利益和利失间被感知的权衡,即价值就是收益与贡献的差额	Hans Georg Emunden, Thomas Ritter, Achim Walter(2001)
重点强调关系对顾客价值的影响,将顾客价值定义为:整个过程的价值 = (单个情景的利得 + 关系的利得)/(单个情景的利失 + 关系的利失),认为对利得和利失之间的权衡不能仅仅局限在单个情景(Episode)上,而应该扩展到对整个关系持续过程的价值(Total Episode Value)衡量	Ravald, Gronroos
顾客价值的产生来源于购买和使用产品后发现产品的额外价值,从而与供应商之间建立起感情纽带	Butz, Goodsstein

资料来源:张明立、樊华、于秋红:《顾客价值的内涵、特征及类型》,《管理科学》2005年第2期。

我国学者在消化吸收国外理论和实践的基础上,也提出了不同的看法(见表2-3)。

表2-3 国内学者给出的顾客价值的定义

顾客价值的定义	给出定义的学者
顾客价值就是具有特定需求与意图的顾客个体或顾客群体,在具体使用情景下,针对特定企业,为满足顾客的这些需求而提供的特定市场提供物,感知到通过这一具体的市场提供物在满足其需求的过程中已经、正在或者将能得到的各种利益,以及为得到这些利益已经、正在或者将要做出的各种付出,并对这些利益和付出进行权衡比较后形成的总体评价	武永红、范秀成（2005）
顾客价值是在特定的情境中,顾客相对于竞争对手或自己的期望对产品属性、产品功效以及帮助顾客实现目标的使用结果与相应付出的全部代价之间的感知、权衡和评价	张明立、樊华、于秋红（2005）
顾客价值是指顾客在持续购买产品或服务时为企业带来的价值	李付庆（2005）
顾客价值是顾客在购买和使用产品的过程中所得到的效用和付出的成本的比值	董大海（1999）
顾客价值就是顾客根据自己的需要或者要实现的目标,对厂家提供的产品或服务的一种全过程的感知或评价	于坤章、刘海涛（2005）

资料来源：武永红、范秀成：《基于顾客价值的企业竞争力整合模型探析》，《企业管理研究》2005年第2期，第118页。

综合比较，学者 Woodruff 对顾客价值的研究相对比较全面，这也是大多数学者都比较认同的定义。Woodruff 通过对顾客如何看待价值的实证研究，提出顾客价值是顾客在特定使用情景下对有助于（有碍于）实现自己目标和目的的产品属性、这些属性的实效以及使用的结果所感知的偏好与评价。该定义强调顾客价值来源于顾客通过学习得到的感知、偏好和评价，并将产品、使用情境和目标导向的顾客所经历的相关结果联系起来。

根据以上定义可以看出，顾客价值具有以下几方面的内涵。

（1）顾客价值应基于顾客的个人主观判断，是顾客根据自身的背景知识对特定产品或服务能给自己带来什么样、多大程度价值的一种感知。因而，不同的顾客对同一种产品和服务的价值认知会不一致，即使是同一顾客，在不同时期，对同一种产品或服务价值的认知也会发生变化。

（2）价值应该体现为顾客通过实际购买和消费获得的利益、好处与为获得相应利益、好处所付出的成本之间的差额。这里的利益与好处可以从产品及服务本身的性能、质量，以及企业员工的素质、态度等不同层面体现出来。而代价也可以从货币成本和非货币成本（包括时间、精力、体力等）这两个不同的层面体现出来。

（3）顾客价值是从产品属性、属性效用到期望的结果，再到顾客所期望的目标，具有层次性。

2. 顾客价值的特性

（1）个体性

价值本质上是个体的，世界上没有两个人占有同样的自然和社会关系，因此也就不可能有完全相同的价值。但企业一般认为一定的群体具有基本相同的价值，这是忽略了次要的个体因素，根源在于生产力还没有发展到经济地为每个人提供个性服务的程度。随着生产系统的柔性化、社会的信息化和物流体系的创新，产品和服务正向个性的方向转化。市场的不断细分，以及"一对一"营销观念的提出就体现了这种趋势。

（2）感知性

价值必须被人的理性或感性所感知，否则就不能以之展开生命活动。载瑟摩尔就曾指出："顾客价值就是顾客感知价值。"

(3) 时变性

价值随着自然和社会关系的变化而变化，历史上许多物品的价值就是在时间的流逝中被耗散的，而另一些物品的价值则凸显出来。

(4) 上升性

随着人的主体性不断地被开拓和实现，价值也将经历由低级到高级、由简陋到精致、由单调到丰富的过程，这不仅体现在历史过程中，也体现在产品的演变中。市场本身是无序的，价值运动则是合目的性的，价值运动推动了市场活动有秩序地展开。

3. 顾客价值理论

在所有的顾客价值理论中，比较有代表性的是顾客终生价值理论、顾客可感知价值理论、顾客让渡价值理论、顾客价值层次模型等。

(1) 顾客终生价值理论

顾客终生价值（Customer Lifetime Value）是美国宾夕法尼亚大学沃顿商学院的彼得·费德教授提出的。在其撰写的论文《从顾客的购买历史来衡量顾客价值，可能带来管理推论偏见》中，彼得·费德教授认为："对于大多数企业来说，他们主要的营销策略就是要不断地考虑到底哪些顾客关系值得企业维持，哪些不值得维持。因此，营销经理需要对顾客数据进行更加精细的研究，更加精确地测量出顾客终生价值。"顾客终生价值指的是每个购买者在未来可能为企业带来的收益总和。

顾客终生价值理论强调顾客的价值应由当前销售额

（特定顾客购买本企业的产品金额）、终生潜在销售额预期、需求贡献、信用等级、利润贡献等部分组成。也就是说，顾客的价值不应仅仅包括历史销售额及历史利润，还应包括顾客在一生的不同阶段为企业创造的价值总和，其总和才能称为顾客终生价值。因此，有效地开发特定顾客终生价值就成为企业经营最重要的目标之一。这种对顾客价值的认识是站在企业的角度强调顾客为企业创造的价值。

按照这种理论，顾客终生价值由三部分构成：历史价值（到目前为止已经实现了的顾客价值）、当前价值（如果顾客当前行为模式不发生改变的话，将来会给公司带来的顾客价值）和潜在价值（公司通过有效的交叉销售可以调动顾客的购买积极性，或促使顾客向别人推荐产品和服务等，从而可能增加的顾客价值）。

（2）顾客可感知价值理论

顾客可感知价值理论最早是由学者载瑟摩尔（Zaithaml）在1988年从顾客角度提出的。他认为顾客价值实际上是顾客感知价值（Customer Perceived Value）。他根据顾客调查总结出消费者对感知价值的四种不同认知：第一，价值就是低廉的价格；第二，价值就是消费者想从产品中获取的东西，即利益；第三，价值就是消费者付钱买回的质量；第四，价值就是消费者的全部付出（时间、金钱、努力）所能得到的全部利益。载瑟摩尔将消费者对这四种价值的表述概括为一个全面的定义：顾客感知价值就是顾客对其所能感知到的利益与其在获取产品或服务时所付出的成本进行权衡后对产品或服务效用的总体评价。这一概念包含两层含义：首先，价值是个性化的，因人而异，不同顾客对同一产品或服务所感知到的价值并不相同；其次，价值代表一种效用（收益）与成本（代价）间的权衡，顾客会根据自己感受到的价值做出购买决定，而绝不仅仅取决于某单一因素。

(3) 顾客让渡价值理论

顾客让渡价值理论是由菲利普·科特勒（Philip Kotler）提出的。菲利普·科特勒认为顾客是价值最大化的追求者。顾客在购买产品时，总希望用最低的成本获得最大的收益，以使自己的需要得到最大限度的满足。面对不同的提供者，顾客一般会从那些他们认为能够提供最高认知价值的公司购买产品。

顾客价值是指顾客对以下两方面的权衡：从某种产品或服务中所能获得的总利益与在购买或拥有时所付出的总成本的比较。除此之外，我们也可以从顾客让渡价值和顾客满意的角度来阐述顾客价值。所谓顾客让渡价值，是指总顾客价值与总顾客成本之差。可用下面的等式表示：

顾客让渡价值 = 获得的总利益 - 付出的总成本

其中，总利益是由多种利益构成的，主要包括产品利益、服务利益和体验利益三种。

产品利益。产品利益是指消费者消费有形产品或无形服务时所得到的直接利益。产品利益的大小受产品功能、质量以及特性等因素的影响，是消费者购买产品首先考虑的因素。

服务利益。服务利益是指在消费者购买和消费某种产品的全部过程（售前、售中和售后）中，企业向消费者提供的各种服务，如售前的咨询、售中的试用、售后的安装和维修等。

体验利益。体验利益是指消费者在购买和消费产品的过程中，在精神上所得到的愉悦感，包括产品、品牌等各个方面的体验。

总成本则包括货币成本和交易成本两种。

货币成本。货币成本指的是消费者为了购买和消费产品或服务所必须付出的全部货币量，包括生产成本和使用成本。同时，货币成本还包括由于产品质量低下或存在缺陷而有可能造成的损失。货币成本是消费者决策中最基本的影响因素。

交易成本。交易成本主要包括时间成本、心理成本和行为成本。消费者购买和消费某种产品一定会消耗一定的时间，时间消耗越短，时间成本越低，消费者满意度越高。相反，时间越长，成本越高，消费者满意度越低。心理成本是指消费者在购买和消费产品，特别是在购买价格昂贵或复杂产品的过程中，在精神、情感上所承受的压力和风险。行为成本实际上就是消费者的体力成本，即消费者为了购买和消费产品在收集信息、进行比较、实施购买、使用维修的过程中所付出的体力支出。

（4）Jeanke、Ron、Onno 的顾客价值模型[①]

Jeanke、Ron、Onno 的顾客价值模型从供应商和顾客两个角度描述了随着业务的发展，价值从一个模糊的概念到市场上的具体产品的整个过程（见图 2-1）。对供应商而言，供应商依据的是他所感觉到的顾客需求以及企业本身的战略、能力和资源，从而形成"想提供的价值"的概念。由

---

① 朱思文：《顺丰物流基于顾客让渡价值创造的营销战略研究》，湖南大学硕士学位论文，2005。

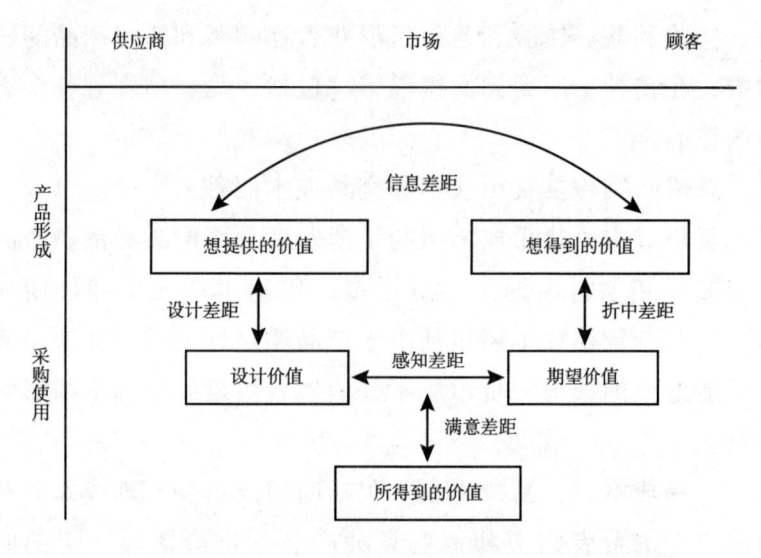

图 2-1　Jeanke、Ron、Onno 的顾客价值模型

于企业条件或产品开发与市场脱节等原因，企业以"想提供的价值"为基础，设计出以具体产品或服务为载体的"设计价值"，两者之间存在"设计差距"。对顾客而言，顾客从自身角度出发，希望获得的是"想得到的价值"。由于社会环境、科技发展程度等客观因素的限制，市场上提供的产品不可能与顾客想得到的价值完全吻合，因此存在"折中差距"和顾客的"期望价值"。由于供应商与顾客之间存在对于顾客需求的不对称信息，或者企业在顾客需求调查过程中，过多地掺杂了企业自身的思想，对顾客需求的分析未必客观准确，因此"想提供的价值"与顾客"想得到的价值"之间存在"信息差距"，顾客的主观性价值感知使"期望价值"与"设计价值"之间出现"感知差距"。当顾客使用产品后，"所得到的价值"与"期望价值"之间的差距为"满意差距"。通过缩小各个差距，企业就可以提供真正满

足顾客需求的价值。

(5) Woodruff 的顾客价值层次模型

Woodruff 的顾客价值层次模型对顾客如何感知企业所提供的价值问题进行了回答（见图 2-2）。该模型提出，顾客以途径 - 目标的方式形成期望价值。从最底层往上看，在购买和使用某一具体产品的时候，顾客会考虑产品的具体属性和属性效能以及这些属性对实现预期结果的能力。顾客还会根据这些结果对顾客目标的实现能力形成期望。从最高层向下看，顾客会根据自己的目标来确定产品在使用情境下各结果的权重。同样，结果又确定属性和属性实效的相对重要性。同时，该模型强调了使用情境在顾客价值评价中的关键作用。当使用情境发生变化时，产品属性、结果和目标间的联系都会发生变化。该层次模型还提出，顾客通过对每一层

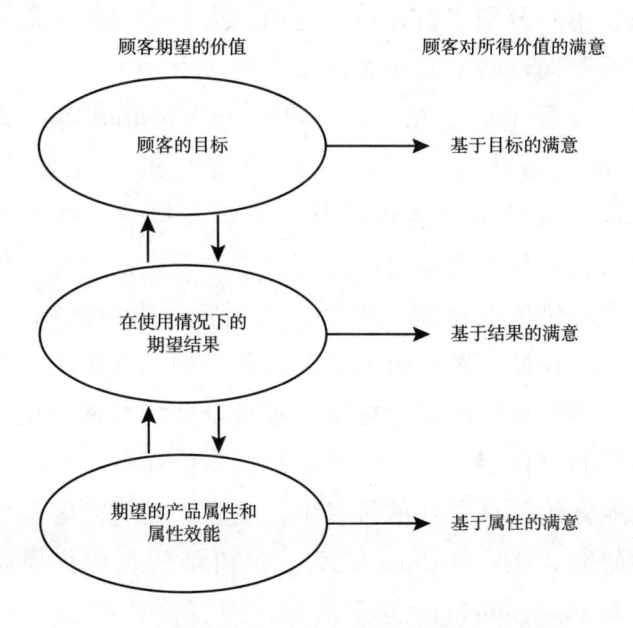

图 2-2 Woodruff 的顾客价值层次模型

次上产品使用前的期望价值和使用后的实际价值进行对比，会带来每一个层面上的满意感觉。因此，顾客对于产品属性、属性效能、使用结果和目标意图的达成度都会感到满意或者不满意。

4. 顾客价值的动态性研究

顾客价值的动态性研究是顾客价值研究的一个重要发现，许多文献都提到顾客价值是随着时间的变化而变化的。Slater 和 Narver 提出，为了持续为买方创造好的价值，卖方需要了解买方的整个价值链，不仅要了解现在是什么样子，同样也要了解它随着时间变化的演变情况。顾客从产品中所期望得到的价值不仅在不同顾客之间存在差异，而且对于同一顾客在不同的时间也存在差异，"每个顾客只反映了他的一个瞬间"。Day 和 Crask 发现顾客价值可以在使用前、使用中和使用后分别进行评估，他们认为各个时间段的顾客价值会有所不同，暗示着顾客感知价值变化（CDVC）可能发生在这个过程中的任意一点。Flint 和 Woodruff 等研究了顾客价值的动态特征以及顾客价值变化的"驱动因素"。Parasuraman 则认为顾客价值是一个动态概念，强调了随着时间的变化评价标准本身以及所占权重发生的变化。他建立了一个顾客价值变化监控模型，把顾客分为初次购买顾客、短期顾客、长期顾客和流失顾客四种类型，并提出随着关系的加深，顾客价值的评价标准会逐步全面化和抽象化，并侧重于结果和目标层。

在顾客价值动态性的研究中，更多的是对顾客期望价值变化的研究。Day 和 Crask 认为，价值是随着购买周期而变化的，而 Gassemheimer 等则认为，顾客价值的变化是由企业与企业之间关系的恶化和衰退所引起的。

Flint 等的研究比较全面。他们提出，顾客价值变化包括顾客期望价值的形式和强度的变化，可以将顾客价值变化的形式从四个方面来体现：层次水平（属性、结果和目标）、创新性（变化的程度）、标准提高（对行业标准的改变）以及优先权的改变（在现有价值维度上优先权的转变）。顾客期望价值变化的强度涉及变化的速度（渐进性/创新性）、数量（前后需求变化的差异程度）以及波动率（变化的范围）。外部环境的变化或是内部企业条件的转变都促使顾客期望价值发生变化，而公司对于这种变化需要采取一系列基于压力管理的战略，其目的在于控制 CDVC 的形式和强度。这些战略包括寻找新的供应商、与现有供应商之间建立更深的关系，以及激励供应商积极地去适应变化。但是，该研究的最大缺陷在于研究方法的局限性：基于面谈所得到的结论难免会因参与者个人因素的作用而使最终结果受到影响；同时，研究对象也局限于具体的汽车行业，样本量比较少，这使得人们对其结论的普适性产生了一定的怀疑。Michael 和 Larry 则在 Flint 等研究的基础上，针对新西兰的葡萄酒业进行了实证研究。

总而言之，虽然众多学者都认同顾客价值动态性这一观点，且有很多相关的理论阐述，但学者们很少对顾客价值怎样变化以及引起变化的原因进行相关研究，实证研究也比较少。现有的研究缺陷在于样本量较少，研究范围窄，多局限于某个具体的行业，缺少普遍性。

既然顾客价值具有动态性的特征，那么顾客价值动态性的驱动因素有哪些？对于这个问题，一些学者进行了相应的研究和回答。

Woodruff 等提出了一个顾客价值变化的驱动因素

(Trigger Event)模型。他们认为，顾客价值具有动态性的特征，是由驱动因素引起的。他们将价值概念区分为价值观（Value）、顾客期望价值（Customer Desired Value）、价值判断（Value Judgement），并提出不同的驱动因素导致不同价值概念的变化，进而导致顾客满意及顾客忠诚的变化。所谓驱动因素，是顾客所感知到的、与实现其目标相关的环境的刺激物。在驱动因素模型中，他们把所有因素划分成三大类：供应商的变化、顾客的变化以及环境的变化。

Woodruff等着重研究了顾客期望价值的变化，提出了顾客期望价值变化驱动模型，并对美国汽车行业进行了实证研究。他们认为，环境、组织的动态性导致顾客产生了压力（Tension）。其中，环境的变化，如顾客需求变化、竞争对手行动、宏观环境的变化等都会导致压力的产生，同时对自身知识水平、绩效水平、控制水平等这些现有能力的认知也会促使压力的增加。压力正是导致顾客期望价值变化的主要原因，而顾客压力将会使消费者依赖供应商来减缓这种压力，当这种需要越来越紧迫时，他们就可能会改变原有的期望价值。

（二）顾客关系

国外管理理论界对关系（Relationship）最好的描述是"介于顾客和公司之间的联结"（Berry，1995；Liljander and Strandvik，1995；Storbacka, Strandvik and Gronroos，1994）。克兹佩尔认为关系牵涉"交易伙伴之间相互承认的某种特殊地位"（索斯顿·亨尼格·梭罗落，2003）。《哈佛商业评论》把"顾客关系"列在组织资源的第一位，其重要性位于门户、产业位置、人才之前。在产品同质化和营销同质化日益严重的今天，持久的、稳定的顾客关系对于组织生存和发展的重要意义是不言而喻的。

顾客关系又称消费关系，是商品经济社会中最重要的关系。狭义上的顾客仅仅是指市场上生活资料的消费者，这当然很重要。但是，企业现在面临的环境是一个广阔的环境，涉及整个社会，这就将顾客的含义扩大了。它不仅包括生活资料的消费者，也包括生产资料的购买者和消费者，进一步还包括精神产品，如思想产品、科研成果等的购买者和消费者。凡是将某种形式的产品（无论是精神产品还是物质产品）提供给社会消费者的组织，都存在顾客关系。顾客关系是指产品的生产者、供应者与购买者、消费者之间的广泛联系。

从一般意义上讲，我们所说的顾客关系往往指的是为了使交易双方受益而从事的构建、维持和开发具有竞争性且有利可图的关系的行为，是与中介环节或终极顾客进行合作的持续过程，其目的是以较低的成本更好地实现双方的经济价值与社会价值。[①] 顾客关系之所以在近代以至于现代企业经营中受到重视，是因为企业的管理者都意识到了顾客关系给企业带来的以下好处：第一，良好的顾客关系可以有效地实现重复购买，在不增加更多营销成本的基础上给企业带来持续的销售；第二，良好的顾客关系也可以实现口碑效应，利用顾客的口头信息传递，达到吸引潜在消费者的效果，这也会实现在不增加更多营销成本的基础上给企业带来持续的销售；第三，良好的顾客关系乃至在此基础上形成的顾客忠诚，是企业市场竞争中一项有利的资源，竞

---

① 王勇贵：《顾客资源管理——资产、关系、价值和知识》，北京大学出版社，2005。

争对手很难进行模仿、复制、替代，因而会形成企业持续性的竞争优势之一。

四　顾客关系管理理论的发展

顾客关系管理的出现正是适应了经济社会转型的要求，顾客关系管理的主要目标是通过更好地理解顾客的需求和偏好来增大顾客价值。在针对顾客关系管理的研究中，由于使用者的观念和角度不同，对顾客关系管理的定义也千差万别。张荔莹在其论文《我国网络银行客户关系管理研究》中对此进行了较好的梳理，下面对其研究结果进行介绍。①

第一种观点从软件和技术的角度来理解顾客关系管理。认为顾客关系管理是企业与顾客建立和维持关系的一种手段，这种手段通常表现为企业采用的一系列软件和技术。这些软件和技术的使用能够帮助企业建立与特定顾客之间长期的、有利可图的关系。其中比较有代表性的如下。

SAS 公司。SAS 公司是一家著名的统计软件及顾客关系管理方案平台的开发商，该公司从技术的角度定义了顾客关系管理的内涵："顾客关系管理是一个过程，通过这个过程，企业最大化地掌握和利用顾客信息，以增加顾客的忠诚度，实现对顾客的终生挽留。" SAS 公司强调对顾客信息的有效掌握和利用，而要达到这一点，就必须采用先进的数据库和决策支持工具，从而有效地收集和分析顾客数据，将顾客数据转化成顾客知识，更好地理解和监控顾客行为。大型数据库供应商 Sybase 公司认为，顾客关系管理就是利用已

---

① 张荔莹：《我国网络银行客户关系管理研究》，哈尔滨工程大学硕士学位论文，2008。

有的数据仓库，整合相关资料，使其容易进一步分析，让组织能衡量现有的和潜在的顾客需求、机会风险和成本，从而实现最大化的企业价值。

在学者中持有此种观点的也大有人在。如营销学者 Gordon 等认为，顾客关系管理是多种信息科技手段的综合应用，其目的在于留住对企业具有贡献的顾客。信息工程学学者 Bhatta 认为，顾客关系管理是利用软件与相关科技的支持，针对销售、营销、顾客服务等多个领域进行的自动化管理。Burghard 和 Galimi 认为，"顾客关系管理是一个围绕顾客需要和需求、重新设计企业及其业务流程的信息技术驱动的概念，它将一系列方法、软件以及互联网接入能力同企业以顾客为核心的商业战略相结合，致力于利润、收益和顾客满意度的提高"。Jon Anton 把顾客关系管理理解为一种企业顾客接入的整合技术系统，其定义是：顾客关系管理是公司内部和外部顾客对公司重要信息的无缝接入，它通过对公司电话系统、网站以及电子邮件接触点（Touch Point）的整合，使顾客通过自助服务就能达到重要产品购买的目的，引导理性的增量销售和交叉销售，最终提高顾客忠诚、顾客价值和顾客利润率。这种观点强调电脑电话集成（Computer Telephony Integration，CTI）和呼叫中心（Call Center）对顾客关系管理的支撑作用。

第二种观点把顾客关系管理理解为一种管理理念、营销理念。其核心思想是将顾客作为最重要的企业资源，通过全面的顾客认识、完善的顾客服务和深入的顾客分析来满足顾客需要，培养顾客的忠诚，最大限度地发展顾客与本企业的关系，实现顾客价值的最大化。Graham 给出了一个简单的解释："顾客关系管理是企业处理其经营业务及顾客关系的一种态度、倾向和价值观。"因此,顾客关系管理可以理解为一种方法和思路——如何在市场及顾客的大脑中创建和发展自己的企业。鉴于每一位顾客都是一个独立的主体,都有自己的选择,顾客关系管理应该区别对待不同的顾客,促使他们选择本企业的产品和服务。有关国内的一些观点,如杨琴认为顾客关系管理是一种全新的营销理念,并认为一对一营销和数据库营销都可以被纳入顾客关系管理的范畴。

第三种观点把顾客关系管理理解为一种战略、策略。它实施于企业的市场营销、销售、服务与技术支持等与顾客相关的领域,通过向企业的销售、市场和顾客服务的专业人员提供全面、个性化的顾客资料,并强化跟踪服务、信息分析的能力,使他们能够协同建立和维护一系列与顾客之间卓有成效的"一对一关系"。一方面使企业提供更快捷和周到的优质服务,提高顾客满意度,吸引和保护更多的顾客,从而增加营业额;另一方面则通过信息共享和商业流程优化来有效地降低企业经营成本。

美国计算机技术咨询集团(Gartner Group)认为,所谓顾客关系管理,就是为企业提供全方位的管理视角,赋予企业更完善的顾客交流能力,最大化顾客的收益率。将顾客关系管理看成企业把看待顾客的概念从独立分散的单个部门提升到了企业层面,即整个企业(任何部门和职员)要全心全意为顾客服务。Gartner Group强调,企业的战略、业务流程、战术、技能与技术五个领域对实现顾客关系管理的企业来讲同样重要,这五个环节相互联系、相互促进,如技术可以推动战略,业务流程能够影响技能,可以通过设计战术来利用技术,等等。

IBM 的定义:一是企业的商务目标,即通过一系列技术手段了解顾客目前的需求和潜在顾客的需求；二是企业要整合信息流程，使企业对所有顾客信息的了解达到整体性和一致性。他们将顾客关系管理分为三类：关系管理、流程管理和接入管理。

Ronald S. Swift 对顾客关系管理的概念阐述得更全面：顾客关系管理是指企业通过富有意义的交流和沟通，理解并影响顾客行为，最终实现顾客获得、顾客保留、顾客忠诚和顾客创利的目的。顾客关系管理是一个将顾客信息转化成积极的顾客关系的反复循环过程。Robert Shaw 对顾客关系管理给出了一个比较实际而且可行的定义，他认为："顾客关系管理是一个互动过程，用于实现企业投入与顾客需求满足之间的最佳平衡，从而使企业的利润最大化。"他认为，实施顾客关系管理战略必须做到以下几点：①衡量所有职能部门的投入（如营销、销售及服务成本）和产出（如收入、利润和价值）；②不断获取和更新顾客关系生命周期内有关顾客需求、动机和行为的知识；③应用顾客知识不断地改善业绩；④有效地整合营销、销售和服务等活动，以实现统一的目标；⑤采用合适的系统来支持顾客知识的获取、共享以及对顾客关系管理有效性的评估；⑥根据顾客需求变化，不断调整营销、销售和服务等投入，以实现利润最大化的目标。Shaw 的定义清晰地阐明了因果链——投入引发顾客动机，他还强调企业投入的质和量，营销人员不仅要重视投入的量，如广告频次、直接邮寄的次数等，还必须重视投入的质，以促进顾客关系的发展，提高顾客满意度，支撑企业利润长期而稳定的增长。Emma Chablo 则从系统整合的角度对顾客关系管理进行了定义，他认为顾客关系管理是"通过人、过程与技术的有效整合，将经营中所有与顾客发生接触的领域,如营销、销售、顾客服务和职能支持(Field Support)等整合在一起的一套综合的方法"。Osterle 和 Muther 认为,"顾客关系管理是指通过协调、整合、集成企业同顾客的所有接触点,即整合销售、营销和服务流程,增强企业的获利能力,增加企业的收益;顾客关系管理致力于建立、关怀及开发利用与重要顾客之间的良好个人关系"。Don Peppers、Martha Rogers 和 Bob Dorf 把顾客关系管理看成一种营销策略。他们将顾客关系管理定义为:顾客关系管理就是一对一营销,也可以称为关系营销。Dick Lee(营销方面的领袖专家,也是当前权威的顾客关系管理专家)把顾客关系管理定义为一种商业策略。他认为顾客关系管理是一种以顾客为中心的商业策略,可以促成公司重要原则产生变化。麦肯锡(McKinsey)则指出,顾客关系管理应该是持续性的关系营销(Continuous Relationship Marketing),其强调的重点是企业应该寻找最有价值的顾客,以不同的产品和不同的销售渠道来满足不同顾客的需求,并经常与顾客保持不同层次的沟通,进行反复的测试,进而随着顾客消费行为的改变调整销售策略,甚至组织结构。

案例链接:英国最大的零售商 Tesco

Tesco(特易购)是英国最大、全球第三大的零售商,年收入为 200 亿英镑。Tesco 在客户忠诚度方面领先同行,活跃持卡人已超过 1400 万人。Tesco 也是世界上最成功、利润最高的网上杂货供应商,出资 3.2 亿英镑收购了中国乐购 90% 的股份,这是外资零售巨头在中国最大收购案,Tesco 大举进入中国市场。

Tesco 同沃尔玛一样在利用信息技术进行数据挖掘、增强客户忠诚度方面走在同行业前列。通过磁条扫描技术与电子会员卡结合的方式来分析每一个持卡会员的购买偏好和消费模式，并根据这些分析结果为不同的细分群体设计个性化的"每季通讯"。

Tesco 值得借鉴的方法是品牌联合计划，即同竞争产品的几个强势品牌联合推出一个客户忠诚度计划。Tesco 的会员制活动就针对不同群体提供了多样的奖励，如在针对家庭女性的"Me Time"（"我的时间我做主"）活动中，家庭女性可以在日常购买中积累点数，换取从当地高级美容、美发沙龙到名师设计服装的免费体验或大幅折扣。

而且 Tesco 的会员卡不是一个单纯靠集满点数换奖品的忠诚度计划，它是一个根据信息科技创建和分析消费者的数据库，并据此来指导和获得更精确的消费者细分、更准确的消费者洞察，以及更有针对性的营销策略的顾客关系管理系统。

通过这样的过程，Tesco 根据消费者的购买偏好识别了 6 个细分群体；根据生活阶段分出了 8 个细分群体；根据使用和购买速度划分了 11 个细分群体；根据购买习惯和行为模式细分的目标群体更是达到 5000 组之多。而它为 Tesco 带来的好处有以下几点。

更有针对性的价格策略：有些价格优惠只提供给了对价格敏感度高的组群。

更有选择性的采购计划：进货构成是根据数据库所反映出来的消费构成而制定的。

更个性化的促销活动：针对不同的细分群体，Tesco 设计了不同的"每季通讯"，并提供了不同的奖励和刺激消费计划。因此，Tesco优惠券的实际使用率达到20%，而不是行业平均的0.5%。

更贴心的客户服务：详细的客户信息使得Tesco可以对重点客户提供特殊服务，如为孕妇配置个人购物助手等。

更可测的营销效果：针对不同细分群体进行营销活动，可以从他们购买模式的变化中看出活动的效果。

更有信服力的市场调查：基础数据库的样本采集更加精确。

以上所列带来的结果，自然就是消费者满意度和忠诚度的提高。

资料来源：《客户关系管理案例应用》，商战名家网，http://www.boke28.com/。

第二节 顾客关系管理实践中存在的问题

顾客关系管理的理念全面在中国传播开始于1999年。近年来，顾客关系管理的概念已经渗透到各个领域和各个角落。实施顾客关系管理的好处就是可以提高顾客满意度，维持较高的顾客保留度，对顾客收益和潜在收益产生积极的影响，这些利益对企业来说都有很大的诱惑力。

在这种利益的诱导下，很多企业开始投入大量的资金和人力来实施顾客关系管理，并且对目标也做了很好的预想。然而，明确了解这些利益证明是需要面对极大挑战的。许多实施了顾客关系管理系统的企业发现并没有达到预想的结果，还有更多企业的顾客关系管理彻底失败。从现实来看，顾客关系管理实践中主要存在以下局限。

（1）很多企业没有制定一个长远的、清楚的顾客战略目标，缺乏统一、详尽的规划。企业战略是对企业未来发展的规划，既然顾客是企业最为重要的战略资源之一，企业就应该将顾客关系管理提升到企业战略层次，而不仅仅局限于战术应用层次。顾客关系管理在企业中的应用是一项复杂的系统工程，要能够在企业长期发展战略框架下，为企业指明具体的顾客关系管理目标、具体的工作方向和范围，并在具体计划安排下，分阶段、有步骤地加以落实。但在实践中，很多企业并没有对顾客关系管理应用进行长远发展规划，往往需要什么就上马什么，哪个部门需要就在哪个部门实施，缺乏系统性和整体性，在很大程度上影响了顾客关系管理效用的发挥。

（2）在处理顾客关系、关注顾客价值时，很多企业过多地强调了顾客的货币价值，而忽略了顾客在情感、思想和能力等方面的价值（如产品的创新效果和预测市场发展的"侦察员"效果等），也忽视了顾客的推荐价值。换句话说，在考虑顾客对企业的所有资源投入中，企业过分关注货币性投入，而忽视了顾客在情感、时间和精力等方面的无形资源投入，而后者往往是促使顾客最后做出购买决策和诱发购买行为的最关键因素，是在互动接触中产生高度信任和真正顾客忠诚的基础。

（3）对顾客关系管理的理解和应用走极端。顾客关系管理的理论强调老顾客的重要性，提倡通过各种措施挽留老顾客，但并不意味着可以忘记新顾客的开发。而多数研究和企业实践都在某种程度上忽视或抑制了新顾客获取的作用，片面强调老顾客的挽留。即使那些认识到新顾客获取战略价值的企业，也往往缺乏有效理论的指导，从而无法在老顾客挽留与新顾客获取方面求得最佳平衡。

（4）在实施顾客关系管理过程中，不是真正以顾客为中心。一些企业使用顾客关系管理的主要目的是改善自身的经营现状和运营效率，并没有真正着眼于有效改善企业与目标顾客的关系。如员工接到顾客的投诉会着力处理，但这些一线员工通常没有决策权或决策权有限，因此不能确保顾客的问题能够被真正有效地处理。同时，在处理顾客关系时容易忽视顾客关系中人性化的东西，机械地按照公司条文规定处理。顾客是人性化的，需要的是一种心理满足感，或者按照马斯洛的需求层次理论的说法，人的高层次需求包括受到关注、尊重和自我实现。如今，很多顾客正是处于拥有这种需求的群体当中。因此，要想真正搞好企业与顾客的关系，需要企业将各种先进技术作为辅助条件，把顾客当作一种人性化、个性化的人的群体来看待。

（5）狭隘地把顾客关系管理理解成一种管理软件，片面夸大顾客关系管理软件的作用。在这种思想的指引下，顾客关系管理的实施以技术人员为主而不是以管理人员为主，管理思想的转变及业务流程的调整也就无从谈起。根据研究咨询公司 Gartner Group 的调查，约有 55% 的顾客关系管理项目因此导致顾客大量流失、企业赢利大幅下降。实际上，顾客关系管理是一个理念，是企业的商业策略，涉及企业内部资源、业务流程和技术三个方面。必须在企业内部建立以顾客为中心的企业文化，改变传统的以产品为中心的思路。同时，需要将以产品为导向的组织机构和业务流程转变为以顾客为中心的组织机构和业务流程。顾客关系管理确实离不开 CRM 软件，但 CRM 软件毕竟不能代替顾客关系管理。由于顾客关系管理的概念最早是由外企在推广产品时带进来的，我们最初看到的顾客关系管理是与 CRM 软件一起进入我们眼帘的，所以这给人们造成一个错觉，片面认为顾客关系管理就是以 CRM 软件为标志的，似乎引进了 CRM 软件就有了顾客关系管理。

事实并非如此，CRM 软件虽然是顾客关系管理科学与 IT 技术结合的产物，但两者还是有很大区别的。在顾客关系管理中，有些部分确实需要依靠 IT 手段来实现，并通过其来发挥作用。但毕竟机器代替不了人，顾客关系管理中也有很大一部分不能依靠 IT 手段来实现，必须借助于传统的方式才能够实现。例如，体现顾客关系管理思想的规范和制度的制定，考核方法的确立，企业人员对顾客关系管理的认知、理解、参与，以及组织结构的调整等依靠 IT 手段都是无法实现的。由于弄不清顾客关系管理与 CRM 软件的区别，企业引进的国外先进的 CRM 软件不仅发挥不了作用，而且还成为负担，顾客关系管理也起不到作用

（6）缺乏针对性，忽视行业之间的差异。有些企业在实施顾客关系管理时不能有效地结合行业特点，盲目借鉴其他企业的做法，或简单投资购买软件，导致实施效果不佳。行业与行业在业务性质、竞争格局、顾客需求等诸多方面均存在差异，因此顾客关系管理的应用也有所不同。例如，在某些行业，客户的数量非常有限，在这种情况下，企业不用花很大的力气就可以搜集到足够多的客户信息，而在另外一些行业，企业面对的客户成千上万，且分布非常分散，在搜集客户信息的过程中存在明显的困难。如果忽视了这种行业差异，就容易导致顾客关系管理的投入 - 产出效果不好，起不到应有的作用。

（7）对数据缺乏有效的管理。顾客关系管理的根基在

于拥有足够多的客户数据和信息,包括以往的交易信息等。这些信息在日常运营中随时会出现,需要相关部门形成一整套有效机制和措施来进行及时搜集和整理,但有些企业缺乏此方面的基础工作,没有意识到信息数据的重要性,在日常运营中容易忽略对信息和数据的及时搜集和整理,也不能对现有数据进行有效的管理和集成,只是等到需要使用的时候再去搜集和整理,因此得到的信息往往都是不完整的数据,使得顾客关系管理缺乏坚实的基础,其效果也大打折扣。

顾客关系管理就像一个烫手的山芋,大家都争相上马顾客关系管理系统,但是在真正的实施过程中却出现了许多困难,导致效果很不理想。但是可以肯定的是,对于一个企业来说,没有顾客策略是不可能的,关键就在于如何在实施顾客关系管理的过程中提高顾客关系的质量。

第三节 知识经济下的顾客关系管理

知识经济是以知识为基础资源的经济,知识是社会和企业发展的根本性资源。1996年,由西方国家组成的经济合作与发展组织发表的《以知识为基础的经济》报告,将知识经济定义为"建立在知识和信息的生产、分配和使用基础之上的经济"。

换言之,知识经济时代是"以知识(智力)资源的占有、配置、生产、分配、使用(消费)为最重要因素的经济时代",即"科学技术是第一生产力"的时代。从内涵上来看,知识经济是指经济增长直接依赖于知识和信息的生产、传播和使用,它以高技术产业为第一产业支柱,以智力资源为首要依托,是可持续发展的经济。

知识经济的出现，与以往的农业经济和工业经济存在明显的不同。农业经济条件下的主导生产要素是劳动力和土地，拥有高素质的劳动力和足够的土地，就可以形成竞争优势。而工业经济的主导生产要素是资金、技术和设备，所以企业的重心在于技术创新和研发。知识经济的主导生产要素是知识，经济增长的关键是知识，企业的经营与知识资源的产生、扩散和应用也存在紧密联系。

纵观营销理论产生和发展的历史，可以发现任何市场营销概念的演变都是在一定的社会经济、文化背景下进行的。知识经济的到来将对以往的营销思想、手段、组织、管理带来冲击和影响，知识经济对市场营销提出了新的要求，与创新经济相适应，市场营销的成功将取决于市场营销的创新。

适应知识经济环境的要求，顾客关系管理应从以下几个方面进行全方位的创新。

一 指导思想的创新

如前所述，顾客关系管理是一种旨在改善企业与顾客之间关系的新型管理机制。在知识经济时代，企业开展顾客关系管理的指导思想要从以产品为中心的模式向以顾客为中心的模式转移。在以顾客为中心的过程中，企业应重视对顾客知识的搜集、分析和应用，创造属于本企业的独特的知识体系，并将相关的信息与客户共享，进行必要的交流，与客户结成合作伙伴，充分挖掘客户的有效资源。通过不断加大企业研发的投入，进行新产品、新技术开发或进行服务流程的重组，为顾客创造独特的价值。这样就既能够满足顾客的现实需要，使顾客满意，又开发了顾客的潜在需要，给顾客以惊喜；既扩大了市场，又创造了市场，从而创造有别于竞争者的差异化竞争优势。

二　管理手段的创新

信息技术和互联网的发展极大地提高了企业搜集信息和处理信息的效率。知识经济下做好顾客关系管理的关键就在于充分利用现代信息技术，如呼叫中心、数据挖掘技术等。因此，企业开展顾客关系管理时应充分利用这些先进的信息技术，为掌握顾客知识、开展顾客关系管理提供坚实的基础。

信息技术在顾客关系管理中最直接的应用是利用信息和网络技术来促进或改进相关分析和决策。通过信息技术，企业可以进行自身内外部的有效、及时沟通，有效地搜集顾客需求的信息，利用数据挖掘进行信息的整理和分析，并提供有用的顾客需求知识，为企业确定新产品构思、定价、促销等提供最佳指南。

三　组织的创新

在知识经济条件下，企业所处环境已经发生巨大变化。传统工业经济条件下产生的面向企业内部生产需要、高成长型的组织结构已经不适应当前的需要。在企业内外部环境要素的共同作用下，企业必须进行组织创新。

组织创新可以从两个层面体现出来。

组织创新的第一个层面是企业组织结构的内部创新。从按照内部生产需要设立组织部门和岗位转变为按照顾客要求设立组织部门和岗位。同时，为适应消费者日趋多变的需求，企业要具有足够的应变能力。因此，内部组织创新也表现为组织结构进一步扁平化的趋势，这种组织结构可以进行充分的授权，并充分利用现代信息技术，将更多程序性的决策和结构化的决策交由信息系统完成，管理者更加注重非程序性和非结构化的决策，这样可以大大提高企业决策的效率。

组织创新的第二个层面是企业外部组织结构的创新，表现为通过战略联盟、虚拟企业等不同形式，建立一整套网络化组织。网络成员企业通过明确各自的角色和分工，利用信息技术紧密联系，彼此达到优势互补，不断缩短产品开发周期，适时推出适合市场需求的新产品和新服务。

第三章
顾客分析

第一节　顾客

一　顾客的含义

顾客（Customer）原指购买物品、商品的人，是指到商店或服务行业前来购买东西的人或要求服务的对象，包括组织和个人，现解释为消费者。《辞海》和《现代汉语词典》中的解释是：顾客的"顾"是拜访、光顾的意思，"客"是指来宾、客人，还有以客礼相待的意思。因此，凡是已经来购买和可能来购买企业的产品或服务的单位和个人都可以算是顾客，也指把自己的需求带给我们的人。

从企业经营的角度讲，生存和发展的关键是要满足顾客的需求，在满足顾客需求的同时实现自身的盈利。无法满足顾客的需求，企业也就失去了生存的可能。因此，顾客对于任何企业而言都是企业经营的核心和终点。

纵观市场营销理论的发展，对于顾客的研究一直是国内外学者关注的重点领域（见表3-1）。

表3-1 不同学者对"顾客"的理解

学者或组织	观点
菲力普·科特勒	顾客是"具有特定需要和欲望,而且愿意通过交换来满足这种需要和欲望的人"
泰德·琼斯	顾客是使用并偿付我们产品的人
屈云波	从购买力的大小来界定顾客,强调"顾客是指那些会登门购买的人们"
国际标准化组织(ISO)	接受产品的组织或个人

从以上定义可以看出,诸多学者在研究"顾客"时,主要立足于"交换"的角度,强调"顾客"是指具有一定需求,愿意用金钱与企业交换所需物品的个人或组织。从市场角度而言,这种定义基本符合市场竞争的要求,而且这些定义不仅包含企业的现实顾客,也包含企业的潜在顾客。企业只有满足了这些顾客的需求,提高顾客满意度,才能将这些顾客转变为自身的忠诚顾客,不断提高企业的核心竞争力,提高市场占有率和赢利水平。

但从另外一个角度讲,以上这些定义又有一定的局限性。这种局限性体现在仅将眼光放在了与企业存在交换关系的"顾客"身上。实际上,在企业经营过程中,会有很多参与或影响企业经营的组织与个人,将这些并不与企业产生交换关系,但却能影响企业经营活动的组织与个人排除在外,容易导致企业只关注眼前的利益而忽视长远发展。

为此,有一些学者在这些定义的基础上,提出了外延更加广泛的定义。例如,四川联合大学工商系李尉副教授在其专著《CS管理》中明确提出,"顾客是指任何接受或可能接受商品或服务的对象，凡接受或可能接受任何单位、个人提供的商品或服务的个人或单位都可以称为顾客"。

二 顾客的分类

随着全球市场竞争焦点的转变以及生产制造模式由"以产品为核心"变为"以客户为核心"带来的全新经营理念，企业如何认清自身客户群体的存在范围直接关系到企业发展的命脉。对顾客进行分类将有助于更好地理解"顾客"的内涵。按照不同的标准，顾客会有不同的分类。

（一）按照顾客与企业组织界限的关系划分

按照顾客与企业组织界限的关系，可以将顾客分为两类：外部顾客（External Customer）和内部顾客（Internal Customer），这也是国际标准化组织（ISO）采用的分类方式。

1. 外部顾客

外部顾客是指组织外购买产品或接受服务的对象，包括所有与企业发生交易行为和没有发生交易行为的顾客，也就是一般所指的顾客，如最终消费者、委托人、零售商、采购商等。按照不同的标准，外部顾客又可以有不同的分类。

按照与企业的关系程度不同可以把外部顾客分为忠诚顾客、游离顾客和潜在顾客三类。

（1）忠诚顾客。忠诚顾客与企业、产品有稳固的联系，顾客长期使用企业产品，他们是企业的效益保证。

（2）游离顾客。游离顾客是处于游离状态的顾客，他们使用企业产品，但不是非该企业的产品不买；他们经常购买其他企业的产品，是一个处于流动状态的顾客群。这是企业应竭力留住的顾客。

（3）潜在顾客。潜在顾客并不购买该企业的产品，他们不是企业的现实顾客,但是通过企业的营销可以将其变成将来的顾客。

按照与企业是否产生直接交易可以把外部顾客分为直接顾客和间接顾客两类。

(1) 直接顾客。为自己提供的商品和服务而支付货币的个人或单位。例如,对于英特尔公司而言,计算机公司是它的直接顾客。

(2) 间接顾客。不直接向自己支付货币而向自己的顾客支付货币的个人或组织。例如,对于英特尔公司而言,出资购买计算机产品的顾客是间接顾客。

按照顾客所处的时间状态可以把外部顾客分为过去顾客、现在顾客和将来顾客三类。

(1) 过去顾客。曾经购买过该企业产品的人,他们有的可能只购买一次,有的可能经常购买,有的可能因顺路而冲动购买,有的可能是有计划地购买。只要从前有过交易记录,即便是第一次进行交易,不论是否成交,都是顾客。

(2) 现在顾客。正在和企业进行交易的人,即便是第一次,只要正在进行交易,不论是否成交,都是顾客。

(3) 将来顾客。这类顾客是指将来有可能会购买的人。

2. 内部顾客

内部顾客是指企业的任何一个雇员。每位员工或者员工群体构成了对外部顾客供给循环的一部分。

内部顾客就是企业内部各部门的同事。企业内部也存在产品生产与客户服务。例如,在一家企业中,采购部门为生产部门服务,生产部门为销售部门服务,销售部门为外部客户服务。在这个企业中,采购部门、生产部门、销售部门三者之间构成了客户服务关系。而对于销售部门来说,营销人员又成了这个部门的内部客户。即便是现代化的生产线，也存在某种意义上的"顾客"关系。根据"接受产品的组织或个人"这一定义，在一道生产线中，可以将接受上一道工序的产品的下一道工序理解为上一道工序的顾客。上一道工序也是员工，当然也是顾客，是公司的顾客。

按照相互关系的不同可以把内部顾客分为职级顾客、职能顾客和工序顾客三类。

（1）职级顾客。由组织内部的职务和权利演变而来的顾客关系。

（2）职能顾客。职能部门之间存在相互提供服务的关系，由此构成顾客关系。

（3）工序顾客。在工作或作业中存在着产品加工或服务的提供与被提供关系，构成工序顾客。工序顾客可以是产品生产流水线下一道工序的操作者，也可以是产品或服务形成过程中下游过程的部门，或者是帮助顾客使用产品或服务的代理人。

此外，内部顾客还可以分为水平支援型、上下源流型和小组合作型三类。

（1）水平支援型。彼此独立工作，如遇困难则相互帮助。

（2）上下源流型。自己工作完成后，转给下一位员工。

（3）小组合作型。一个团队共同协作完成一种工作。

企业对外经营时，企业作为一个整体的概念提供产品和服务，而最终用户、经销商则成为企业的顾客。企业追求的最终目标是使外部顾客满意，而外部顾客的满意与内部顾客的满意高度相关。如果内部顾客没有适宜的服务水平，无法使他们以最大的效率进行工作，那么外部顾客所接受的服务便会受到不良影响,必然会引起外部顾客的不满,甚至丧失外部顾客的忠诚。如果企业对这一问题不给予足够的重视,势必会导致较低的顾客忠诚度和较高的顾客流失率,最终导致企业的赢利能力下降。企业要想达到最佳的客户服务效果,应该先保证内部的和谐和团结。这也同样说明,如果企业要想真正做好客户服务工作,就应该保证首先做好内部的客户服务。

内部顾客满意与外部顾客满意的紧密关系及其对企业的重要性见图3-1。在这个模型中,外部顾客满意度的权重最高,达到20%;内部顾客满意度为9%,如果再加上内部顾客导向(9%)和领导(10%)的满意度,则总权重为28%。这样,顾客满意度对企业的总贡献率就达到了48%。[①]

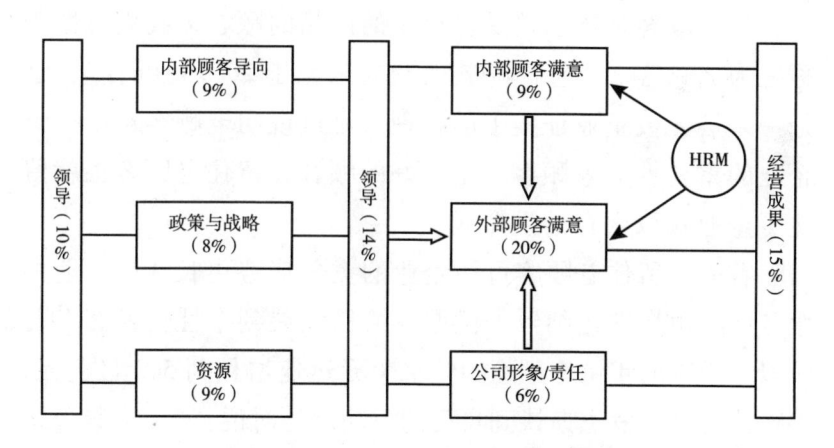

图3-1 欧洲广义质量管理模型

这种内外部客户整合服务的概念还在进一步延伸。越来越多的企业提出 PRM(Partner Relationship Management)的

[①] 江林:《顾客关系管理》,首都经济贸易大学出版社,2009。

概念，将合作伙伴的管理纳入内部客户的管理之中，以提高整体协调和对渠道的影响力。企业与经销商的一个共同点就是都围绕相同产品和服务来进行运营，而另外一个共同点是它们都面向相同的客户群，并且已有客户的信息是准确共享的。产品是一样的，客户是一样的，厂商是"面"，经销商是"点"。厂商考虑的是"面"上所有"点"的产品销售和客户，经销商考虑的是自己这个"点"的销售和客户群。这就要求有一个统一的服务营销团队来管理支撑。

（二）按照顾客接受产品的顺序情况划分

按照顾客接受产品的顺序情况，可以将顾客分为过去顾客、目标顾客和潜在顾客三类。

1. 过去顾客

过去顾客是指已接受过组织的产品的顾客，我们习惯于称之为老顾客。"企业80%的利润来源于20%的顾客"，这是一条被无数企业证实了的真理，足以说明老顾客对于一家企业的重要性。老顾客才是最好的顾客，留住老顾客也就留住了企业赖以生存的生命线。

首先，留住老顾客可使企业的竞争优势更长久。企业的服务已经由标准化细致入微服务阶段发展到个性化顾客参与阶段。IBM的年销售额由100亿美元迅速增长到500亿美元，IBM营销经理罗杰斯谈到自己的成功之处时说："大多数公司的营销经理想的是争取新顾客，但我们的成功之处在于留住老顾客；我们IBM为满足回头客的需求，赴汤蹈火也在所不辞。"又如，号称"世界上最伟大的推销员"的乔·吉拉德，15年中他以零售的方式销售了13001辆汽车，其中的6年中每年平均售出汽车1300辆，他所创造的汽车销售最高纪录至今无人打破。他总是相信卖给顾客的第一辆汽车只是长期合作关系的开端，如果单辆汽车的交易不能带来以后的多次生意的话，他认为自己是一个失败者。65%的交易多来自老顾客的再度购买。他成功的关键是为已有顾客提供了足够的高质量服务，使他们一次次回来向他买汽车。留住老顾客比开拓新顾客，甚至比保持市场占有率更重要。顾问公司的多次调查证明，留住老顾客比只注重市场占有率和发展规模经济对企业效益的奉献要大得多。

其次，留住老顾客还会使成本大幅度降低。发展一位新顾客的投入是巩固一位老顾客的5倍。在许多情况下，即使争取到一位新顾客，也要在一年后才能真正赚到钱。对一个新顾客进行营销所需费用较高的主要原因是，进行一次个人推销访问的费用远远高于进行一般性顾客服务的费用。因此，确保老顾客的再次消费是降低销售成本和节省时间的最好方法。

再次，留住老顾客还有利于发展新顾客。在商品琳琅满目、品种繁多的情况下，老顾客的推销作用不可低估。因为对于一个有购买意向的消费者，他在进行购买产品前需要进行大量信息资料的搜集，其中亲友、同事或其他人亲身经历后的推荐往往比企业做出的介绍更能让购买者相信。顾客的口碑效应在于：1个满意的顾客会引发8笔潜在的生意，其中至少有1笔成交；1个不满意的顾客会影响25个人的购买意向。

最后，留住老顾客可以获取更多的顾客份额。由于企业着眼于和顾客发展长期的互惠互利的合作关系，因而提高了相当一部分现有顾客对企业的忠诚度。忠诚的顾客愿意更多地购买企业的产品和服务，对于忠诚顾客消费，其支出是随意消费支出的2~4倍。而且随着忠诚顾客年龄的增长、经济收入的提高或顾客单位本身业务的增长,其需求量也将进一步增长。[①]

2. 目标顾客

目标顾客是指正在接受组织的产品的顾客。企业与市场营销渠道中的各种力量保持密切关系的目的就是有效地向其目标顾客提供产品和服务。顾客的需求正是企业营销努力的起点和核心。因此,认真分析目标顾客需求的特点和变化趋势是企业极其重要的基础工作。

目标顾客和老顾客都可以称为现实顾客。

3. 潜在顾客

潜在顾客是指既有购买所推销的商品或服务的欲望,又有支付能力的个人或组织,是可能成为现实顾客的个人或组织。这类顾客或有购买兴趣、购买需求,或有购买欲望、购买能力,但尚未与企业或组织发生交易关系。潜在顾客包含一般潜在顾客和竞争者顾客两大部分。所谓一般潜在顾客,是指已有购买意向却尚未成为任何同类产品或组织的顾客,以及虽然曾经是某组织的顾客,但其在做出购买决策时,对品牌的认可较为随意的顾客;竞争者顾客是指本企业的竞争对象所拥有的顾客群体。从一般意义上讲,潜在顾客应具备以下三个条件:

(1) 有购买某种产品或服务的需要;

(2) 有购买能力;

(3) 有购买决定权。

潜在顾客强调的是可能成为现实顾客的个人或组织,而

---

① 宋平、王立英:《关系营销中老顾客该如何维护》,《现代营销》(学苑版) 2006 年第 6 期。

现实顾客是需求已经得到满足的顾客。在一个有限的市场中，二者相比较而言，企业或组织的潜在顾客要远远多于其所拥有的现实顾客。面对优胜劣汰的市场竞争，企业要想长期扎根于市场，除了稳固现实顾客之外，还要在市场盲点——大量存在的潜在顾客上寻求突破，谋求发展。企业只有在巩固现实顾客的基础之上，不断地挖掘与开发潜在顾客资源，实现潜在顾客向现实顾客的转化，才能使企业获得可持续发展，也才能使企业实现长期赢利。

第二节 顾客细分

一 顾客细分的含义

在市场上，由于受许多因素的影响，不同的消费者通常有不同的欲望和需要，因而不同的消费者有不同的购买习惯和购买行为。正因为如此，企业营销人员可以按照这些因素把整个市场细分为若干个不同的子市场。子市场就是有相似需要的消费者群体的市场。事实上，任何一个市场，只要有两个以上的消费者，都可以细分为若干子市场。例如，日本企业资生堂1982年对日本妇女用化妆品市场进行了调查研究，按照妇女消费者的年龄，把所有潜在的妇女顾客分为四种类型（即把妇女用化妆品市场细分为四个不同的市场部分或子市场）。第一种类型为15~17岁的妇女消费者，她们正当妙龄，讲究打扮，追求时髦，对化妆品的需求意识较强烈，但购买的往往是单一的化妆品。第二种类型为18~24岁的妇女消费者，她们对化妆品也非常关心，采取积极的消费行动，只要是中意的化妆品，价格再高也在所不惜。这一类妇女消费者往往购买整套化妆品。第三种类型为25~34岁的妇女,她们中的大多数人已结婚,因此对化妆品的需求心理和购买行为也有所变化,化妆也是她们的日常生活习惯。第四种类型为35岁及以上的妇女消费者,可将她们分为积极派(因为"徐娘半老")和消极派(因为即将进入老年),但也显示了对单一化妆品的需要。这就是市场细分。

由此可见,所谓市场细分,就是企业的管理者按照细分变数,即影响市场上消费者的欲望和需要、购买习惯和行为诸因素,把整个市场细分为若干需要不同的产品和市场营销组合的市场部分或子市场,其中任何一个市场部分或子市场都是一个有相似欲望和需要的消费者群体,都可能被选为企业的目标市场。

顾客细分是20世纪50年代中期由美国学者温德尔·史密斯提出的,其理论依据主要有以下两点。

1. 顾客需求的异质性

并不是所有顾客的需求都是相同的,只要存在两个以上的顾客,他们的需求就会不同。由于顾客需求、欲望及购买行为是多元的,所以顾客需求的满足呈现差异性。只要存在差异,就可以根据一定的变量将顾客分为不同的群体,从而有针对性地提供相应的产品和服务,更好地满足顾客需求,提高顾客满意度和忠诚度。

2. 企业有限的资源和有效的市场竞争

任何一个企业都不能单凭自己的人力、财力和物力来满足整个市场的所有需求,这不仅由于企业自身条件的限制,而且从经济效益方面来看也是不足取的。企业应该分辨出它能有效为之服务的、最具有吸引力的细分市场,集中企业资源,制定科学的竞争策略,以取得并增强竞争优势。

二 顾客细分的作用

从某种意义上讲,顾客细分对所有企业都具有指导意义,其精髓和中国古代军事经典《孙子兵法》所讲的"知彼知己,百战不殆;不知彼而知己,一胜一负;不知彼,不知己,每战必殆"有着异曲同工之妙。

顾客细分的作用可以从三个方面体现出来。

第一,可以帮助企业明确目标,使企业经营有的放矢。面对人口众多的市场,企业不论规模大小,都会感到无从下手,再加上经营资源的相对不足,使企业很难用一种产品来开辟所有的顾客群体。因此,顾客群体中个体元素不同,消费习俗不一样,对某类商品某个个性品牌的偏好也就不同,这就构成了顾客群体的细分基础。顾客细分理论通过对顾客的划分,让企业明白谁是目标顾客,以及这些目标顾客的消费方式如何,这样就能集中资源对目标顾客进行营销,避免资金投入的浪费。

这类例子在企业经营中很常见。例如,娃哈哈集团巧妙地抓住儿童这一细分顾客,将有限资源集中使用,造就了一个饮料王国。

第二,有效的顾客细分可以帮助企业赢得顾客忠诚。在进行顾客细分的过程中,企业只有通过详尽的市场调查,才能够准确地对顾客进行细分,而详尽的市场调查可以使企业清楚地掌握目标顾客的消费方式,让企业在产品生命周期中锁定目标顾客,并提供有个性、有价值的新产品或服务,让顾客保持对品牌忠诚。

例如,宝洁公司刚进入中国时,细分出"多屑""枯发""黄发"的目标顾客,推出迎合细分顾客的产品:海飞丝、飘柔、潘婷，使宝洁公司的产品深入地赢得消费者的信赖。

第三，有效的顾客细分可以帮助企业实施差异化战略，赢得市场竞争的主动权，并获得差异化所带来的价值增值。随着消费者消费行为的改变，以及市场竞争的加剧，企业面对庞大的消费群体实行无差别营销，但由于产品制造元素相近，产品本身差异不大，企业很难获得好的效果。通过顾客细分，企业可清楚地掌握目标顾客，为产品提供差异化设计，创造品牌"价值差异"。

三　顾客细分的原则

进行顾客细分的理由其实很简单，无非就是解决谁是企业的顾客、企业希望去吸引哪些顾客、企业应该保持哪些顾客、企业应该如何迎合顾客的要求等平时并不被重视的问题。

但在实际进行顾客细分时并不那么简单，要想使顾客细分变得有意义，企业要掌握以下原则。

第一，可衡量性。可衡量性主要考虑在规模和购买力方面可衡量的程度高低，强调用来细分市场的标准和变数及细分后的市场是可以识别和衡量的，即有明显的区别、有合理的范围。如果对某些细分变数或购买者的需求和特点很难衡量，细分市场后无法界定，难以描述，那么市场细分就失去了意义。一般来说，一些带有客观性的变数，如年龄、性别、收入、地理位置、民族等，都易于确定，并且有关的信息和统计数据也比较容易获得；一些带有主观性的变数，如心理和性格方面的变数，就比较难以确定。

第二，可接近性。市场细分后与顾客的可接近性就是有效达到细分市场并为之有效服务的程度。不管多么好的市场，如果企业或商品没法占据这个市场，那么再细分也没有意义，所以细分市场时一定要考虑企业进入这个市场的可能性。一是企业能够通过一定的广告媒体把产品的信息传递到该市场众多的消费者中去；二是产品能够通过一定的销售渠道抵达该市场。这一原则要求企业要从各个细分市场的规模、发展潜力、购买力等方面进行分析。

第三，有效性。有效性是指细分市场的规模要大到能够使企业足够获利的程度，使企业值得为它设计一套营销规划方案，以便顺利地实现其营销目标，并且细分市场有可拓展的潜力，以保证按计划能获得理想的经济效益和社会服务效益。尽管企业不能保证对庞大市场的控制和拥有，但也要确保顾客细分市场足够大、可识别、有媒介触及点并且有利可图，这是任何企业生存的基本土壤，这样的顾客细分才有价值。反之，如果细分后的市场面太狭小，目标顾客群不足以支撑企业发展所必需的利润，那么这种细分就是失败的。除了考虑有利可图之外，还要考虑企业营销等各方面的资源投入与回报比。

第四，相对稳定性。任何一个企业在做一项产品或服务时都想在进入市场后能够有一个长期、稳定的市场。相对稳定性是指细分后的市场有相对应的稳定时间。细分后的市场能否在一定时间内保持相对稳定，直接关系到企业生产营销的稳定性。所以，企业一定要考虑占领后的目标市场是否能保证企业在相当长的一个时期内经营稳定，以避免目标市场变动过快给企业带来风险和损失，保证企业取得长期稳定的利润。

第五，差异性。差异性是指各细分市场的消费者对同一市场的营销组合方案会有差异性反应,或者说对营销组合方案的变动,不同细分市场会有不同的反应。一方面,如果不同细分市场的顾客对产品需求差异不大,行为上的同质性远大于异质性,此时,企业就不必费力对市场进行细分。另一方面,对于细分出来的市场,企业应当分别制订独立的营销方案。如果无法制订这样的方案,或其中某几个细分市场对是否采用不同的营销方案不会有大的差异性反应,企业便不必进行市场细分。

四 顾客细分的标准

定义细分市场有很多尺度,但至少要回答清楚以下五个问题。

第一,他们是谁?是指消费者特征描述,主要包括两个内容:心理特征及生活方式。例如,汇源公司的"他她"水,把消费者锁定在恋爱中的青年男女,女性喝"她水"、男性喝"他水"等。这种细分到现在都有很多争议,但不得不承认,这把"他们是谁"这个问题回答得淋漓尽致。

第二,他们有多少人?是指消费群规模,主要衡量细分后的市场是否值得进入。很多企业在此常犯错误。例如,现在很多牛奶企业开发的功能性牛奶就是典型。它们费了好大的劲儿开发什么"低乳糖"牛奶、"海洋生物"牛奶等,但开发后却发现市场规模太小,无法满足企业生存要求。

第三,他们愿意花多少钱?是指消费者的消费能力及企业赢利状况。这也是至关重要的指标。因为营销的目的就是持续赢利,企业细分了很长时间,最后细分市场上的消费者对企业的产品不愿意花你所期望的钱,肯定意义不大。所以,企业必须从消费者的支付能力和企业赢利角度做理性的定义。

第四，他们有别的选择吗？是指有没有同样的产品在此市场中存在，若存在，要研究消费者怎么看这些产品。企业必须研究竞争对手，根据企业战略要求做好两手准备：一是在没有对手的情况下如何提高进入壁垒；二是在有对手的情况下如何与对手做出区隔。

第五，他们的兴趣点在哪里？是指消费者最后掏钱买企业产品的真正理由。一般从三个角度定义：有限的物质需求、无限的物质需求和心理需求，其中后两个更为重要。

如前所述，在消费者市场，由于受年龄、性别、收入、文化程度、地理环境、心理等因素影响，不同的消费者通常有不同的欲望和需要，因而不同的消费者有不同的购买习惯和行为。正因为这样，企业可以按照这些因素把整个市场细分为若干不同的市场部分或子市场，这些因素叫作细分变数。由这些因素所决定的消费者需要的差异是细分消费者市场的基础。细分消费者市场所依据的变数很多，可概括为四大类：地理变数、人口变数、心理变数和行为变数。相应的，细分市场可分为地理细分、人口细分、心理细分和行为细分。

1. 地理细分

地理细分是指企业根据消费者所在的地理位置、地形气候等变数来细分市场，然后选择其中一个或几个分市场或子市场作为目标市场。对于销路广阔的消费品，地理细分往往是进行市场细分的第一步。尤其是我国，幅员辽阔，人口和民族众多，各地风俗差异很大，则更是这样。

地理细分的主要理论根据是：处在不同地理位置的消费者对企业的产品各有不同的需要和偏好，他们对企业所采取的市场营销战略，以及企业的产品价格、分销渠道、广告宣传等市场营销措施也各有不同的反应。例如，美国东部人爱喝味道清淡的咖啡，而西部人爱喝味道较浓的咖啡，因此美国通用食品企业针对上述不同地区消费者偏好的差异而推销不同味道的咖啡。又如，我国香港一家企业在亚洲食品商店推销其生产的蚝油时采用这样的包装装潢画——一位亚洲妇女和一个男孩坐在一条渔船上，船里装满了大蚝，效果很好。可是，这家企业将这种东方食品调料销往美国时仍采用原来的包装装潢，却没有取得成功，因为美国消费者不能理解这样的包装装潢设计的含义。后来，这家企业在旧金山一家经销商和装潢设计咨询企业的帮助下，改换了商品名称，并重新设计了包装装潢画——一个放有一块美国牛肉和一个褐色蚝的盘子，这样才引起了美国消费者的兴趣。经过一年的努力，这家香港企业在美国推出的蚝油新的包装装潢吸引了越来越多的消费者，超级市场也愿意经销这种蚝油，最终在美国打开了蚝油的销路。

　　市场潜量和成本、费用会因市场位置的不同而有所不同，企业应选择那些本企业能最好地为之服务、效益较高的地理市场为目标市场。例如，美国库尔斯酿酒企业的酒厂和物资供应都集中在丹佛及其周围地区，这家企业以这些地区为目标市场，其成本、费用较低，效益较高。

　　下面是一些常用的地理变数。①省、市、地区。我国按照地区可分为华北、东北、华东、华南、中南、西南、西北；按照地理环境可分为内地、沿海等。由于地理位置不同，消费需求有很大差异。例如，我国各地对各种口味食品的不同需求就是一个明显的例子。②城市与农村。各种不同规模的城市之间、城市与农村之间对同种产品的需求存在明显的差异。例如，我国目前对电视机的需求，城市消费者已经以平板电视为主，其中占绝对比例的是液晶电视。传统的CRT彩电在城市几乎销声匿迹，但是在很多农村市场，传统的CRT彩电仍然具有广阔的空间。③地形气候。不同地形的地区，如山区和平原对汽车有不同的需求，山区需要抗震、耐磨损、稳定性好的汽车，而平原则需要速度快、灵活的汽车。不同的气候类型对需求的影响也是如此。

2. 人口细分

所谓人口细分，就是企业按照"人口变数"（如年龄、性别、家庭人数、家庭生命周期、收入、职业、受教育程度、宗教、种族、国籍）来细分消费者市场。人口变数很久以来一直是细分消费者市场的重要变数。这是因为消费者的欲望、偏好和使用率往往与人口变数存在因果关系，而且人口变数比其他变数更容易测量。

某些行业中的企业通常用某一个人口变数来细分市场。汽车、旅游等行业中的企业长期以来一直按照收入来细分市场。但是，许多企业通常采取"多变数细分"，即按照两个或两个以上的人口变数来细分市场。例如，假设某家具企业通过市场营销研究，发现家具市场需要主要受户主年龄、家庭人数和收入水平这三个人口变数的影响。这家企业按照这三个人口变数把整个家具市场细分为36个子市场，每个家庭都属于这36个子市场中的一个。这家企业进行细分市场之后，还要调查研究每一个子市场的家庭数目、平均购买率和竞争程度等。综合分析这些信息，就可以估计每一个子市场的潜在价值，然后选择目标市场。

消费者的欲望和需要，不仅受人口变数的影响，同时还受其他变数特别是心理变数的影响，因此，人口细分不完全可靠。例如，美国福特汽车公司曾按照消费者年龄来细分汽车市场，该企业的"野马"牌车原来是专门为那些想买便宜跑车的年轻人设计的。令人惊讶的是，事实上不仅某些年轻人购买"野马"车，而且许多中老年人也购买"野马"车，因为他们认为驾驶"野马"车可使他们显得年轻。这时，福特汽车企业的管理当局才认识到，其"野马"车的目标市场不是年轻人，而是那些心理上年轻的人。这个案例表明，按照年龄这个人口变数来细分市场和选择目标市场不完全可靠。再如，如果按照收入水平来细分市场，企业就会认为工人阶级家庭会购买"雪弗兰"牌汽车，经理阶层家庭会购买"凯迪拉克"牌汽车。然而事实上，许多"雪弗兰"牌汽车被中等收入的人士所购买，而一些"凯迪拉克"牌汽车则被某些工人所购买。这些事例表明，按照收入水平这个人口变数来细分市场和选择目标市场也不完全可靠。

进行人口细分时所依据的人口变数主要有以下几种。①年龄。人口按年龄可分为儿童、少年、青年、中年和老年几个阶段。例如，不同年龄阶段的人对服装的款式和颜色的需求是很不相同的。②性别。理发、化妆品和服装等产品或服务的市场一直是按性别来细分的。③家庭。规模大小不同的家庭所需日用品或电器的规格很可能不同。④收入。当前的收入水平可分为低收入、中等收入和高收入三类。许多产品或服务都是以收入来细分市场的，如住房、餐饮娱乐、服装、汽车等。⑤生活习惯。涉及衣、食、住、行等行业的企业，最好都应考虑按消费者的生活习惯细分市场。

3. 心理细分

所谓心理细分，就是按照消费者的生活方式、个性等心理变数来细分消费者市场。从上面的事例可看出，消费者的欲望、需要和购买行为不仅受人口变数的影响，而且受心理变数的影响，因此企业还要进行心理细分。下面着重阐述如何按照生活方式、个性等心理变数来细分消费者市场。

来自相同的亚文化群、社会阶级、职业的人们，可能各有不同的生活方式。生活方式不同的消费者对商品各有不同的需要，消费者的生活方式一旦发生变化，他就会产生新的需要。也就是说，生活方式是影响消费者的欲望和需要的一个重要因素。在西方国家，越来越多的企业按照消费者不同的生活方式来细分消费者市场，并且按照生活方式不同的消费者群体来设计不同的产品和安排市场营销组合。例如，有些汽车制造商为"奉公守法"的消费者设计和生产经济、安全、污染少的汽车，为"玩车者"设计和生产华丽的、操纵灵敏度高的汽车；有些服装制造商为"朴素的妇女""时髦的妇女""有男子气的妇女"等女性分别设计和生产不同的服装。对于这些生活方式不同的消费者群体，不仅产品的设计有所不同，而且产品价格、经销商店、广告宣传等也有所不同。许多企业都从生活方式细分中日益发现了更多的、有吸引力的市场机会。

为进行生活方式细分，企业可以用下面三个尺度来测量消费者的生活方式：①活动（Activities），如消费者的工作、业余消遣、休假、购物、体育、款待客人等活动；②兴趣（Interests），如消费者对家庭、服装的流行式样、食品、娱乐等的兴趣；③意见（Opinions），如消费者对自己、社会问题、政治、经济、产品、文化、教育、将来等问题的意见。这种测量方式叫作"AIO 尺度"。企业的管理当局可派出调查人员去访问一些消费者，详细调查消费者的各种活动、兴趣、意见。然后用计算机分析处理调查材料，从而发现生活方式不同的消费者群体，也就是说，按照生活方式来细分消费者市场。

有些企业还按照消费者不同的个性来细分消费者市场。这些企业通过广告宣传，试图赋予其产品以与某些消费者的个性相似的"品牌个性"，树立"品牌形象"。例如，20世纪50年代后期，福特汽车公司的消费者曾被认为是独立的、感情易冲动的、雄赳赳的、注意变化的和自信的消费者群体；通用汽车公司的雪弗兰汽车的消费者曾被认为是保守的、节俭的、计较信誉的、较少男子气概的和避免极端的消费者群体。这些观点使个性不同的消费者对企业的产品发生兴趣，从而促进企业的销售。

4. 行为细分

所谓行为细分，就是企业按照消费者购买或使用某种产品的时机、消费者所追求的利益、使用者情况、消费者对某种产品的使用率、消费者对品牌（或商店）的忠诚程度、消费者待购阶段和消费者对产品的态度等行为变数来细分消费者市场。

在西方国家，许多企业往往通过时机细分，试图扩大消费者使用本企业的产品的范围。例如，美国有些企业大登广告，宣传母亲节、父亲节等，以促进糖果、鲜花等商品的销售；在美国，消费者一般都在早餐时饮用橙汁，某橙汁企业向广大消费者宣传介绍在午餐或宴会上饮用橙汁，以促进橙汁的销售。

消费者往往因为各有不同的购买动机、追求不同的利益，所以购买不同的产品和品牌。以购买牙膏为例，有些消费者购买"洁银"牙膏，主要是为了保持牙齿洁白；有些消费者购买"芳草"牙膏，主要是为了防治龋齿、牙周炎。正因为这样，企业的管理者还要按照不同的消费者购买商品时所追求的不同利益来细分消费者市场。企业可根据自己的条件权衡利弊，选择其中某一个追求某种利益的消费者群体为目标市场，设计和生产出适合目标市场需要的产品，并且用适当的广告媒介和广告词句，把这种产品的信息传达到追求这种利益的消费者群体。西方国家企业经营管理的实践经验证明，利益细分是一种行之有效的细分战略。

许多商品的市场都可以按照使用者（如非使用者、以前曾经使用者、潜在使用者、初次使用者和经常使用者等）情况来细分市场。西方国家大企业资源雄厚，市场占有率高，一般都对潜在使用者这类消费者群体发生兴趣，它们着重吸引潜在使用者，以扩大市场阵地；小企业资源匮乏，往往着重吸引经常使用者。当然，企业对潜在使用者和经常使用者要酌情运用不同的市场营销组合，采取不同的市场营销措施。

许多商品的市场还可以按照消费者对某种产品的使用率（如少量使用者、中量使用者、大量使用者）来细分市场。这种细分战略又叫作数量细分。大量使用者往往在实际和潜在消费者总数中所占比重不大，但他们所消费的商品数量在商品消费总量中所占比重却很大。根据美国的经验，某种产品的大量使用者往往有某些共同的人口的、心理的特征和广告媒介习惯。美国一家市场研究企业曾发现，大量喝啤酒者大多数是工人，他们的年龄在 25~50 岁，每天看电视 3.5 小时以上，而且最喜欢看电视上的体育节目。企业的管理者掌握了这种市场信息，就可以根据这种市场信息来合理定价，撰写适当的广告稿和选择适当的广告媒介。

　　企业的管理者还可以按照消费者对品牌（或商店）的忠诚程度来细分消费者市场。按照消费者对品牌的忠诚程度这一行为变数来细分消费者市场，可以把所有的消费者细分为以下四类不同的消费者群体。①铁杆品牌忠诚者。假设有A、B、C、D、E五种品牌，这类消费者群体在任何时候都只购买某一种品牌，一贯忠诚于某一种品牌，如A、A、A、A、A、A。②几种品牌忠诚者。这类消费者群体忠诚于两三种品牌，如A、A、B、B、A、B。③转移的忠诚者。这类消费者群体从忠诚于某一种品牌转移到忠诚于另一种品牌，如A、A、A、B、B、B。④非忠诚者。这类消费者群体购买各种品牌，并不忠诚于某一种品牌，如A、C、E、B、D、B。每一个市场都不同程度地包含上述四种类型的消费者群体。在某些市场，铁杆品牌忠诚者为数众多，比重大，这种市场叫作品牌忠诚市场。显然，某些企业要想进入这种市场是困难的，即使已进入，要想提高市场占有率也是困难的。企业通过分析研究上述四种类型的消费者群体，可以发现问题，以便采取适当措施，改进市场营销工作。例如，企业在分析研究时发现有"转移的忠诚者"，他们从前忠诚于本企业的品牌，但现在转移到忠诚于其他企业的品牌，这说明本企业的市场营销工作有缺点，需要立即采取适当措施，改进市场营销工作。又如，企业的管理者发现有"非忠诚者"，他们不喜欢本企业的品牌，企业就应采取适当的措施（如提高产品质量、加强广告宣传等）来吸引他们，以促进销售。还需指出的是，企业的管理者在分析研究上述四种类型的消费者群体时必须持慎重态度。例如，假设某些消费者连续购买B品牌——B、B、B、B、B，从表面现象看，这类消费者群体似乎一贯忠诚于 B 品牌，是铁杆品牌忠诚者，但是如果深入分析研究，就会发现他们之所以会这样，是因为这种品牌的价格偏低，或者是因为没有其他代用品，这些消费者不得不购买 B 品牌，所以这种购买类型并不能说明这些消费者是铁杆品牌忠诚者。再如，假设某些消费者的购买类型是 B、B、B、A、A、A，从表面现象看，这些消费者似乎是转移的忠诚者，但是如果深入分析研究就会发现，这些消费者之所以会这样，是因为有些商店一向经营的 B 品牌暂时断档脱销，或者是因为 A 品牌降价促销，因此这些消费者转向购买 A 品牌。企业在分析研究上述四种类型的消费者群体时必须持慎重态度，不要被其表面现象所迷惑，要深入分析研究。

在任何时候，人们都处于购买某种产品的不同阶段。在某种产品的潜在市场上，有些消费者根本不知道有这种产品；有些消费者知道有这种产品；有些消费者已得到信息；有些消费者已发生兴趣；有些消费者想购买；有些消费者正打算购买。然而，企业为什么还要按照消费者的待购阶段来细分消费者市场呢？这是因为，企业对处在不同待购阶段的消费者必须酌情运用适当的市场营销组合，采取适当的市场营销措施，才能促进销售，提高经营效益。例如，企业对那些处在根本不知道本企业产品阶段的消费者群体，要加强广告宣传，使他们知道本企业的产品，这种措施往往能够成功；对那些处在知道本企业产品阶段的消费者群体，要着重宣传介绍购买和使用本企业产品的好处、经销商店等，以促使他们进入发生兴趣阶段、想购买阶段、打算购买阶段，从而实现潜在交换，促进销售。

企业还要按照消费者对产品的态度来细分消费者市场。

消费者对某企业产品的态度有五种：热爱的、肯定的、不感兴趣的、否定的和敌对的。企业的管理者对这些持不同态度的消费者群体也应当酌情分别采取不同的市场营销措施。例如，企业的管理当局对那些不感兴趣的消费者，要通过适当的广告媒介，大力宣传介绍本企业的产品，使他们转变为感兴趣的消费者。

总之，细分消费者市场是一个以调查研究为基础的分析过程。上面对消费者市场细分的变数做了简要的说明，虽然并不完全，但似乎已经十分繁复。实践中对于每种产品进行细分时，按照市场变数进行细分仍是可行的。因为市场细分可以循序渐进，越分越细，而每一次细分只取两个甚至几个变数作为依据。

五 市场细分的步骤

企业在进行市场细分时，可按以下步骤进行。

1. 依据需求选定产品市场范围

每一个企业都有自己的任务和追求的目标，并将其作为制定发展战略的依据。企业一旦决定进入哪一个行业，接下来便要考虑选定可能的产品市场范围。

产品市场范围应以市场需求而不是产品特性来定。例如，一家住宅出租企业打算建造一幢简朴的小公寓。从产品特性如房间大小、简朴程度等出发，它可能认为这幢小公寓是以低收入家庭为对象的，但从市场需求的角度来分析，企业便可看到许多并非低收入的家庭也是潜在顾客。举例来说，有的人收入并不低，在市区已有宽敞舒适的居室，但又希望在宁静的乡间也有一套房子，作为周末生活的去处。所以，企业要把这幢普通的小公寓看作整个住宅出租业的一部分，而不应孤立地看成只是提供低收入家庭居住的房子。

2. 列举潜在顾客的基本需求

选定产品市场范围以后，企业的市场营销专家们便可以通过"头脑风暴法"，从地理变数、行为变数和心理变数几个方面，大致估算一下潜在顾客有哪些需求，这一步能掌握的情况可能不那么全面，但却为以后的深入分析提供了基本资料。例如，这家住宅出租企业可能会发现，人们希望小公寓住房满足的基本需求，包括遮蔽风雨，停放车辆，安全，经济，设计良好，方便工作、学习与生活，不受外来干扰，拥有足够的起居空间和满意的内部装修，公寓管理和维护情况良好，等等。

3. 分析潜在顾客的不同需求

实施以上两步以后，企业再依据人口变数做抽样调查，向不同的潜在顾客了解上述需求哪些对他们更为重要。例如，在校外租房住宿的大学生，可能认为最重要的需求是遮蔽风雨、停放车辆、经济、方便上课和学习等；新婚夫妇的希望是遮蔽风雨、停放车辆、不受外来干扰、满意的公寓管理等；较大的家庭则要求遮蔽风雨、停放车辆、经济、足够的儿童活动空间等。这一步至少应进行到有三个细分市场出现。

4. 移去潜在顾客的共同需求

这一步企业需要移去各细分市场或各个顾客群的共同需求。这些共同需求固然很重要，但只能作为设计市场营销组合的参考，不能作为市场细分的基础。例如，遮蔽风雨、停放车辆和安全等因素，几乎是每一个潜在顾客都希望的，企业可以把它看作产品决策的重要依据，但在细分市场时则要移去。

5. 为细分市场暂时取名

企业对各个细分市场剩下的需求要做进一步分析,并结合各细分市场的顾客特点,为其暂时安排一个名称。

6. 进一步认识各细分市场的特点

企业还要对每一个细分市场的顾客需求及其行为进行更深入的考察,看看掌握了哪些细分市场的特点,还要了解哪些特点,以便进一步明确对各细分市场有没有必要再做细分,或重新合并。例如,经过这一步骤,可以看出,新婚者与老成者的需求差异很大,企业应当将其作为两个细分市场。同样的公寓设计,也许能同时迎合这两类顾客,但对其采取的广告宣传和人员销售的方式可能不同。企业要善于发现这些差异。如果他们原来被归属于同一个细分市场,现在就要把他们区分开来。

7. 测量各细分市场的大小

以上步骤基本决定了各细分市场的类型。企业紧接着应把每个细分市场同人口变数结合起来进行分析,以测量各细分市场潜在顾客的数量。因为企业进行市场细分,是为了寻找获利的机会,这又取决于各细分市场的销售潜力。不引入人口变数是危险的,有的细分市场或许根本就不存在顾客。

第三节 顾客满意

顾客满意(Customer Satisfaction, CS)的思想和观念,早在20世纪50年代就受到世人的关注。其理论的产生和发展是企业管理观念变迁的必然,从"产值中心论"到"销售中心论",再到"利润中心论"以及"市场中心论",然后到"顾客中心论",最后进入"顾客满意中心论"阶段。

顾客满意的雏形是 20 世纪 80 年代北欧斯堪的纳维亚航空公司提出的"服务与管理"的企业理念,作为一个科学概念则是由一位美国消费心理学家于 1986 年提出的。同年,美国一家著名市场调研公司首次以顾客满意度为基础发布了消费者对汽车满意度的排行榜,拉开了 CS 战略应用的序幕。随后,CS 战略在瑞典、日本等国的许多大型跨国公司的经营发展中获得了巨大成功,开始在西方发达国家迅速传播并不断发展完善,成为企业争夺顾客资源、取得市场竞争有利地位的利器。

一 顾客满意的定义

顾客满意工作是主动的,具有前瞻性,而售后服务工作是相对被动的,具有滞后性。此外,二者在工作观念、过程、境界上都有很大差别。

美国营销学会对顾客满意的定义是:满意 = 期望 - 结果。因此,所谓顾客满意,是指顾客在消费后实际感受到的价值与期望价值之间的差异。实际感受到的价值高于期望价值,顾客满意度就高;实际感受到的价值低于期望价值,顾客满意度就低。

菲利普·科特勒认为,顾客满意"是指一个人通过对一个产品的可感知效果与他的期望值相比较后,所形成的愉悦或失望的感觉状态"。

亨利·阿塞尔也认为:"当商品的实际消费效果达到消费者的预期时,就导致了满意,否则,就会导致顾客不满意。"

Oliver 和 Linda 认为,顾客满意"是对产品取得和消费经验带来的惊奇本身的评估，本质上，它是一种总结的心理状态，来自预期经验的情感，并伴随先前消费经验的感觉。它取决于顾客所预期的产品或服务利益的实现程度，以及反应预期与实际结果的一致性程度"。

Tse 和 Wilton 认为，顾客满意是顾客在购买行为发生前对产品所形成的期望质量与消费后所感知的质量之间所存在差异的评价。

Westbrook 和 Reily 认为，顾客满意是一种情感反应，这种情感反应是伴随或者是在购买过程中产品陈列以及整体购物环境对消费者的心理影响而产生的。

ISO 9000：2000 标准对顾客满意的定义为"顾客对某一事项已满足其需求和期望的程度的意见"，并有注解："某一事项是指在彼此需求和期望及有关各方对此沟通的基础上的特定时间的特定事件。"

从上面的定义可以看出，满意水平是可感知效果和期望值之间的差异函数。如果效果低于期望，顾客就会不满意；如果可感知效果与期望相匹配，顾客就满意；如果可感知效果超过期望，顾客就会高度满意、高兴或欣喜。

顾客满意包括产品满意、服务满意和社会满意三个层次。

产品满意是指企业产品带给顾客的满足状态，包括产品的内在质量、价格、设计、包装、时效等方面的满意。产品的质量满意是构成顾客满意的基础因素。

服务满意是指产品在售前、售中、售后以及在产品生命周期的不同阶段采取的服务措施都令顾客满意。主要体现为在服务过程的每一个环节都能设身处地地为顾客着想，做到有利于顾客、方便顾客。

社会满意是指顾客在对企业产品和服务的消费过程中所体验到的对社会利益的维护，主要是指顾客整体社会满意，它要求企业的经营活动要有利于社会文明进步。

顾客是否满意是顾客的一种主观感觉状态，是顾客对企业产品和服务在满足其需求方面的能力所进行的一种评价，是顾客对企业、产品、服务和员工的认可程度。一项消费者调查资料显示，44%的宣称满意的消费者经常变换其所购买的品牌，而那些十分满意的顾客却很少改变其所购买的品牌，这说明企业必须重视提高顾客的满意程度，争取更多的忠诚顾客。如果顾客在消费过程中得到较高的满意度，就会再次消费，同时也会将他们的消费感受通过口碑传播给其他顾客。前者意味着维系了老顾客，后者意味着吸引了新顾客。在市场竞争日趋激烈的今天，能够维系原有的顾客，同时吸引更多的新顾客，对企业经营是非常重要的。高度的满意能培养出顾客对企业、企业产品和服务以及品牌的一种强烈的忠诚感，从而能够扩大产品的知名度，提升企业的形象，为企业的长远发展不断注入新的动力。

目前，紧紧围绕顾客，从营销、服务、质量三方面入手提高顾客满意的程度已在许多著名企业得到大量应用。例如，日本本田公司在1986年就已经率先推行CS战略。本田公司在美国市场上对其前一年购入新车的顾客，就营业员的服务态度、售后服务等内容每月进行一次CS问卷调查，并对结果进行快速反应，向本公司代理商发表个别的顾客满意度指数（CSI），对其进行有力的指导，从而彻底改善了顾客的不满之处。从企业的角度来说，顾客服务的目标并不仅仅限于使顾客满意，使顾客感到满意只是营销管理的第一步。美国维持化学品公司总裁威廉姆·泰勒认为："我们的兴趣不仅仅在于让顾客获得满意感，我们要挖掘那些被顾客认为能增进我们之间关系的有价值的东西。"在企业与顾客建立长期的伙伴关系的过程中，企业向顾客提供超过其期望的"顾客价值"，使顾客在每一次购买过程和购后体验中都能获得满意。每一次的满意都会增强顾客对企业的信任，从而使企业能够获得长期的盈利与发展。

二 顾客满意度的测量

顾客在消费后，其实际感受到的价值与期望价值之间的差异构成了顾客满意的基石，这种差异水平的不同，形成了不同的顾客满意水平，顾客满意水平的量化就是顾客满意度。例如，顾客满意度可以划分为满意和不满意两个等级，也可以划分为很满意、较满意、一般、较不满意、很不满意五个等级，还可以划分为 0~100 的分值。[①]

国内外很多学者都对顾客满意度进行了深入的探讨，他们之间的差别无非就是从不同的角度论述而已。例如，Verhoef 等从支付平等性（Payment Equity）的角度论述了顾客满意度，他们的研究定义了支付平等性是对产品价格的感受的公平性，并对这种公平性如何影响顾客满意度进行了论述。研究表明，支付平等性和顾客满意度的相关程度受几个维度的影响，即关系的广度、关系的深度和关系的程度，研究还进一步讨论了这种关系对顾客产生下一次购买和交叉购买的影响。Sharland 对于在企业和顾客之间信息的交流和沟通给予了关注。他的研究认为，交流和沟通对企业和顾客之

---

① 梁燕：《顾客满意度研究述评》，《北京工商大学学报》2007 年第 3 期。

间建立长期的关系具有重要的意义,研究论述了企业顾客关系中的情感因素与交流和沟通的关系,同时对交流和沟通的程度及有效性与顾客满意度和其他变量(如企业效益)之间建立了联系。Nguyen 等在企业印象方面进行了论述。他们定义了两个概念:企业印象和企业声誉。[①]

对满意度的测评也存在不同的理论模型,比较典型的是以下四种。[②]

(1) 差距理论。通过比较顾客对服务的期望与对接受服务的感知得到的差距来衡量服务质量。

(2) 多阶段模型。顾客对服务的总体评价可以分解为一系列互相关联的阶段,表现为评价(P)、服务质量(SQ)以及顾客满意度(CS),这三个阶段构成一个多阶段模型。

(3) 正常质量差距模型。模型表现形式为:$NQ_i = |Q_i - Q_e|$,$NQ = \sum W_i \times (Q_i - Q_e)$,其中,$Q_i$ 是消费者对产品或服务的属性 i 的质量感知,Q_e 是消费者对最佳产品或服务的属性 e 的质量感知,W_i 是属性 i 的正常质量指标,即相对于最佳产品或服务,属性的质量可以定义为"正常质量差距"或"正常质量"。通过对产品或服务属性 i 的正常质量加权,得到产品或服务的总体正常质量 NQ,代表顾客满意度。

(4) 动态过程模型。将顾客的行为意向(BI)解释为总体服务质量(OSQ)的函数,OSQ 又是质量感知(PS)的函数,而将 PS 用期望(WE 和 SE)、两次服务之间的新信息(X 和 Z)以及服务质量(DS)来解释。

[①] 郑龙:《顾客满意度测评及实证分析》,武汉理工大学硕士学位论文,2008。
[②] 余峻峰:《顾客满意度发展及模型综述》,《经济论坛》2009 年第 5 期。

在这些研究模型的基础上，基于顾客满意度指标在不同个人、产品、服务、行业之间的可比较性研究，瑞典、美国以及欧盟各国等许多国家或地区根据各自的实践特点，相继建立了国家顾客满意度指数模型。

三　顾客满意管理的实施

当前，市场的竞争主要表现在对顾客的全面争夺，而是否拥有顾客取决于企业与顾客的关系，取决于顾客对企业产品和服务的满意程度。顾客满意程度越高，企业竞争力越强，市场占有率就越大，企业效益就越好，这是不言而喻的。"顾客是上帝""组织依存于顾客"已成为企业界的共识，"让顾客满意"也成为企业的营销战略。

ISO 9000：2000 标准中提出的质量管理八项原则中的首项原则就是"以顾客为关注焦点"。"以顾客为关注焦点"是 ISO 9000 族标准 2000 版对 1994 版标准的重大改进。该标准强调组织应了解顾客当前和未来的需求，满足顾客要求并争取超越顾客期望。国内外的大量实践证明，组织只有理解和掌握了顾客的需求与期望，才能有的放矢地不断改进和完善自己的产品或服务，才能真正实现顾客满意，并最终为自己的生存和发展赢得更大的空间。

（一）顾客满意经营系统的要素构成

顾客满意经营系统的要素构成包括服务质量管理体系要素构成和服务质量保证体系要素构成。其中，前者是从管理者推动角度来看顾客满意经营系统，后者是从受益者推动角度来看顾客满意经营系统。

1. 服务质量管理体系要素构成

依据 ISO 9004－2《质量管理和质量体系第二部分：服

务指南》，服务质量管理体系的要素一般由关键要素、公共要素和运作要素三部分组成。关键要素是管理职责、人员和物质资源以及文件化的质量体系结构，并且只有当它们相互配合协调时，才能保证顾客满意。这就是说，在建立服务质量体系时，管理者首先要制定质量方针，确定质量目标，规定质量职责和权限，做好管理评审，即对质量体系进行正式的、定期的和独立的评审，以便确定质量体系在实施质量方针和实现质量目标中是否持续稳定和有效。公共要素是指对所有服务组织都适用的质量体系要素，包括质量体系的经济性、不合格服务的纠正措施、安全控制和统计方法。运作要素一般包括市场开发、服务设计、服务提供和服务业绩的分析与改进。

2. 服务质量保证体系要素构成

一个组织的质量保证体系是建立在其质量管理体系基础之上的，顾客要求的质量保证体系仅仅是质量管理体系中的相关部分。因此，尽管服务质量管理体系与质量保证体系的要素名称与排序有所不同，但两者之间都存在相互对应的内在联系。

（二）顾客满意经营的目标、方法和步骤

任何一个服务组织，要不断提高其产品质量、过程质量、组织质量和员工质量，都应该从本组织的实际情况出发，精心策划与建立一个实用有效的质量体系，并使其有效运行。国内外服务业实施 ISO 9000 族标准的实践经验告诉我们，服务组织质量体系的建立和运行一般应遵循"八步法"或"十六字经"。

1. 总结

任何一个服务组织，在质量管理上都有一定的经验和教训。因此，首先要总结开展质量活动或推行全面质量管理的经验教训，把感性的经验或教训总结提炼成理性的标准、规范或制度。

2. 学习

服务组织应组织员工，尤其是管理人员要认真学习国际服务质量管理标准及相关的 ISO 9000 族标准，并能联系本组织实际，加以理解和掌握。此外，还要学习同类服务组织全面质量管理工作先进经验。

3. 对照

把本组织的质量工作现状与国际服务、质量管理标准的要求进行逐项对照，以肯定成绩，找出差距，明确今后努力的方向。

4. 策划

这是对服务组织的质量体系进行设计，它包括产品定位、服务质量体系要素的选定、服务质量活动过程网络的确定、服务质量体系文件的设计、服务环境设计、编制服务大纲等。

5. 调配

调配质量体系，建立所需的各类资源。首先，要调配人力资源，依据质量体系要求选聘合适的各级各类管理人员，同时对所有员工进行培训，使其适应质量体系的要求；其次，要调配物质资源，包括安装必要的服务设施，配备必要的服务器具等。

6. 充实

充实质量管理及至企业管理的各项基础工作。

7. 完善

完善质量体系文件，使服务质量体系文件化。

8. 运行

质量体系文件实施的过程就是质量体系运行的过程，为了不断推进质量体系的有效运行，每个服务组织应采取下列措施。

（1）开展质量培训和教育，建设质量文化。

（2）认真执行以"质量否决权"为核心的质量考核制度，并与经济责任制密切挂钩，以激励员工不断改进服务质量。

（3）核算质量成本，不断提高服务效率与效益。

（4）积极开展质量控制（QC）小组活动，改进质量问题，提高员工队伍素质。

实践证明，只要遵循上述过程，服务组织的质量体系就能顺利建立起来，并能有效运行，实现服务质量标准化、服务提供程序化、服务行为规范化，取得显著成效。

（三）提高顾客满意度的途径

服务质量的特性要求企业必须考虑采用与制造业不同的方式来控制和提高质量。企业可以考虑的一些方法是建立和实施面向顾客的服务承诺、顾客服务和服务补救。

1. 服务承诺

所谓服务承诺，是指企业向顾客公开表述的要达到的服务质量。首先，服务承诺一方面可以起到树立企业形象、提高企业知名度的作用；另一方面可以成为顾客选择企业产品的依据之一。但更重要的，它还可以成为顾客和公众监督企业的依据，使企业受到持续改善的压力。其次，建立有意义的服务承诺的过程实际上是深入了解顾客要求、不断提高顾客满意度的过程，这样可以使企业的服务质量标准真正体现顾客的要求，使企业找到努力的方向。再次，根据服务承诺，企业能够确定反映顾客需求的、详细的质量标准，再依据质量标准对服务过程中的质量管理系统进行设计和控制。最后，服务承诺还可以产生积极的反馈，有可能使顾客有动力、有依据对服务质量问题提出申诉，从而使企业明确了解其所提供服务的质量和顾客所希望的质量之间的差距。

有效的服务承诺应具备哪些特征呢？一项好的服务承诺应无条件、容易理解与沟通、有意义、简便易行和容易调用。一项无误的承诺应该既简洁又准确，复杂、令人困惑而且有大量脚注条件的服务保证，即使制作精美，也不会起作用。容易引起误解的服务承诺，会引发有误差的顾客期望。好的服务承诺，只有当其包含顾客认为重要的内容，而且有一个合理的总结算，它才是有意义的。

2. 顾客服务

顾客服务是指除涉及销售和新产品提供之外的所有能促进组织与顾客间关系的交流和互动。它包括核心产品和延伸产品的提供方式，但不包括核心产品自身。以一项发型设计服务为例，理发本身不属于顾客服务，但顾客在理发前后或理发过程中得到的待遇却属于顾客服务。假如顾客提出一些特别的处理要求，那也构成顾客服务的一项内容。在服务完成之后，假若顾客的惠顾得到感谢和赞扬，这些行为也应归入顾客服务。对制造品而言，除实际销售表现之外的所有与顾客进行的互动，都应看作顾客服务。

3. 服务补救

所谓服务补救，是指组织为重新赢得因服务失败而已经失去的顾客的好感所做的努力。一些服务组织不管发生什么意外，都不做任何服务补救的尝试与努力。还有一些组织仅投入一半的力量来做这项工作。很少有组织为此制定全面的政策，并竭尽全力地对顾客补偿。开展一项重新赢得顾客信任的工作计划，往往不被组织所认可或者组织缺乏动力来做这项工作。企业可能认为，既然有无穷无尽的顾客流等待它们去挖掘，又何必为不满意的顾客而费心。以上这些做法是错误的，失去一位顾客的代价是非常高昂的。一方面，企业要明确是不是必须寻找一位新顾客来取代旧顾客，而经常寻找新顾客的成本通常是很高的。各种各样的估计表明，补充一位流失顾客位置的成本比留住一位忠实顾客的成本要高3~5倍，这与服务的性质有关。得到新的顾客需要大量的广告和销售费用。另一方面，忠实的顾客能够产生可观的销售额，他们比第一次来享受服务的顾客花钱多。他们需要较低的交易成本和沟通成本，无须信誉调查或其他初始成本。忠实顾客对服务享用相当熟悉，不需要太多帮助。另外，他们还经常用其正向口头宣传为组织带来新顾客。相反，那些转向竞争对手的顾客会劝阻其他顾客光顾本企业。

　　有研究表明，顾客流失率降低5%，企业利润就会翻一番。因此，积极努力地去挽回因为对一次服务体验不满而流失的顾客是有意义的。服务所包含的一系列环节和大量因素都会对顾客的服务体验产生影响，并最终影响顾客满意。顾客与服务组织接触的每一个点，都会影响顾客对服务质量的整体感觉。顾客与服务组织接触的每一个具体的点就是关键点。顾客用关键点来评价组织的服务提供。因此，企业对于关键点需要制订服务补救计划。该计划一般包括五个步骤：道歉、紧急复原、移情、象征性赎罪和跟踪。

(1) 道歉

服务补救开始于向顾客道歉。当组织感觉到顾客的不满时,应向顾客道歉。道歉在一定意义上意味着承认失败,一些组织不愿意这样做。可是服务组织必须认识到自己有时确实无能为力。因为服务是易变的,存在失败的风险是服务组织的固有特征。承认失败,认识到向顾客道歉的必要性,真诚地向顾客道歉,能让顾客深切地感知到他们对组织的价值,并为重新赢得顾客好感的后续工作铺平道路。

(2) 紧急复原

这是道歉的自然延伸,也是对组织不满的顾客所肯定和期望的。顾客希望组织做些事情以消除引起不满的根源。

(3) 移情

当紧急复原的工作完成后,就要对顾客表现一点移情,即对顾客表示理解和同情,能设身处地地为顾客着想,这也是成功的服务补救所必需的。服务组织应对愤怒的顾客表示理解,理解因其服务未满足顾客的需求而对顾客造成的影响。

(4) 象征性赎罪

移情之后的下一步工作是用有形方式对顾客进行补偿,如送个礼物表示象征性赎罪。可以用赠券的形式发放礼物,如一份免费点心赠券、一张机票赠券、一个高质量客房住宿赠券等。象征性赎罪的目的不是向顾客提供服务替代品,而是告诉顾客,组织愿意对顾客的失望负责,愿意为服务失败承担一定的损失。

(5) 跟踪

组织必须检验其挽回顾客好感的努力是否成功,跟踪使组织获得了一次对补救计划进行自我评价的机会,以识别哪些环节需要改进。

当然,并非每一次顾客不满都需要上述全部的五个步骤。有时,顾客仅仅是对服务的某一个具体环节有点儿失望,这时只要采取前两个步骤就可能达到服务补救的目的。一个道歉和一项紧急复原行动就应该足够了。而针对另外一些情况,如果顾客被组织的服务失败所激怒,则需要采取服务补救的全部五个步骤。

第四节 顾客忠诚

一 顾客忠诚的定义

在早期,比较经典的是以顾客的重复购买次数、忠诚行为的持续时间以及购买比例等来定义顾客忠诚的。国外很多学者从不同角度总结了顾客忠诚(见表3-2)。

表3-2 国外学者对顾客忠诚的定义

学者(时间)	主要观点
Kuehn(1962)	用下一次购买的选择可能性来表示对某一品牌的忠诚
Jacoby Ehestnut(1975)	提出高频度的购买即为顾客忠诚
Lawrenc(1986)	定义连续4次购买为顾客忠诚
Assael(1990)	将顾客忠诚定义为对某一品牌的赞同所导致的在较长时期内对该品牌产品的持续性购买行为
Tucker(1993)	将连续3次购买定义为顾客忠诚
Keller(1993)	认为反复的购买行为已经十分明确地显示了顾客忠诚的存在

续表

学者(时间)	主要观点
Dick,Basu (1994)	认为顾客忠诚度可视为个人态度与再购行为两者关系间的强度。把不同程度的态度取向和重复购买行为结合起来，可以将顾客忠诚具体细分为 4 种不同的状态。①不忠诚——较低的态度取向伴随着较低的重复购买行为表明缺乏忠诚；②虚假的忠诚——人们的虚假忠诚大多受购买便利性、价格优惠、环境中缺乏替代品等因素的影响；③潜在的忠诚——较高的态度取向伴随着较低的重复购买行为反映了潜在的忠诚，这往往是一些客观因素妨碍了人们的频繁购买而造成的；④忠诚——此类忠诚是顾客积极情感和重购行为的统一，是态度取向和重复购买行为之间的最佳匹配。 同时引入了相对态度的概念，相对态度就是指顾客对某一产品的评价优于对其他产品评价的程度。他们的观点是，在研究顾客忠诚时，不仅要考虑态度的绝对性，还要注意到态度的相对性，因为顾客对给定产品或服务的评价从绝对意义上来讲也许很高，但如果他们对其他竞争产品的评价也同样高甚至更高的话，那么绝对态度的效应就很难发挥作用
Jones,Sasser (1995)	指出顾客忠诚是指顾客对某一特定产品或服务的再购意愿。他们认为顾客忠诚度有两种：一种是长期忠诚，是真的顾客忠诚，不易改变其选择；另一种是短期忠诚，当顾客发现有更好的选择时，立刻会换目标
Baldinge, Rubinson(1996)	指出对某一特定品牌行为忠诚的购买者应该比从来没有购买或较少购买的消费者具有更积极的态度
Oliver,Rust and Varki(1997)	认为顾客忠诚度是指虽然受到环境影响，可能会发生因为竞争对手的营销手段而引发潜在的转换行为，但顾客对其所喜好的商品或服务的未来再购买和再惠顾的承诺不会有所改变，即尽管情况的影响与营销努力会造成潜在的转换行为，但顾客未来仍维持对于产品或服务再购承诺的一致性
Smith(1998)	认为顾客忠诚发生在顾客觉得该组织最能符合其相关需求、完全不考虑其他竞争者，且仅在该组织消费的时候

续表

学者（时间）	主要观点
Oliver(1999)	不受能引至转换行为的外部环境的变化和营销活动影响的，在未来持续购买所偏爱的产品或服务的内在倾向和义务
Shoemaker, Lewis(1999)	认为顾客忠诚是顾客再购意愿与从事合作关系的活动表现
Rosallnd (2005)	认为顾客忠诚不仅包括"顾客从服务提供者那里重复购买的行为程度和对该提供者存在正面的态度"，还应该包括"在需求唤醒时只会使用唯一这家的服务"
Jacoby, Chestnut (1978)	在 *Brand Loyalty Measurement and Management* 中，通过对300多篇相关文献进行整理发现，对顾客忠诚的理解有50多种不同的观点，这些观点归纳起来就是两种，即行为与态度。从行为角度看，顾客忠诚被定义为对产品或服务进行重复购买的行为，这种表面上的忠诚可以通过购买频率和购买份额等相关指标进行测量；从态度角度出发的学者认为顾客忠诚就是顾客对产品或服务的一种偏好和依赖，他们指出，仅通过顾客的实际购买行为来描述顾客忠诚是不够的，还需要分析顾客的潜在态度或偏好，这种观点认为对顾客忠诚的测量指标有购买意愿、偏好程度等
Richard Oliver (1992)	认为顾客忠诚就是指顾客不受外界环境和营销方式的影响，在态度上也显现出比较明显的偏好，并在未来一段时间内继续购买自己所偏好的产品或服务
Gremler, Brown(1996)	通过对相关论文进行分析后指出，在服务业领域，影响顾客忠诚的主要因素集中在4个方面，它们分别是行为忠诚、情感忠诚、认知忠诚和未来忠诚意向

国内学者针对顾客忠诚也有一定的阐述，比较有代表性的包括以下几种（见表3-3）。

表 3-3　国内学者对顾客忠诚的定义

学者	主要观点	论文名称
韦福祥	顾客忠诚是由于受外界因素,如产品特性、价格或服务特性的影响所产生的顾客重复购买某种产品和服务的行为	《顾客满意与顾客忠诚互动关系研究》
南剑飞	认为顾客忠诚建立在顾客满意的基础之上,对某企业的产品或服务进行长期重复购买,并表现出态度上的一致性。他把顾客忠诚的特点总结为四条:积极为企业的产品做义务宣传;对该企业的产品或服务进行大量的重复购买;能够抵制其他企业针对产品或服务提供的一系列优惠条件,几乎不考虑其他企业的产品或服务;能够容忍该企业产品或服务的缺陷,并及时将信息反馈给企业,且这些缺陷或错误不会影响其重购行为	《论顾客忠诚度的内涵、功能、构成及模型》
韩之俊、霍映宝	顾客忠诚必须满足下面四点:第一是行为上的忠诚,也就是指在特定时期内顾客对产品的多次购买行为;第二是态度上的忠诚,顾客忠诚不仅要根据顾客行为来判定,还应该强调顾客的心理成分,满足顾客精神上的需求,让顾客开心积极地实现忠诚,而非仅靠提高转换成本对顾客进行人质控制;第三,顾客忠诚不仅应该包括有形的产品或品牌忠诚,还应该包含无形的服务或体验忠诚,从而保证顾客忠诚的整体性;第四是顾客忠诚要保证赢利性,企业经营的首要目的是进行赢利,非赢利的顾客忠诚最终会把企业拖向深渊,所以顾客忠诚必须实现企业和顾客的双赢,使企业和忠诚的顾客一起创造更多的价值	《顾客忠诚研究述评》
王月兴	从严格意义上讲,只有诸如顾客价值和顾客满意等能同时推动顾客态度忠诚和行为忠诚的因素,才是真正驱动顾客忠诚的因素,这些因素又被称为全驱动因素。而其他因素,如转移成本、利益相关性、高风险和高投入等只能带来重购行为和促进顾客保留,这些因素又被称为半驱动因素	《顾客忠诚的驱动因素及其作用》

通过分析发现，国内学者对顾客忠诚的定义可以概括为态度忠诚论、行为忠诚论和综合论三种类型。

态度忠诚论主要是从顾客的情感、意识以及行为倾向等角度来论述的；行为忠诚论主要从顾客对某品牌的产品和服务的行为表现来加以研究；持综合论观点的学者认为顾客忠诚是态度忠诚和行为忠诚的统一。

综合以上学者的分析，本书认为"顾客忠诚"具体表现为：由于顾客感觉某组织所提供的产品或服务最能符合其需求，即对该组织的产品或服务较其他组织而言有较佳的情感上的依恋而产生的重复购买行为。在此种情况下，顾客往往不考虑该组织其他竞争对手的产品或服务，并且愿意将自己所依恋的公司推荐给其他人。

二　顾客忠诚的层次

忠诚的客户是企业最宝贵的资源，他们不会因为外界的影响而转变对企业的信赖，而会一如既往地使用企业的产品，甚至成为企业的义务推销员，将企业的产品介绍给自己的亲朋好友。对于企业而言，留住一个老客户的成本比赢得一个新客户所需的成本要低得多，统计数据表明这一比值为 $1/10 \sim 1/5$。这些忠诚的客户又恰恰是企业最主要的收入和利润来源。

顾客的忠诚会表现出不同的程度，即不同的层次。从一般意义上讲，顾客忠诚的层次可以分为以下四层。

最底层是顾客对企业没有丝毫忠诚感。他们对企业漠不关心，仅凭价格、方便性等因素购买。

第二层是顾客对企业的产品或服务感到满意或习惯。他们的购买行为受到习惯力量的驱使。一方面，他们怕没有时间和精力去选择其他企业的产品或服务；另一方面，转换企业可能会使他们付出转移成本。

第三层是顾客对某一企业产生了偏好情绪，这种偏好是建立在与其他竞争企业相比较的基础之上的。这种偏好的产生与企业形象、企业产品和服务体现的高质量以及顾客的消费经验等因素相关，从而使顾客与企业之间有了感情联系。

最上层是顾客忠诚的最高级阶段。顾客对企业的产品或服务忠贞不贰，并持有强烈的偏好与情感寄托。顾客对企业的这种高度忠诚成为企业利润的真正源泉。

三　顾客忠诚的驱动因素

建立顾客忠诚的前提和基础是对影响顾客忠诚的因素进行全面分析和把握，具体来讲，影响顾客忠诚的因素可以归纳为以下几个方面。

1. 内在价值

顾客忠诚的首要理由就是价值。价值包括质量、服务和价格，这三个方面成为企业吸引和留住顾客的切入点。

（1）精良的质量

从行为角度讲，顾客忠诚的第一表现是重复购买，实现再购的前提是产品必须得到消费者的认可，使消费者对本品牌的产品形成一定程度的偏好。因此，产品质量是建立顾客忠诚的基础。稳定而优质的产品质量是企业维系顾客忠诚的根本，随着买方市场的日益成熟，对质量含义的界定有了更高的要求。对这一问题进行深入探讨的权威理论是美国哈佛大学 DrKano 教授提出的质量三度理论。他根据产品或服务质量对提高顾客满意度的不同作用将质量分为三种，即预设质量、预期质量和潜愉质量。预设质量就是消费者对所有同类产品或服务质量的最基本要求,满足此项要求不能提高顾客的满意度,但是不满足此项要求则会降低顾客的满意度。预期质量是指顾客为达到其满意水平而提出的质量要求,满足此项要求能提高顾客的满意度。潜愉质量是指出乎顾客预料之外的能使他们高兴的质量。预设质量也就是市场上同类产品或服务的一般标准,也是最低标准,如果企业不能满足消费者的这项要求,就没有资格开发该类产品或服务。而预期质量是消费者根据企业广告所宣传的产品和企业的形象而在心中形成的一种预期的质量。所以,一方面,企业要加强对目标消费群体的宣传和教育,提高消费者对本企业产品或服务的预期质量,这个前提就是企业能够达到消费者的预期要求;另一方面,企业的宣传要适度,以免使消费者对企业的预期过高而感到失望。对企业来说,最有价值也是最能提高消费者满意度的办法就是设法提高潜愉质量,给消费者一个意外的惊喜。

(2) 优质的服务

美国一家咨询公司的调查数据表明,顾客从本品牌转向另一品牌的原因有 70% 归于服务。随着市场竞争的加剧和新技术的飞速发展,企业间的产品在功能、款式、质量、价格等方面的差异越来越小,与此相应,服务越来越成为创造竞争优势的重要因素。

(3) 优惠的价格

企业的利益建立在顾客的利益基础之上,企业的价值链和顾客的价值链紧密相连。因此,企业应不断地降低成本,在低成本的基础上给顾客超值的回报,并以此得到顾客的价值认同。

2. 顾客让渡价值

顾客让渡价值是指顾客对其所能感知到的收益与其在购

买产品或服务时所付出的成本进行权衡后而得出的总体评价。顾客让渡价值的大小主要取决于对顾客总价值的感知和对顾客总成本的感知两个因素。通常来说，企业和顾客间的关系终究是一种追求各自利益与满足的价值交换关系，顾客忠诚的对象是企业提供的优异价值，企业让渡给顾客的价值对其忠诚的产生发挥着重要作用。Blackwell等学者提出的价值-忠诚度模型就印证了这一点：顾客让渡价值的大小在很大程度上决定了顾客满意度的高低，而顾客满意度的高低在一定程度上又决定了顾客忠诚度的建立。可见，顾客让渡价值的大小直接影响顾客忠诚度的建立。

3. 顾客满意

顾客不满会导致顾客流失，而顾客满意未必能保证顾客忠诚。研究表明，顾客忠诚度的获得必须有一个最低的顾客满意度水平。在这个满意度水平线以下，忠诚度将明显下降；在该满意度水平线以上的相对大的一定范围内，忠诚度不受影响；满意度达到某一高度，忠诚度会大幅度提高。顾客满意是导致重复购买的最重要的原因，也是形成顾客忠诚的关键因素。

4. 顾客信任

信任是构成顾客忠诚的核心因素，因为顾客忠诚取决于顾客对于自己信任的企业产品或服务的购买。研究显示，信任使购买行为决策的实施变得简单易行，同时也使顾客对于企业产生购买依赖感。因此，要成功地建立高水平的长期顾客忠诚，必须把焦点放在顾客信任上。

5. 转移成本

转移成本是消费者重新选择一家新的产品或服务供应商时的代价，它不仅包括货币成本，而且包括由不确定性而引发的心理和时间成本。转移成本的加大有利于顾客忠诚的建立和维系。[①]

第五节　顾客反馈

顾客反馈是顾客将自身在购买和使用产品或服务过程中的感受传递给企业的过程，也是企业获得市场信息的有效途径。畅通的顾客反馈可以帮助企业了解市场消费者对本企业产品或服务的看法、建议甚至不满，从而帮助企业有针对性地改进产品研发、生产、销售以及售后服务等各项流程，不断提高顾客满意度，改善企业经营效率和效益。因此，顾客反馈对于每一个企业都是非常重要的。

ISO 9001：2000 标准也明确提出："顾客反馈过程是质量管理体系的一个重要部分，在第三方审核中应给予充分关注。顾客反馈是用于判断质量管理体系整体有效性的一个基本的绩效指标。"

一　顾客反馈的形式及步骤

顾客进行反馈的形式可以分为被动反馈和主动反馈两种。

1. 被动反馈

在这种形式下，顾客处于被动的地位，即如果企业没有主动向顾客询问或征求意见，这些顾客是不会将自己对产品的感受告诉企业的。造成这种现象的原因很多，可能是顾客

[①] 周秀玲、王信东：《顾客忠诚的驱动因素分析及培育模式探讨》，《商场现代化》2006 年第 4 期。

太忙，或者想向企业反馈却不知道途径是什么。这种顾客应该说是占绝大多数。

2. 主动反馈

顾客会主动联系企业，告诉企业他们使用产品的感受。而这种主动反馈的前提是要有非常积极的顾客。生活中只有少于5%的顾客对于产品有很强烈的想要表达的愿望，然后花时间主动与有关人员交流和沟通。

因此，企业必须建立一个顺畅高效的反馈流程，主动去征询顾客建议或意见。

这个步骤建议如下。

第一，收集顾客反馈信息。按照 ISO 9001：2000 标准，组织可以使用的方法包括以下几种。

（1）面对面的评价。很多服务型组织适合使用这种方法。例如，宾馆询问"你和我们在一起感觉怎么样？"或饭店称"我希望您用餐愉快"。

（2）定期地或在产品和服务交付后，进行电话回访或走访。

（3）组织亲自或委托独立的市场研究机构进行问卷调查。

（4）通过与顾客的其他联系，如通过服务或安装人员获得顾客反馈。

（5）在组织内部询问与顾客有联系的人员。

（6）对重复发生的业务进行评价。

（7）对应收账目、保修索赔等进行监视。

（8）对顾客抱怨进行分析。

有很多因素会影响组织采用的方式，并没有固定的模式。应当予以适当考虑的因素如下。

（1）组织的规模和复杂程度。

（2）产品的复杂或精密程度，以及顾客的成熟程度。

（3）与产品有关的风险。

（4）顾客群的多样性。

第二，进行内部沟通。顾客反馈的信息不应只由客服部门占有。因为顾客反馈的内容可能涉及企业内部不同的部门，因此，顾客反馈的内容应该成为组织日常沟通的一部分，企业要充分利用内部刊物、内部网、公告板等来共享顾客反馈的趋势以及反馈细节上的问题。当员工们知晓了顾客反馈的趋势，才有可能为改善流程做更好的准备，才能带给顾客正面的影响，顾客满意才会在每个人的脑子里变得根深蒂固。

第三，落实顾客反馈。收集和分析顾客反馈是一种费时费力的工作，但如果企业不对分析结果做出反应，那么这些费了很多时间和努力才得来的信息也就变得毫无价值。落实顾客的反馈才是组织最终要出击的地方。

二　顾客反馈的原则

有效的顾客反馈的原则主要有以下七条。

（1）不要等待顾客联络你，要主动接触顾客并询问你做得如何。

（2）保持捕获顾客反馈的途径，使它尽可能简单迅捷和与时俱进。

（3）记住顾客反馈是第一位的前导性指标，这与企业中的大部分指标不同。这就是为什么顾客反馈对一个组织的成功是那么重要。

（4）快速采取行动，顾客反馈的情报价值不会持续太久。

（5）使用可以被各种人一直应用的工具，不要把捕获和分析顾客反馈当成偶然发生的事件。

（6）在整个组织内部分享顾客反馈的趋势，越多的人体察到顾客的需求，企业的改进就会越大。毫无疑问，组织中每个人的行为都会影响到顾客最终的满意度。

（7）落实顾客的反馈意见，如果你不采取措施并及时落实，那么整个过程就前功尽弃了。①

三 顾客投诉

在所有的顾客反馈中，最重要的当属顾客投诉。顾客自发提供的反馈往往只是他们的抱怨。组织应当对顾客的抱怨进行分析，以从中发现趋势、关键问题和相关的影响等。但是，必须强调的是，监视顾客感受时不能仅将顾客抱怨作为输入，还应当避免只根据个别抱怨就做出结论，并且应当评价这些抱怨对质量管理体系的整体影响。

对顾客投诉的早期研究始于20世纪70年代，主要致力于顾客对投诉的态度，以及对顾客投诉或不投诉的原因分析。② 在过去的30多年中，学者们对于顾客投诉与企业反应的研究主要探究了以下问题：顾客对投诉的态度、顾客投诉与不投诉的原因、企业对顾客投诉的处理及其影响。③

由于在实际工作中，企业向顾客提供的产品或服务或多或少都会与顾客的期望值不完全一致，因此顾客投诉对于企

---

① 《有效顾客反馈的原则》：《品质·文化》2006年第7期。
② 冯青：《国外顾客投诉研究及其启示》，《外国经济与管理》2005年第10期。
③ 王勇、庄贵军、刘周平：《企业对顾客直接投诉的反应及其影响》，《管理学报》2007年第5期。

业来说是不可避免的。从企业经营角度而言，可将顾客投诉视为一枚硬币的两个方面。一方面，顾客之所以进行投诉，是因为企业的产品或服务并没有满足其需求，如产品本身的缺陷、服务人员的态度等引起顾客不满。如果企业对顾客投诉重视不够，未能及时处理回复，必然会引起连锁反应，最终对企业的经营产生巨大的不良影响。可口可乐公司委托 TARP 公司做过一个调研，发现对投诉结果感到满意的顾客只将这个正面体验传播给平均 4~5 人。但对投诉结果感到不满意的顾客不仅转换供应商，而且会将负面体验传播给平均 9~10 人。其结果是，对企业来讲，损失的不仅是不满意顾客的下一次交易，而且是长期的来源于这个顾客及其亲朋好友的利润流。显然，从这个角度来讲，对投诉处理不当对企业是灾难性的。另一方面，只有对于顾客是重要的产品或服务，顾客才会进行投诉。顾客进行投诉时也会有成本，如时间、金钱上的付出，以及心理压力。因此，顾客投诉可以帮助企业弄清在相应的业务流程中到底哪里出了问题，从而有效地帮助企业进行有针对性的持续改进。

既然顾客投诉存在两方面的影响，企业就应该重视处理顾客投诉工作。

首先，企业应利用各种渠道搜集相关信息，以做出快速反应。按照 ISO 9001：2000 标准，组织应当对可能暗示顾客满意或不满意的迹象保持警觉，可以将这些信息看成对顾客反馈过程进行审核的输入。此类信息的好的来源主要包括以下内容。

（1）顾客的退货。

（2）顾客要求保修。

(3) 经过修改的发票。

(4) 信用记录。

(5) 媒体上的文章。

(6) 消费者网站。

(7) 直接观察顾客或直接与顾客沟通（如在服务型组织）。

其次，在面对顾客投诉时，应确保相关部门或员工具备换位思考的意识，能够站在顾客角度去看待问题，并迅速做出反应。TARP 的研究表明，对投诉的回应越迅速，越容易恢复顾客对产品的满意度和忠诚度。TARP 的研究还表明，如果顾客的第一次投诉就能得到解决，顾客满意度与忠诚度的提升比多次投诉才得到解决的高出 10% 以上。[1]

---

[1] 许艳萍：《论顾客投诉处理与顾客忠诚度的培养》，《商场现代化》2006 年第 5 期。

第四章
顾客关系质量

第一节　顾客关系质量的概念和内涵

企业在日常经营过程中，会与方方面面产生各种各样的关系，如企业与内部员工、部门的关系，企业与价值链上的供应商、经销商、合作者或竞争对手等的关系，企业与宏观环境中的政府、公众的关系，以及企业与顾客的关系，等等。这些关系会从不同的方面对企业产生各种影响，它们之间的区别无非就是其影响的角度和程度不同而已。商业竞争的加剧和经济全球化的趋势以及买方市场格局的形成，使得顾客的角色不断发生转变，从单一的消费者变成多角色，如消费者、共同经营者、价值共同创造者、知识和能力的共同创造者等。因此，企业在经营活动中，不仅需要深入探讨企业与最终顾客的关系质量问题，也需要面对企业与其他利益相关者的关系质量问题。

根据李蔚提出的"大顾客"概念，除了与顾客之间的核心交易关系之外，其他利益相关者也与企业之间存在现实或隐性的交易关系，也就是说，都可以将他们看作企业的广义顾客。对于企业而言，广义顾客是指企业提供产品和服务所涉及的内部和外部的对象，它不仅包括传统意义上的下游消费群体，而且还包括上游的供货商和企业内部员工。这是一个多层次的分类标准，整合了以企业为中心的供应链环节，克服了传统观念中只把下游买方定义为顾客的局限性，拓宽了顾客定义的内涵与外延。

因此，在研究顾客关系质量问题时所涉及的"顾客"二字是一个广义的概念，研究的重点集中在企业与广义顾客的关系质量问题上。

一 顾客关系质量的概念

关系质量理论是萌芽于关系营销理论的一种新理论，它以人际关系研究范式为主，整合了交易成本、关系接触与新古典经济学等多方面的研究方法，运用经济学、社会学和心理学等多学科知识，研究顾客与企业之间的关系满足双方需求的程度，并对关系效果进行认知评价。

对"关系质量"的研究兴起于服务营销领域，是关系营销理论中一个比较重要的概念。随着关系营销理论得到越来越广泛的接受，建立与各方持久的"关系"成为许多企业关注的工作重点。但在实践中，很多企业花费了大量的心血来建立并维系"关系"，但实际效果却并不明显。辛辛苦苦建立起来的"顾客关系"在竞争对手小小的诱惑面前不堪一击，每天都有顾客在流失。这些企业的管理者到底应该怎么理解"关系"二字？是什么决定了企业与"顾客"的关系？在众多学者的探索中，"关系质量"逐渐浮出了水面。对于企业来讲，建立与顾客的关系只是强调了"量"的概念，在此基础上还应该重视"质"的概念。关系各参与方的关系质量是关系持久性和强度的重要决定因素，也是关系是否取得成功的重要决定因素。

　　质量的含义很丰富，使用得很广泛。国际标准化组织对质量的定义是：反映产品或服务满足明确或隐含需要的能力的特征和特性的总和。具体地说，质量的含义分两类：一类是产品和服务的特性符合给定的规模要求；另一类是产品和服务满足顾客期望，也就是"符合规定（标准），满足需求"。

　　在服务营销领域，关系质量的概念容易混淆。关系质量的概念可以被理解为"关系中的服务质量"或者"关系的质量"。这两个定义的不同点在于，前一个定义关注服务质量的关系范畴，而后一个定义则认为关系质量是"关系的各个方面的质量"，如产品服务关联方面、财务经济关联方面、互动过程关联方面以及其他社会心理方面。[①] 在此，我们倾向于采用后一个定义，即关系质量关注关系的所有方面。

　　随着"交易营销范式"向"关系营销范式"的转变，对于质量范围的研究也由单个交易中的产品质量转向基于资源和过程的关系质量。关系质量作为一个新概念，具备一定的特征，与服务质量、满意、结果和价值是有区别的。高水平的关系满意、信任和关系承诺，以及低水平的冲突是长期、高质量关系的重要特征，并以企业相关利益方之间的频繁互动为特征，为双方都带来利益。

　　目前对关系质量相关的研究已经在许多领域展开，如互动网络途径、社会交换途径、B2B、服务营销和关系营销等领域。研究内容主要集中在关系质量的维度模型、顾客购买行为及对企业绩效的影响等方面。

---

① 谢延浩：《基于关系质量的渠道行为机理研究》，南京理工大学硕士学位论文，2004。

国内外理论界对"关系质量"的界定和架构还没有达成一致的认识。普遍接受的说法是 Crosby 等的研究。他们主要是从销售服务范畴来研究关系质量的。他们从个人间影响的视角考察了关系质量的自然属性、前因后果,从顾客的角度来定义关系质量。关系质量来源于顾客对销售人员减少顾客不确定性感知的能力,过去绩效水平与顾客的满意期望相一致,使得顾客能够依赖于销售人员的诚实,并对销售人员的未来绩效充满信心。他们认为,"关系质量是一个高次架构,由至少两个维度组成,一是销售人员的信任,二是销售人员的满意,可以将其作为长期服务销售关系的现在和未来的两个可信指标"。他们在对从事人寿保险的销售人员及其顾客样本的研究中发现,关系质量将显著影响销售人员与顾客之间在未来的互动,专门知识显著影响关系质量,未来的销售机会在很大程度上决定了销售人员与顾客之间所建立的关系的质量。他们还发现,关系质量将对顾客未来承诺的期望产生显著的影响,关系质量提供了一个持久的约束,即保证销售人员能够继续满足顾客的期望(满意),避免蓄意地歪曲信息或败坏顾客的兴趣(信任)。表4-1列举了部分学者对关系质量的定义。

表4-1 部分学者对关系质量的定义

学者(时间)	定义
Levitt(1986)	认为关系质量是一组无形价值组合,而这些无形价值可以直接影响买卖双方的交易结果
Gummesson(1987)	认为关系质量是消费者所接触到的四种类型的质量之一,是"与顾客互动的质量",作为顾客感知质量的组成部分,高的关系质量能够引起顾客对质量的正向感知并搭建长期业务关系的舞台。该质量概念被吸收到诺丁学派的总体服务质量的概念架构中,将关系特性作为与顾客相关的特性来研究

续表

学者（时间）	定义
Legaee，Dahlstrom，Gassenheimer(1990)	从社会心理学角度来探讨关系质量，认为关系质量是购买者对销售人员的信任，以及对其关系的满意程度
Crosby，Evans，Cowles(1990)	认为关系质量是指销售人员减少顾客不确定性感知的能力。如果销售人员过去表现得一直令人满意，顾客就会信任他们是诚实(Integrity)的，并因此对销售人员未来的表现有信心
Crosby et al. (1990)；Sheth(1998)	关系质量实际上是关系双方基于他们交往历史上的一系列成功或失败的经历而对渠道关系产生的一个总体评价，它能够表明目前的这种关系是否能够满足关系双方的要求和期望
Lagace，Robert Dahlstrom，Gassenheimer(1991)	从社会心理学角度来定义关系质量，认为关系质量是消费者对销售人员的信任，即对关系的满意程度
Buttle(1995)	认为能体现正面价值特征的关系是高质量的
Liljander，Strandvik(1995)	根据顾客感知的特点，将服务行业中的关系质量定义为顾客在关系中所感知到的服务与某些内在或外在质量标准进行比较后的认知评价
Hennig-Thurau，Klee(1997)	试图提出具有一般意义的关系质量概念，认为除了由特殊人员减少顾客的不确定性感知之外，还有一些重要的因素值得考虑，如交易效率、其他方面交易成本的减少、社会需求的满足等标准
Hennig-Thurau，Klee(1997)	认为关系质量同一般产品质量概念一样，可视为关系对顾客的关系型需求的满足程度
Maria Holmlund(1997)	对关系质量下了一个动态的定义，认为感知关系质量就是"顾客－供应商"双边关系中两个企业的关键人物对商业互动的共同认识评价，评价中包括与相似类型的潜在备选对象之间进行互动比较，该项评价代表了比较标准。关系质量是顾客与服务提供者在长期的互动关系中所形成的动态的质量感知

续表

学者(时间)	定义
Seignour(1998)	强调顾客忠诚依赖于在长期不同的"真实的瞬间"中发展的关系的质量
Smith(1998)	关系质量是一个包含各种正面关系结果的变量,反映了关系的总体强度,以及关系人在需求以及期望上的满足程度。关系质量是一个包含各种正面关系结果的高阶建构(High-order Construct),反映了关系的总体强度,以及关系人在需求和期望上的满足程度
汪纯孝等(1998)	关系质量是买卖双方的满意感和信任感
Buttle(1999)	强调高的质量关系能够创造价值,可以认为至少是一方的成功
Gronroos(2002)	从顾客的观点定义关系质量,认为关系质量是指顾客与服务提供者在长期的互动关系中所形成的动态的质量感知,是顾客对服务质量长期的、连续的感知过程
刘人怀、姚作为(2005)	关系质量是关系主体根据一定的标准对关系满足各自需求程度的共同认知评价。其实质就是指能够增加企业提供物的价值,加强关系双方的信任与承诺,维持长久关系的一组无形利益

资料来源:根据相关学者文献资料整理。

从以上定义不难看出,大多定义着重在两个层面进行探讨。

第一个层面是 B2C 层面,主要探讨企业与顾客个人行为对关系质量的影响。这种研究通常可以归根于两类市场:一类是传统意义上的消费者市场(比较强调的是制造业企业),其强调的是顾客(最终消费者)对企业销售人员的服务质量与工作态度的看法与感觉;另一类是服务业中买卖双方关系质量的建立与维持,通过服务业中买卖双方的互动,分析道德与销售行为对关系质量的重要性与影响,强调双方共同努力对关系进行一定的资源投入，只有这样才能保证一定的关系质量。

第二个层面为 B2B 层面，主要探讨组织间的整体行为和组织文化对关系质量和关系绩效的影响，偏重于探讨环境与组织因素对关系质量及绩效的影响。如企业与渠道成员（供应商、中间商）的关系质量研究。

除了以上两个层面外，在现有的研究中，针对政府机构、媒体组织、社会团体等企业利益相关方的关系质量研究还极为少见。

二 顾客关系质量的内涵

姚作为在《关系质量的关键维度——研究述评与模型整合》一文中对顾客关系质量的相关文献进行了详细的梳理，现介绍如下。

(1) 关系质量是顾客或企业感知总质量中的一部分（Roberts et al., 2003; Liljander and Strandvik, 1995; Holmlund, 2001; Hennig-Thurau and Klee, 1997; Storbacka, Strandvik and Gronroos, 1994），是指顾客（或企业）从感知的角度，按照一定的标准对双方关系状态的主观评价。

(2) 关系质量是价值创造过程中的无形提供物。关系质量的形成无疑离不开实体产品或服务中有形部分的支持，但它代表的是互动关系中所蕴含的价值创造过程中的无形提供物（Liljander and Strandvik, 1995; Holmlund, 2001），也就是为双方带来共赢的信任、承诺、尊重等无形价值。

(3) 关系质量意味着关系对买卖双方需求的满足程度（Levitt, 1983; Holmlund, 2001; Hennig-Thurau and Klee, 1997）。关系之所以存在，是因为买卖双方均能从关系中获得需求的满足，而各自的需求主要体现为对关系价值（Ravald and Gronroos, 1996）的期望与确定（Liljander and Strandvik, 1995; Holmlund, 2001）。因此，高关系质量往往代表各方对关系提供给自己的价值与期望符合程度的评价高。

（4）关系质量强调的是对买卖双方之间存在问题的娴熟处理能力的关注（Gummesson, 1987）。由于信息的不对称与各自立场以及感知角度的不同，顾客与企业在合作的过程中均会面临不少困难。关系双方在尽力使交易行为程序化、惯例化的同时，还应该采取各种办法与手段来公平处理交易中存在的问题，以维持良好的信任关系。因此，对长期以来关系中出现问题的处理能力与娴熟程度，就预示着不同的关系质量。

（5）关系质量是关系双方之间的心理契约的重要指标。心理契约是组织行为理论中的一个重要概念，原意是指对企业与雇员之间的互惠协议的感知（Kotter, 1973）。学者Blancero和Ellram认为，心理契约是各类关系中隐含的内生变量。关系良好的买卖双方之间往往不仅存在具有正式约束力的长期交易契约，而且存在具有非正式约束力，但影响更深远的心理契约，而关系质量恰好是反映心理契约坚固程度的重要指标。

关系质量具有以下特点。

（1）对关系质量的评判具有很强的主观性。关系质量是在一定的环境和情境下，由关系双方根据自身的需要或期望而产生的一种感知，是对关系行为的主观评价。这种评价依据不同的人、不同的环境会表现出不同的程度。因此，在实际生活中就可以看到对于同样一种企业行为，不同的顾客会有不同的反应。这要求企业采取换位思考的思维方式，在关注顾客关系质量时，要站在顾客的角度进行评价。

(2) 关系质量具有变动性。关系质量不是一成不变的，当顾客的需求发生变化时，企业与顾客的关系质量也会随之改变。顾客总是处于变化之中，无论是需求，还是其他方面，企业应意识到这一点，在处理顾客关系时，要采取一种动态的观点，持续监控顾客的变化，并相应调整自身的策略。

(3) 关系质量具有价值性。关系的价值收益率是关系双方判断关系质量的核心要素。对企业特别是服务性企业来说，提高顾客关系质量既对企业有利，也可以给顾客带来价值。企业通过提高或改善顾客关系质量，可以向外部顾客提供比竞争者更多的价值，有利于提高企业顾客的满意程度，使顾客成为常客和忠诚者，使组织获得更大的市场份额。与吸引新顾客相比，留住老顾客可极大地节省企业的营销费用和启动性服务费用。同时，企业为熟悉的顾客服务，还可提高劳动生产率，降低服务费用。此外，提高顾客关系质量还可以为组织的内部顾客提供良好的发展和工作环境，提高工作效率和效果。对于顾客来讲，与企业建立良好的长期关系有利于顾客降低购买风险，节省在信息搜集、选择评估等购前活动中花费的时间、精力和金钱，减少顾客的交易成本和决策成本，并从企业获得诸如信息服务和咨询服务等优质的核心服务和更多的额外服务，从而提高消费价值。

(4) 关系质量具有绝对性。无论哪个顾客，都是社会中的一员，每时每刻都处在人际关系网中，都会对关系有着期望与需求。这要求企业必须正视关系对企业经营的影响，注重关系质量的评价和改善，以此不断提高企业的经营效率和效果。

(5) 关系质量具有复杂性。英国著名科学家霍金说："复杂性将是 21 世纪的科学。"顾客关系质量蕴含一系列活动，在这些活动背后还隐含着一些关键要素，这些要素之间相互影响、相互作用,使关系质量呈现一种复杂的结构,增加了企业的管理难度。

第二节　顾客关系质量的关键维度及模型

一　关系质量的关键维度

关系质量的程度到底如何?应该从哪些方面入手进行评价和改善?这就涉及关系质量的维度问题。

对关系质量关键维度的研究可谓学说众多、意见纷呈。近年来,国内外对关系质量的研究很多,现将各学者的相关研究整理如下(见表4-2)。

表4-2　对关系质量关键维度的总结

学者(时间)	关键维度
Dwyer, Schorr and Oh(1987)	信赖、承诺
Crosby, Evans and Cowles(1990)	信任、满意
Lagace, Dahlstrom and Gassenheimer(1991)	信任、满意
Morgan and Hunt(1994)	信任、承诺
Storbacka, Strandvik and Gronroos(1994)	满意、承诺、沟通、联系
Palmer, Bejou(1994)	关系满意、卖方信任、卖方的顾客导向、销售导向、销售技能、销售道德
Kumar, Scheer and Steenkamp(1995)	信任、承诺、冲突、对关系投资的意愿、持续的期望
Wilson(1995)	信赖
Wilson, Jantrania(1996)	信任、满意、保障、目标相容、专用性投资
Hennig-Thurau and Klee(1997)	信任、承诺、整体质量感知

续表

学者(时间)	关键维度
Smith(1998)	信任、满意、承诺
Johnson(1999)	信任、公平、减少机会主义
Naude,Buttle(2000)	信任、权利、需求、整合、利润
Garbarino,Johnson(2001)	信任、满意、承诺
Holmlund(2001)	分为过程与结果两个领域,每一领域均包含技术、社会与经济3个维度,故称为12维度关系质量模型。首先,在技术维度中,技术进一步分为过程类型(设计、生产、库存控制、运输、维修与补救)、过程特性(可靠、创新、能力的使用、速度、有形资源的使用、灵活与安全)与技术结果(可靠性、创新性、一致性、美观性与耐久性)3个子维度。其次,在社会维度中,结果被分为个人(感染力、信任、相知、尊敬、亲和力与喜悦)与企业(内部凝聚力、吸引与信任)两个层次,过程的子维度则与个人结果的子维度完全相同。最后,在经济维度中,结果按成本收益被区分为关系利益(具有竞争力的价格、规模、边际利润、生产率提高与隐性关系奖励)与关系成本(直接关系成本、间接关系成本与隐性关系成本)两个部分,而过程则被分为定价、成本计算和生产率3个子维度
Parsons(2002)	承诺、共同目标与关系利益
Roberts,Varki and Brodie(2003)	信任、满意、承诺、冲突
Colgate(2003)	信任、满意、承诺、社会联系、冲突解决
Ka-shing Woo,Christine T. Ennew(2004)	合作、适应性、氛围
韩小芸、汪纯孝(2003)	信任、满意、承诺、持续的期望
陶勇	关系强度、关系的持久性、关系频率、关系的多样性、关系的灵活性和关系的公平性
刘人怀、姚作为(2005)	信任、满意、承诺
金萍、赵民杰(2005)	满意、承诺

资料来源:根据国内外相关文献整理。

由表 4-2 可以看出，国内外学者对于关系质量关键维度的研究可谓百家争鸣。这些学者立足不同的行业背景，从不同的研究角度提出了自己的看法，极大地丰富了相关理论领域的成果。但是这些研究也给实践者带来了困惑，面对如此众多的因素，到底哪一个是相对合理的？对此，没有一个确定的答案。不同的行业在应用这些理论时，应该选择最适合自己的维度。

综合以上各位学者的观点，我们认为影响顾客关系质量的关键维度应该包括四个，分别为信任、满意、沟通、持续改进。

1. 信任

信任是顾客关系存在的基础，也是顾客关系质量的关键要素。无论在社会领域还是企业管理领域，信任都受到了广泛的关注。最早开始对信任进行探讨的是心理学家，他们研究的主题是信任对人际关系的影响。一般而言，信任就是一方相信另一方，或是相信双方关系的程度。在社会科学中，信任被认为是一种依赖关系。值得信任的个人或团体意味着他们寻求实践政策，恪守道德守则，遵守法律和其先前的承诺。

企业与顾客之间的关系质量在很大程度上取决于双方彼此的信任程度，而这种信任程度体现了双方是相互依赖的，表现为双方至少有某种程度的利害相关，一方利益必须靠对方才能实现。同时，这种信任是一种理性与感性相结合的产物。一方面，信任的建立是以理性决策为前提的。企业与顾客双方在交换过程中只有获得被信任者值得信任的证据，如口碑、意图、能力、可靠性及表现出的善意等，信任者才会依其信任倾向来决定是否信任对方。另一方面，信任又受到价值观、态度、心情及情绪交互作用的影响，纯粹是一组心理活动的产物。个人的情感状态会影响信任经验，并影响对被信任者可信任性的判断。认知性及情感性的元素同时存在于信任之中，如果只有情感而没有理性认知，信任就成了盲目的信心。反过来说，如果只有理性认知而没有情感性元素，则信任只是冷血的预测。因此，信任通常是情感与理性思考之混合体。

顾客信任感是顾客在对企业的能力、善意以及可信性进行了解、评价的基础上逐渐形成的，是顾客对企业认知性评价的结果。从市场竞争的角度来讲，顾客与企业之间的信任是应对竞争压力的有力武器，是企业核心竞争力的一种体现。

信任本身又可以包含不同的维度，总体而言，基本上可以将信任的维度归为四个：承诺、能力、善意与可信性。

（1）承诺

承诺是承诺者做出的保证，目的在于满足组织内外部顾客的要求。承诺是信任的第一步，只有给对方做出充分的承诺，才能获得对方的信任。由此可以看出，在顾客关系质量的维度中，信任是可以包含承诺的，这也是持这种意见的学者与其他学者观点不同的地方。

（2）能力

仅做出承诺并不能必然建立信任。承诺的一方必须让对方认为自己有能力满足其需要。因此，任何一方在做出承诺之前，必须对自己的承诺事项充分理解，换句话说，就是要非常清楚自己的能力是否充足，需要对自身的产出能力和所用的工作时间做出恰当的自我评估。

（3）善意

善意是指一方认为另一方的行为是善意的，不会损害自己的利益。善意让信任者确信被信任者不会伤害自己且会保护自己的利益，因而愿意信任对方。

（4）可信性

可信性是指一方认为对方会遵守诺言，值得信任。承诺方做出承诺后，对于另一方而言就意味着承担了一定的风险，即承受对方行为伤害的风险。信任者在多大程度上信任对方，取决于对方的可信程度，因此，可信性决定了双方信任过程的持续进行。

2. 满意

在前面的章节中，本书已经对顾客满意进行了探讨。随着市场竞争的日趋白热化，企业之间的竞争已开始从基于商品价格的竞争转向基于顾客资源的竞争，顾客资源正在逐渐成为企业最重要的资源。关注顾客、研究顾客、探讨如何使顾客满意，已经成为现代企业取得竞争优势不可或缺的要素。顾客满意已经成为成功企业最基本的战略、目标和竞争手段之一。

3. 沟通

沟通是人与人之间、人与群体之间思想与感情的传递和反馈的过程，以求思想达成一致和感情的通畅，是建立关系的重要手段。在现代信息社会，管理的本质和核心是沟通，管理的难度和难题也就是沟通的难度和难题。有关研究表明，管理中70%的错误是由不善于沟通造成的。沟通是合作的基础，著名组织管理学家巴纳德认为，"沟通是一个把组织的成员联系在一起，以实现共同目标的手段"。

顾客关系质量在很大程度上受到企业与外部的沟通和企业内部的沟通两方面的影响。企业与外部的沟通主要包括与客户、供应商、媒体、业界、社区、政府部门等的沟通。外部沟通的主要目的是希望与对方达成共识，建立长期互信的关系。所以沟通的方式必须考虑如何实现双赢，通过沟通消除对方疑虑，获取信任基础。内部沟通则是在企业内进行的沟通，包括纵向沟通和横向沟通。纵向沟通可以让员工更好地理解企业的环境，乐于执行自身所承担的任务。横向沟通则是同级员工之间的沟通，有效的横向沟通，可以消除彼此的误解，增进对对方情况的了解，取得更好的合作。

4. 持续改进

持续改进简称ECI。E即Every，意为全领域、全员、全过程；C即Continue，意为持续不断、坚持不懈；I即Improve，意为改善、改进和创新。ISO对持续改进所下的定义为：持续改进是注重通过不断地提高企业管理的效率和有效性，实现其质量方针和目标的方法。结合以上两个定义可以得出，持续改进是企业全方位进行的改善、改进和创新，以此不断地提高企业管理的效率和有效性，实现自身的目标。具体到顾客关系管理领域，持续改进也是改善顾客关系质量的必须之路。持续改进需要注意以下几点。

第一，持续改进是为了提高企业的效率和效益。效率直接影响体系运行、企业运作的成本和企业最终的效益。要通过持续改进顾客关系管理改善顾客关系质量，提高顾客满意度，使持续改进成为企业提高整体效率和效益的一个动力源。

第二，以目标为导向实施改进，可从三个方面考虑。一是科学地设定量化指标，使整个目标优化；二是根据实践的需要及时调整不合理的指标（如果不合理的指标得不到及时调整，这些不合理的指标就会影响体系的有效性）；三是尽量剔除已经过时的、轻而易举就可以达到或不能量化的目标，使目标真正起到激励作用。

在具体设定目标时，要从质量、效率、成本和效益四个方面去考虑，各类目标经过综合平衡以后，就可以形成一个统一的目标系统。要特别注意解决顾客关系管理系统的多个过程的目标设定问题。这些过程的目标往往承上启下，是多方面以及系统目标平衡的基础。以目标为导向实施改进，也是目标不断优化的过程。对于任何一个具体目标而言，体系通过一段时间的运行，实现目标的能力就会达到一定的水平。在某个水平稳定一段时间之后，就可以考虑设定新的目标继续实施改进。以目标为导向实施改进是一个易操作、可实现的持续改进的思路与方法，企业应多加关注。

第三，进行持续改进必须注意整合性。持续改进一直是寻求竞争优势的企业的重要手段，很多企业常常为应对快速变化的竞争环境和增强整体竞争实力而同时实施多个顾客关系质量改进项目。但现代企业竞争已经发展成为一场纵深的全方位竞争，这就意味着企业为增强竞争优势所实施的改进活动必须是持续的，而不是偶然的、间断的；必须是综合的、能够为企业整体竞争实力的增强做出贡献的，而不是单个的、局部的、仅仅服务于特定业务领域的。这种整合性可以从两个方面体现出来：一方面是顾客关系质量持续改进本身的整合；另一方面是顾客关系质量持续改进与企业经营管理其他方面持续改进的整合。在各个项目或领域之间建立某种关联，使它们互相支持、互相补充，从而便于人们从根本上解决问题，做出权衡。

二 关系质量模型

在提出关系质量的关键维度后,许多学者随之提出了关系质量理论模型,现将几种主要观点介绍如下。

(1) Crosby、Evans 和 Cowles (1990)[①] 将关系质量视为一个高阶的建构,认为它至少应该包含信任和满意两个维度。他们提出的关系质量模型见图4-1,将相似性、专业知识、关系销售行为视为关系质量的外生变量,将有效销售及预期未来互动视为结果变量。

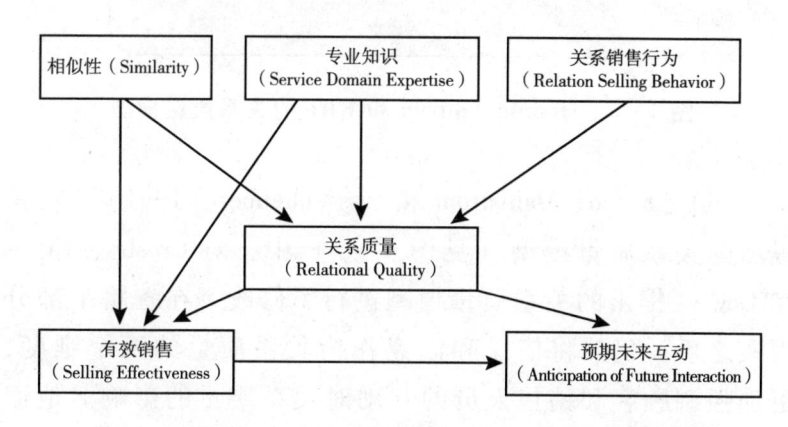

图4-1 Crosby、Evans 和 Cowles 的关系质量模型

(2) Hennig-Thurau 和 Klee (1997)[②] 认为要从整体上反映顾客的感知和对关系的评价,应将产品或服务相关的方

---

① Crosby, L. A., Evans, K. E. & Cowles D., "Relationship Quality in Services Selling: An Interpersonal Influence Perspective", *Journal of Marketing*, 1990, 54 (3), pp. 68-82.

② Hennig-Thurau Thorsten, Alexander Klee, "The Impact of Customer Satisfaction and Relationship Quality on Customer Retention: A Critical Reassessment and Model Development", *Psychology & Marketing*, 1997, Vol. 14, pp. 737-765.

面整合到一起,提出关系质量应包括整体质量感知、信任、承诺三个维度,并指出这三个维度不是孤立的,而是有着密切联系的。他们提出的关系质量模型见图4-2。

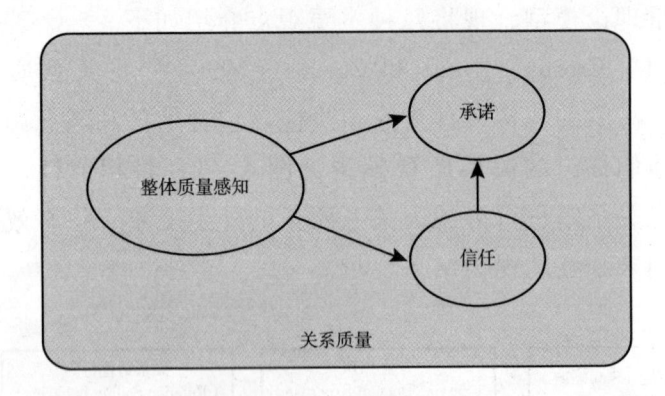

图4-2 Hennig-Thurau 和 Klee 的关系质量模型

(3) Lagace、Dahlstrom 和 Gassenheimer (1991)[①] 在其提出的关系质量模型(见图4-3)中,对 Crosby、Evans 和 Cowles 提出的关系质量模型进行了修改,在省略了部分因素之后,仍然将信任和满意作为关系质量的两个维度,更加强调顾客和销售人员的互动对关系质量的影响。他们认为,如果顾客和销售人员双方对于互动的过程都不满意,那么原本的合作关系可能早已结束;反之,随着时间的延长,双方可能发展出更值得信任的关系,故在其模型中假设关系的持续时间对于关系质量具有正向的影响。影响关系质量的主要因素包含道德行为(Ethical Behavior)、专业知识(Expertise)和关系接触(Relationship Contact)。

---

① Lagace, R. R., Dahlstrom R. & Gassenheimer, J. B., "The Relevance of Ethical Salesperson Behavior on Relationship Quality: The Pharmaceutical Industry", *Journal of Personal Selling & Sales Management*, 1991, 11 (4), pp. 39-48.

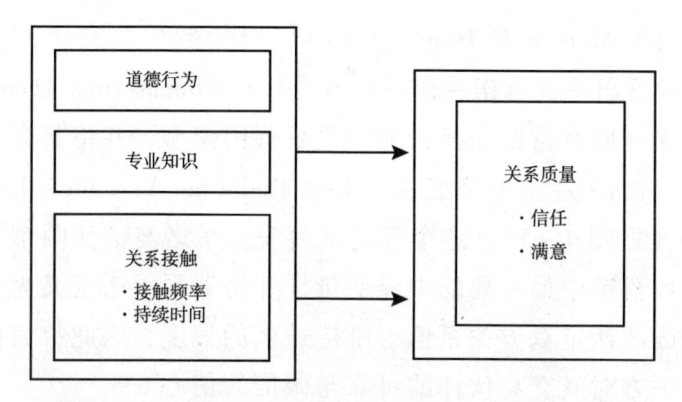

图 4-3　Lagace、Dahlstrom 和 Gassenheimer 的
关系质量模型

（4）Storbacka、Strandvik 和 Gronroos（1994）[1]从探讨关系质量与企业绩效的联系出发，考察了双方关系质量中的信任、满意与承诺等因素，并将顾客感知价值、关系力量、关系长度与关系赢利能力联系起来，以衡量企业与顾客关系的影响力以及关系所产生的绩效，从而实现交易与关系的对接。他们提出了关系质量的核心框架（见图 4-4）。

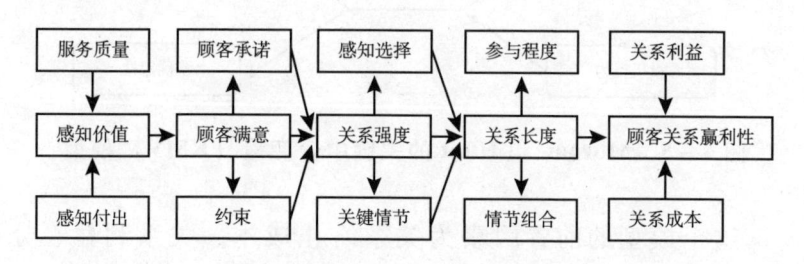

图 4-4　Storbacka、Strandvik 和 Gronroos 的
顾客关系赢利能力模型

---

[1] Storbacka K., Strandvik & Gronroos C., "Managing Customer Relationships for Profit: Dynamics of Relationship Quality", *International Journal of Service Industry Management*, 1994, 5 (5), pp. 21-38.

（5）Morgan 和 Hunt（1994）[①] 以轮胎经销商为调查对象，发展出一套承诺-信任理论（Commitment-Trust Theory），试图建立所有营销交换行为的关系营销模型，并将其命名为关系营销的关键中介变量（Key Mediating Variable，KMV）模型（见图 4-5）。这个理论认为关系承诺与信任两个变量是关系营销中最主要的中介变量，并将关系承诺定义为交易伙伴彼此认定双方关系值得维持长久的程度，因此将信任定义为一方对其交易伙伴的可靠与诚信的信心。

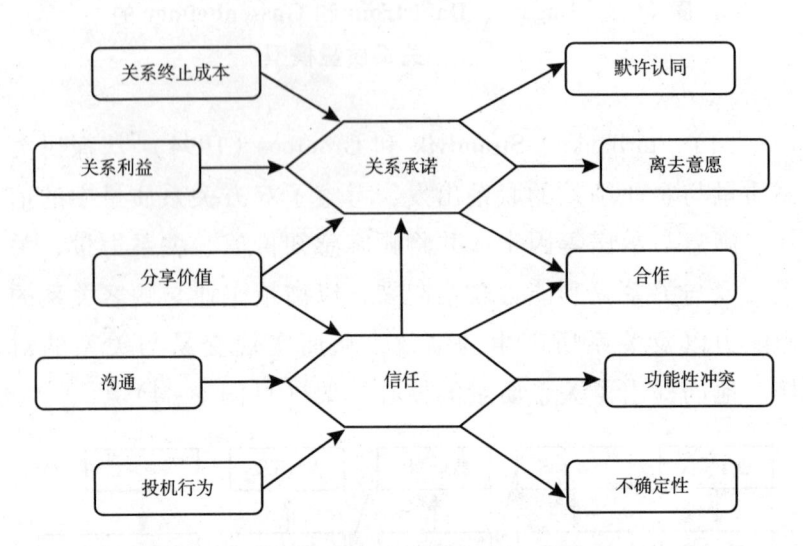

图 4-5　Morgan 和 Hunt 的关键中介变量（KMV）模型

这个模型的前置因素为关系终止成本、关系利益、分享价值、沟通与投机行为，分别影响着关系承诺与信任。随着信任的增加，关系承诺也会呈正向的增加。由于关系承诺与信任的增加，营销者会更努力地维持合作的关系，

[①] Morgan R. M. & Hunt S. D., "The Commitment-Trust Theory of Relationship Marketing", *Journal of Marketing*, 1994 (58), pp. 20-38.

重视长期关系的利益,并排除短视的决策。双方会相信交易伙伴不会有投机行为,将原本可能被视为高风险的行动的风险主动降低。

关系承诺和信任产生的五项结果为:彼此的认同增加、交易伙伴离去的意愿降低、合作增加、冲突仅具功能性、不确定性减少。

(6) Smith (1998)[①] 从买卖双方相似性(包括工作态度、性别、生命周期以及个性)的角度,考察相似性对关系管理行为(Relationship Management Behaviors)和关系质量的影响(见表4-6)。

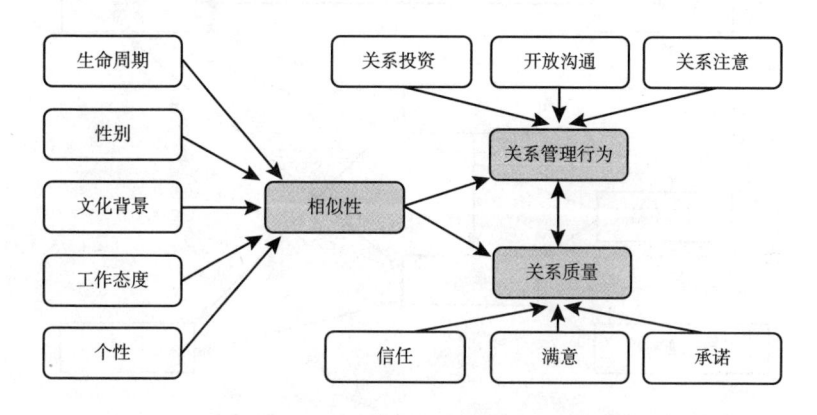

图4-6 Smith的关系质量研究框架

他认为关系质量由信任、满意和承诺构成,关系管理行为由关系投资、开放沟通和关系注意构成。他的研究结果发现,相似性特别是工作态度、性别和生命周期,对于关系管理行为有重要的影响,并通过关系管理行为对买卖双方的关

---

① Smith, J. B., "Buyer-Seller Relationships: Similarity, Relationship Management and Quality", *Psychology & Marketing*, 1998, 115 (1), pp. 3-21.

系质量造成间接影响。

（7）Hennig-Thurau、Gwinner 和 Gremler（2002）[①] 在 Gwinner 从顾客的角度出发对关系利益的研究基础上提出了整合关系利益和关系质量模型。其中，影响关系质量的前置因素——关系利益包括信心利益（Confidence Benefit）、社会利益（Social Benefit）与特殊待遇利益（Special Treatment Benefit）三项；关系质量由满意与承诺两项构成；关系质量导致的关系结果由忠诚与口碑两项构成（见图 4-7）。

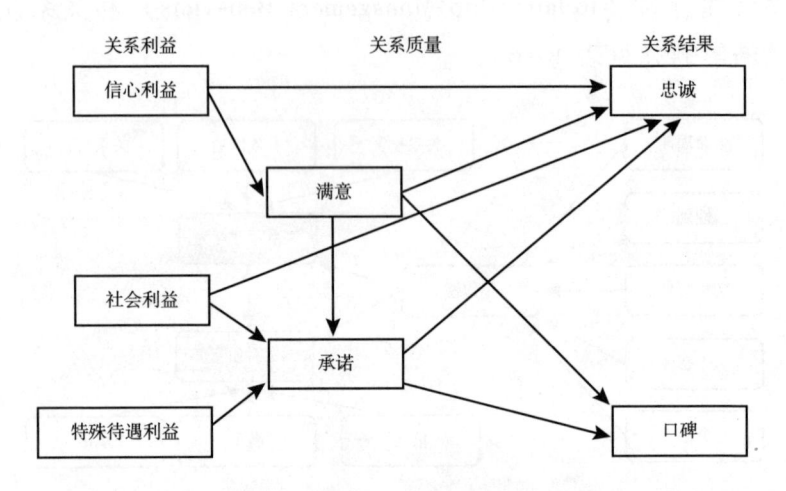

图 4-7 Hennig-Thurau、Gwinner 和 Gremler 的
关系利益和关系质量模型

信心利益是指降低焦虑的知觉与顾客对未来的服务接触感到安心；社会利益是指关系情感部分可被员工个人识别，并与员工间的熟识感以及与员工间的友谊有关；特殊待遇利

[①] Hennig-Thurau, T., Gwinner, K. P., Gremler, D. D., "Understanding Relationship Marketing Outcomes: An Integration of Relational Benefits and Relationship Quality", *Journal of Service Research*, Vol. 4, No. 5, Feb 2002, pp. 230-247.

益是指顾客取得价格折扣、快速的服务或个别额外服务。这些关系利益可以依附于核心服务上或者是对核心服务的延伸。

（8）Palmatier 等（2006）[①] 通过 Meta 分析提出了关系中介模型（见图 4-8）。

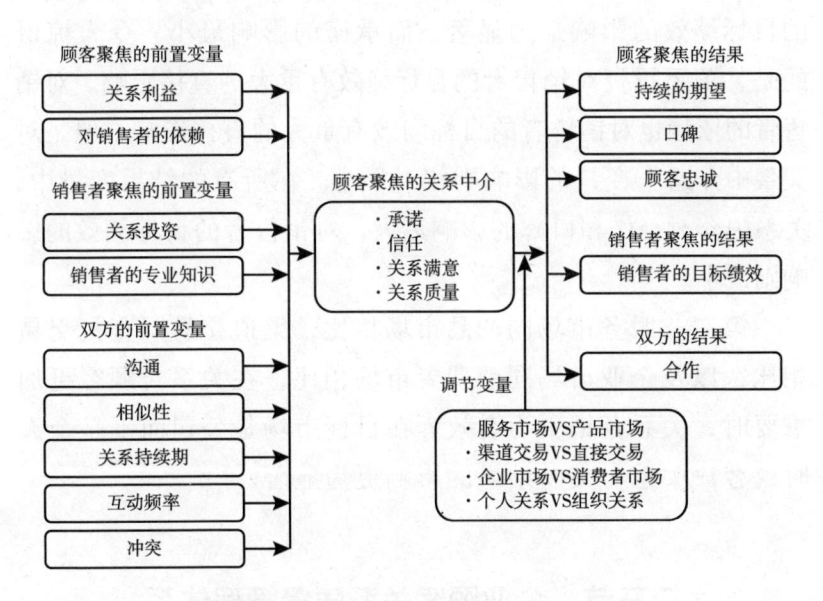

图 4-8　Palmatier 等的关系中介模型

其研究结果发现以下规律。

第一，能有效地影响关系质量的前置因素很多，但是销售者的专业知识和沟通对于关系质量的影响与关系投资、相似性和关系利益相比更加有效，对销售者的依赖、互动频率和关系持续期对关系质量的影响则相对无效。冲突造成的

[①] Palmatier, R. W., Dant, R. P., Grewal, D., et al., "Factors Influencing the Effectiveness of Relationship Marketing: A Meta-Analysis", *Journal of Marketing*, 2006 (70), pp. 136-153.

负面效果要远大于其他顾客关系管理战略（Other RM Strategy）的正面效果。关系利益、对销售者的依赖和相似性对承诺更有影响力，关系投资和互动频率则对信任更有影响力。

第二，关系质量（对于关系强度的复合测量）对销售者的目标绩效的影响最为显著，而承诺的影响最小。令人惊讶的是，关系投资对销售者的目标绩效有重大的直接影响。对销售者的依赖也对销售者的目标绩效有重大的直接影响，但是对关系中介这个变量的影响则相对很小。在所有的结果变量中，关系中介对合作和口碑的影响最大，对销售者的目标绩效的影响则最小。

第三，服务市场同产品市场相比，渠道交易同直接交易相比，以及企业市场同消费者市场相比，在关系对顾客更加重要时，关系营销更为有效。在目标市场是公司而不是个人时，客户关系对交易结果的影响更为显著。

第三节 企业顾客关系质量管理体系

一 企业顾客关系质量管理体系的概念

任何组织都需要管理。当管理与质量有关时，这种管理则为质量管理。质量管理是在质量方面指挥和控制组织的协调活动，通常包括制定质量方针、目标以及质量策划、质量控制、质量保证和质量改进等活动。实现质量管理的方针目标，有效地开展各项质量管理活动，必须建立相应的管理体系，这个体系就叫作质量管理体系。对质量管理体系的一般理解是：它是好的文件体系、一致并改进的工作，包括产品和服务。它可以有效地实现质量改进。

体系是若干有关事物互相联系、互相制约而组成的一个有机整体，强调系统性、协调性。管理体系的定义是建立方针和目标并实现这些目标的相互关联或相互作用的一组要素。根据 ISO 质量标准的定义，质量管理体系是为了实施质量管理而结合在一起的组织机构、职责、程序、过程和资源。体系中各要素彼此间是相对独立的，但其间又有相互依存的内在联系。程序是组织结构的继续和细化，也是职权的进一步补充，可使组织结构更加规范化，起到巩固和稳定组织结构的作用。程序和过程是密切相关的。有了质量保证的各种程序性文件，有了规范的操作手册，才能保证检验过程的高质量完成。质量管理是通过对过程的管理来实现的，过程的质量又取决于所投入的资源与活动，而活动的质量则通过实施该项活动所采用的方法（或途径）予以保证，控制活动的有效途径和方法制定在书面或文件化程序之中。

1. 顾客关系质量管理体系的概念

要适应不断变化的市场环境和变幻莫测的顾客需求，持续提高企业的顾客关系质量，使顾客对所处的关系满意并产生承诺，企业就必须把顾客关系质量管理作为企业管理的核心和重点，把不断提高顾客关系质量，更好地满足顾客和其他受益者的需求作为企业管理和发展的宗旨。

顾客关系质量管理是通过管理企业与顾客之间的关系质量，提高关系双方的信任度、满意度，增强关系双方的沟通，实现关系承诺的一个过程，其目的是持续改进提高关系质量。从组织的角度看，如何提高顾客关系质量，即如何建立一个顾客关系质量管理体系。顾客关系质量管理体系就是在顾客关系质量方面指挥和控制组织的管理体系，是企业为了实施顾客关系质量管理、改善顾客关系质量而设置的组织机构，确定的相应职责、程序、过程和资源。

顾客关系质量管理体系把影响顾客关系质量的技术、管理、人员和资源等因素综合在一起，使之为一个共同目的——在企业总体质量方针和顾客关系质量方针的指引下，为实现顾客关系质量目标而互相配合、努力工作。顾客关系质量管理体系包括硬件和软件两大部分。组织在进行顾客关系质量管理时，首先根据达到顾客关系质量目标的需要，准备必要的条件（人员素质、设备能力等资源）。然后通过设置组织机构，分析确定需要开发的各项质量活动（过程），分配、协调各项活动的职责和接口，通过程序的制定给出从事各项顾客关系质量活动的工作方法，使各项顾客关系质量活动（过程）能经济、有效、协调地进行，这样组成的有机整体就是组织的顾客关系质量管理体系。

2. 对顾客关系质量管理体系的理解

顾客关系质量管理体系是保证顾客关系质量管理活动开展的基石，是一个组织开展顾客关系质量管理的整体战略规划。构建一套顾客关系质量管理体系能够提高企业内部顾客之间的关系质量，增强部门及员工之间的沟通协调，提高企业的内部凝聚力，同时提高外部顾客关系质量，提高企业的市场竞争力。

顾客关系质量管理体系就是为了实施顾客关系质量管理而结合在一起的组织结构、程序、过程和资源。

（1）顾客关系质量管理体系的建设和实施是一个过程，其本身并不是一个结果，而是实现结果的一种方式。这种体系并不仅仅表现为体系制度本身，还渗透于企业各项活动中，普遍存在于管理者对企业的日常管理中。

（2）企业的顾客关系质量管理体系主要是为满足企业内部管理的需要而设计的，它比特定顾客的要求要广泛，顾客仅仅评价此关系质量管理体系的相关部分。虽然顾客关系质量管理体系的主要目的是提高顾客关系质量，在顾客满意的过程中实现企业相关目标，但这个过程的很多方面要依靠企业内部各个层次、各个部门的通力协作，否则顾客关系质量的改善、顾客满意度的提高就只能是空中楼阁。因此，该体系的建设和实施应以改善企业内部管理的效率、提升效果为出发点，致力于内部管理的需要，而不仅仅满足特定顾客的要求。

（3）顾客关系质量管理体系的内容应该以满足关系质量目标的需要为准。管理者必须首先确定企业顾客关系质量管理的目标，以及该目标与其他经营目标的关系后，然后才能够确定整个体系的建设、实施和监督的过程。而整个顾客关系质量管理体系的建设、实施就是为管理者提供一个循环往复的过程，它一方面能够实现顾客关系质量管理的目标，另一方面又能够与企业整体的发展联系起来。

（4）企业可根据要求对已确定的关系质量管理体系要素的实施情况进行证实。顾客关系质量管理体系是企业实施顾客关系质量管理的基础，也是顾客关系质量管理的技术和手段。建立顾客关系质量管理体系的最终目的是适应企业的质量方针和目标。

（5）顾客关系质量管理体系是企业总体质量体系的有机组成部分。一个组织可以建立一个综合的管理体系，其内容可包含质量管理体系、环境管理体系和财务管理体系等。顾客关系质量管理体系是其中有机的组成部分，该质量管理体系在实现自身质量目标的同时，必须以企业整体目标为基准，不能脱离企业整体发展要求。

（6）人的因素贯穿顾客关系质量管理体系的全过程。企业顾客关系管理体系是一个由人参与的过程，不只是企业的政策、调查和表格。其中既包括企业外部的顾客，也包括企业内部的顾客，涉及企业各个层次的员工。与产品质量管理相比，顾客关系质量管理体系中人的要素更为复杂和重要，关系质量的控制与保证也更为困难。

（7）顾客关系质量管理体系要满足成本－效益观。顾客关系质量管理体系的建设和实施应当权衡实施成本与预期效益，以适当的成本实现预期目标。顾客关系质量管理体系在改善顾客关系质量、提高顾客满意度等方面具有巨大的作用，但是该体系的建立健全和有效实施是需要成本的，建立顾客关系质量管理体系必须遵循成本－效益原则，既不能因为内部控制的缺失给企业带来负面影响，也不能为了追求完美而无节制地增加成本。

（8）顾客关系质量管理体系要适合企业的实际情况。不同企业的业务性质不同、规模不同、文化不同，面对的目标消费人群也不同，因此，企业建设的顾客关系质量管理体系一定要和企业内外部实际环境相适应。同时，由于企业处在一个动态的环境中，各种内外部环境要素都处于不断变化之中，如外部的政策调整、经济波动、竞争改变等，以及企业内部的产品调整、结构调整等，客观上要求顾客关系质量管理体系的内容也应随之进行调整，以适应企业内外部环境变化的要求。

二 企业顾客关系质量管理体系的主要内容

按照 ISO 9000 标准 2000 版的"质量管理过程模式"，

企业顾客关系质量管理体系主要由四方面内容组成。

(一) 管理职责

ISO 9000 标准要求建立合理、有效的管理机构,对与质量有关的管理、执行和验证工作的人员,应规定其职责、权限和相互关系,形成文件并贯彻执行。

为了对企业顾客关系实施有效的质量控制和管理,应建立相应的组织,配备相应的人员和工具,明确其职责和权限,并通过建立质量责任制明确各有关部门的质量职责,确保分工明确、工作协调、各司其职。

企业顾客关系质量管理体系的主要管理职责如下。

1. 管理承诺

为满足法规标准要求和客户需求,实现顾客关系管理质量方针和质量目标,向社会提供优质高效的服务,管理者应通过以下活动,对其建立、实施顾客关系质量管理体系并为其持续改进有效性的承诺提供依据。

(1) 向组织传达满足顾客和法律法规要求的重要性;

(2) 制定顾客关系质量方针;

(3) 确保顾客关系质量目标的制定;

(4) 进行管理评审;

(5) 确保资源的获得。

2. 以顾客为关注焦点

管理者应以增强顾客满意度为目标,明确顾客的要求并予以满足。

3. 质量方针

确保质量方针满足以下条件。

(1) 与组织的宗旨相适应;

(2) 包括对满足要求和持续改进质量管理体系有效性

的承诺;

　　(3) 提供制定和评审质量目标的框架;

　　(4) 在组织内得到沟通和理解;

　　(5) 在持续适宜性方面得到评审。

4. 质量目标

确保在组织的相关职能和层次上建立顾客关系质量目标。顾客关系质量目标是可测量的,并与顾客关系质量方针保持一致。

5. 质量管理体系策划

公司管理层通过对顾客关系质量管理体系进行策划,确保其符合以下要求。

　　(1) 对顾客关系质量管理体系进行策划,以达到和满足顾客关系质量目标以及本公司建立的质量管理体系要求;

　　(2) 在对顾客关系质量管理体系的变更进行策划和实施时,应当保持顾客关系质量管理体系的完整性;

　　(3) 各部门的顾客关系质量目标应当是可以测量的,并且与公司总的质量目标和质量方针保持一致。

6. 职责、权限和沟通

要明确企业内部关键管理人员在顾客关系管理方面的岗位职责和权限,如总经理、分管副总经理、相关部门负责人、员工,以及关键管理人员授权代理人。确保在组织内建立适当的沟通形式,如组织管理分析会、经验交流会、培训班,以及进行现场技术指导、巡查现场、召开客户座谈会、发布网络信息、张贴公告等,确保组织内相应的顾客关系管理职责、权限得到规定和沟通。

7. 管理评审

定期对顾客关系质量管理体系运行状况进行评审,确保顾客关系质量管理体系符合现行法律法规和规范等的要求，以及顾客关系质量管理体系的持续适宜性、充分性和有效性。

（1）在对顾客关系质量管理进行评审时，应考虑以下输入。

①质量方针、质量目标的适宜性和质量管理体系文件的适用性；

②政府质监部门的意见和要求，以及对法规、安全技术规范的满足程度；

③近期审核（内部审核、外部审核）的结果；

④客户反馈以及投诉与抱怨；

⑤工作业绩、检测服务的质量；

⑥预防和纠正措施的状况；

⑦以往管理评审的跟踪措施；

⑧可能影响质量管理体系的变更；

⑨改进的建议；

⑩管理人员的报告；

⑪其他相关因素，如质量控制活动、资源的提供及员工培训。

（2）管理评审的输出应当包括以下方面有关的决定和措施。

①质量方针、质量管理目标的适宜性和质量管理体系的有效性及其改进措施；

②与政府和客户要求有关的检测工作的改进；

③资源需求；

④管理体系的变更。

管理层应确保这些措施在适当和约定的日程内得到实

施。管理评审后应形成管理评审报告，并与其他管理评审记录，包括确定的问题、采取的措施以及实施结果记录等一并存档。

(二) 资源管理

资源的合理配置一般包括人力资源、物质资源和信息资源。企业顾客关系质量管理体系一般分为两项内容，即"硬件标准"和"软件标准"，具体体现为人力资源管理、基础设施管理和工作环境管理。

(1) 人力资源管理包括确定各岗位对能力的需求、开展质量意识教育和建立人才激励机制等。

顾客关系质量管理的主要因素是人，人既是顾客关系管理的对象，又是顾客关系管理工作的承担者。因此，人这个因素在顾客关系质量管理过程中有着明显的作用，从人力资源管理角度来讲，这里的人主要指的是企业内部的员工。由于员工在人生观、价值观、性格、心理、品质、潜能等各个方面存在明显的差异，对顾客关系质量的认识、对顾客关系质量工作的态度以及对顾客关系质量管理的认知和接受程度也不尽相同，这些差异性给顾客关系质量管理带来一定的难度，对质量规范、质量制度和质量控制提出了更高的要求。为了保证顾客关系质量管理工作的顺利实施，必须从顾客关系质量管理的角度明确企业内部各岗位对员工能力的需求。

此外，企业还应加强对员工的质量培训，增强员工质量意识。要采用多种形式、多种工具对员工进行有针对性的质量工作方面的培训，在企业内部营造良好的质量文化氛围，从而使员工自觉地遵守质量制度准则，主动增强质量意识，提高工作能力，从而提高质量工作的业绩。

人力资源管理部门在对员工进行绩效考核时，要把质量管理要求作为绩效考核和激励的重要方面。将质量业绩与人力资源管理绩效考核相结合，对考核后的结果加大奖惩力度，提高员工在质量工作方面的积极性和主动性，从而提高工作绩效。

（2）基础设施管理包括工作所需设备的提供、供方的选择、到货后的验收和调试、设备的运行、信息共享所需的设施等。基础设施是顾客关系质量的根基，如果基础设施不稳定，顾客关系质量就不可能有明显的改善。如快速响应，要做到快速响应是离不开相应的信息设施和技术的。

（3）工作环境管理包括对办公场所等相关活动场所的管理。应该从两个层面来理解工作环境：一个层面是企业内部员工的办公场所；另一个层面是企业外部顾客，特别是最终消费者直接与企业联系的场所，如销售地点、客服地点等。

对于企业内部的员工，如果企业能够给其提供良好的工作环境，就可以使员工的身心得到愉悦，从而提高工作效率；员工有归属感，互相尊重，互相激发灵感；公司的形象得到进一步提升；体现企业对员工个人权利的尊重。给员工带来的这些好处，最终会由员工自觉或不自觉地带进其工作成果中，如生产高质量的产品、提供更加舒心的服务等，这对于提升顾客关系质量无疑是一种潜在的推进器。例如，微软公司的研究设计与办公楼群，绿树环抱，中央有闻名的比尔湖，通往大门停车场的宽阔道路被命名为"微软路"，整个楼群布置得像一座美丽的大学校园。公司期望就像大学那样永不停息地探索科学知识，期望员工就像大学里的科学家那样自发地从事科学技术的研究与开发，又像大学里的学生那样孜孜不倦地、自发地学习科学知识。因此，公司营造了类似大学校园那样优雅宁静的工作环境。

对于外部顾客而言，一个干净整洁的环境也会提升其对企业的印象，增加其与企业建立关系的信心。因此，企业应注重产品提供以及客户服务地点的管理，营造舒心的购物和服务环境，提升顾客服务质量，改善顾客关系质量，并利用多种工具和手段对此项工作进行持续监督和改进，如通过神秘顾客调查等改进此项工作。

（三）顾客关系实现

ISO 9000：2000 标准中提出，产品实现应更注重与顾客有关的过程，包括明确和评审顾客要求和期望、与顾客进行交流等。顾客关系实现应更注重与顾客有关的过程。

顾客关系质量管理活动贯穿于企业的整个工作流程。构建企业顾客关系质量管理体系，应对从外部顾客到企业内部顾客所形成的关系链上的所有活动进行策划设计和运行控制，制定避免问题发生的预防措施，同时还应有一旦发生问题便加以纠正的能力。

为了实现质量方针和目标，企业应制定顾客关系质量管理体系各项活动的工作程序，并形成文件，贯彻实施。这项工作包括用户需求信息的调研、评审流程、销售、实施工作流程，以及研发工作流程、软件维护工作流程、其他部门需提供的协作工作流程等。同时，组织内部应分级授权，职责明确，保持上下沟通的顺畅，不断收集顾客的需求，并能对顾客的需求和意见做出快速反应。

（四）测量、分析和改进

测量、分析和改进是质量管理体系的一种自我完善机制。它是对整个顾客关系质量管理体系的质量目标、关系管理过程和资源配置等进行全方位的控制，进而确保质量管理体系的适用性和持续改进质量管理体系的有效性。测量、分析的目的是改进。

对于企业来说，任何一个环节、任何一个人的工作质量都会不同程度地、直接或间接地影响顾客关系质量。因此，企业应该将顾客满意度调查、员工考核、部门考核作为重点控制，并进行关系质量检查、关系信息分析、纠正措施与预防措施的实施等。企业应对处于关系链中的各级顾客进行关系质量满意度调查，并对为上一级顾客提供服务人员的工作进行考核，检查形成的关系质量是否符合企业的标准、是否满足顾客的需求。

总之，企业顾客关系质量管理体系的四个方面是相互联系、依次流转的统一整体。产品实现过程的输入以顾客和其他相关方的要求为主，以此作为关系质量管理开展的依据，并将其输出的产品提供给顾客和其他相关方。在企业提供服务的过程中，为了评定所提供服务的符合性，必然需要测量、分析和改进过程。改进信息一方面可以从组织内部产品实现过程获得，另一方面也可以从外部顾客来源获得，通过 PDCA 循环，使企业的顾客关系质量管理体系得到持续改进。

三　企业顾客关系质量管理体系的构建步骤

科学、合理地运行企业顾客关系质量管理体系，首先应明确职责，理顺关系，优化结构，疏通机制。具体来说，有以下几个主要步骤。

1. 设置组织机构

成立由企业最高领导为组长的顾客关系质量标准导入及推广小组，配备有丰富顾客关系管理经验的专职和兼职人员，提供完备的办公设施，拨出一定的经费，等等。

2. 收集相关资料

确定内外部顾客的需求和期望。通过对顾客的特性分析，识别顾客的需求和期望，并将顾客的需求转化为顾客关系质量特性。

3. 体系策划与设计

（1）识别并理顺企业顾客关系质量管理活动的整个过程，并以此分解顾客关系质量管理的各项职能。

（2）研究各过程之间的接口，明确每一过程的输入和输出，明确职责与权限及其服务的对象与本过程的质量目标，明确与其他过程的联系及相互之间的影响。

4. 分解系统，确定要素

对与顾客关系质量活动相关的各个系统进行立体的全面剖析，在明确影响顾客关系质量的相关系统与要素的基础上配置资源，优化结构。

5. 编制体系文件

文件化就是将质量管理体系以文件的形式表达出来，形成一套书面的体系化文件，并以此作为质量管理体系运行的依据和准则。一般而言，质量管理体系文件主要由质量手册、程序文件、作业文件三个层次的文件组成。

第一层次文件是纲领性文件。由质量方针和目标及质量手册组成。其中，质量方针和目标是组织确定高效方向，表达质量宗旨、目标和管理途径的纲领性文件，而质量手册是"阐明一个组织的质量方针并描述其质量体系的文件"，是一个组织质量体系文件化的结果，是质量体系运行的依据。第一层次文件主要包括：对质量方针的阐述，与质量有关的组织结构；影响质量的管理、执行、验证或评审工作的人员的职责、权限和相互关系；对质量体系要素的描述；手册本身的管理办法；等等。

第二层次文件是指示性文件。以程序文件形式出现，目的是规定由"谁来说""做什么""何时何地执行规定要做的事"，主要落实职能分工和各部门的衔接关系。在编写某一程序文件时，首先应考虑执行该程序的"过程"是怎样的，因为过程是表述程序的主体，过程和活动可以尽量以流程图方式加以描述。然后在审定过程活动要点的基础上，进一步撰写程序的目的、适用范围、工作程序、相关支持性文件和相关记录等。

第三层次文件是那些详细的作业文件或执行性文件。它要解决"如何做"的问题，即文件要详细描述过程和活动的具体作业方法及每一作业步骤的具体工作内容或操作要领，一般将其称为工作指导书。它们主要通过目的、适用范围、职责、工作细则或工作程序以及相关文件和记录等章节来表达。

6. 试运行与体系的内部审核

企业在试运行期间，要加强信息沟通，发现问题并及时改进，必要时还可修改文件。实施时要注意记录的控制，认真填写复核材料，确保证实材料的充分性和可信性。在试运行一定时间后，还要开展内部质量审核，其主要内容为：企业的质量方针、质量目标在本部门如何体现及如何实施；本部门的质量目标实施情况如何；过程的职责分工和职能分配情况，以及过程所需文件、记录的适宜性如何；过程如何实施持续改进、纠正和预防措施执行情况如何；等等。

7. 正式运行与体系的持续改进

ISO 9000 标准是一个动态的标准。在导入时，企业必须建立持续的质量改进机制，并在一定的时间内自觉地进行顾客关系质量体系审核和管理评审，由企业最高管理者和内审员组织、开展和实施，且通过具体改进措施加以落实的自查、自评等质量改进活动及时发现问题，并采取纠正和改进的闭环管理机制。

四 企业顾客关系质量管理体系构建中质量功能展开的应用

（一）质量功能展开概述

1. 质量功能展开的概念

质量功能展开（Quality Function Deployment，QFD）是一种立足于在产品开发过程中最大限度地满足顾客需求的系统化、用户驱动式的质量保证与改进方法。它于20世纪70年代初起源于日本，由日本东京技术学院的Shigeru Mizuno博士提出。20世纪70年代中期，QFD首先在日本被多家公司采用，并取得了显著的经济效益。到了20世纪80年代初，QFD被介绍到美国和欧洲，并且成功地被应用于制造业，其中包括福特公司、GM公司、波音公司、惠普公司、西屋公司和3M公司等。

目前这种方法不仅被应用于制造业，还被应用于工程业、软件业、服务业以及企业的战略规划等领域。这个过程可以为特定的产品提出一个将顾客需求与工程特点相联系的矩阵，即质量屋。简而言之，质量功能展开的中心思想是产品依据顾客的期望和偏好来设计。因此，市场营销、设计、工程和制造职能必须有机地结合在一起。质量屋为将顾客满意转化为可识别和可测量的产品与服务设计规范提供了框架。

尽管QFD是为产品规划而开发的，但同时它也适用于关系质量管理体系的构建。为了提高顾客关系质量，企业必须认真研究和分析顾客的关系需求及关系特点，将顾客的需求转化为提高关系质量的质量特性。关系质量功能展开的核心是分析顾客的关系需求，通过合适的方法和措施将顾客需求进行量化，并一步步地分析，将顾客需求落实到提高关系质量的设计与实施整个过程当中，从而提高顾客关系质量，同时在实现顾客关系需求过程中帮助企业各职能部门制定相应的措施，使各部门能够协调一致地工作。

企业顾客关系质量管理体系的构建与实施，就是为了提升企业的顾客关系质量，加强企业内部组织间的协作并改善内部顾客关系质量。关系质量功能展开在企业改善内部顾客关系质量中起着非常重要的作用。因此，关系质量功能展开在企业顾客关系质量管理体系中的应用也成为我们研究的重要内容。质量功能展开这个方法将为企业顾客关系质量管理体系的构建提供有力的支持作用。

2. 质量屋的概念

QFD 是一种思想，一种产品开发和质量保证的方法论。Don. Clausing 和 J. R. Hauser 于 1985 年提出的"质量屋"（House of Quality，HOQ）的概念则是产品设计开发中具体实现这种思想和方法论的工具。它提供了一种将顾客需求转化成产品特性和要素并配置到制造过程或服务提供过程中的结构。从总体上来说，可将它概括为一种矩阵的形式，而说它是质量屋则更形象直观。质量屋的组成见图 4-9。

现将质量屋的各部分简单说明如下。

（1）顾客需求

顾客需求是质量屋的输入信息。这一部分把通过市场调查以及其他各种市场研究方法得到的顾客需求信息进行整

图 4-9　质量屋的组成

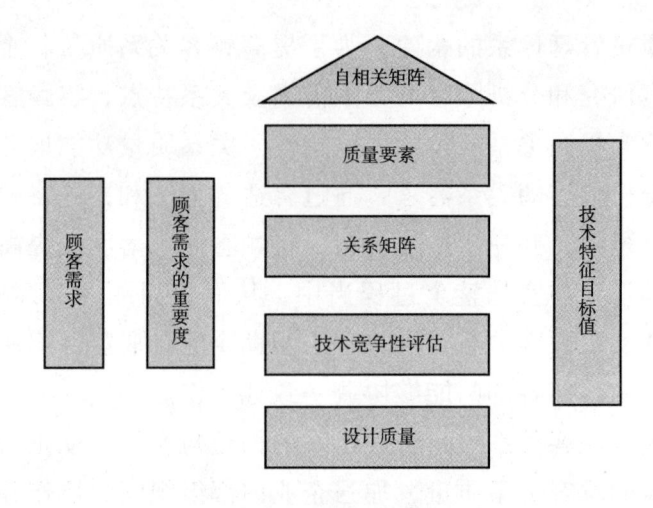

理、分析，并分类成一次、二次或三次质量项目。

（2）顾客需求的重要度

这一部分赋予各类顾客需求以不同的权重。包括顾客需求重要度及排序、顾客对本公司及竞争者的产品评估、用户满意度及改善率等信息。

（3）技术特征

这一部分是指为满足用户需求而必须保证实现的技术特征，也是一种手段或措施。

（4）顾客需求与技术特征之间的关系矩阵

它反映了从顾客需求到技术特征的一种映射关系及相关程度。

（5）技术竞争性评估

根据顾客需求的重要度及关系矩阵，计算各技术特征的相对重要度及优先次序，并从技术角度对本公司产品和竞争对手产品进行评估。

(6) 技术特征之间的自相关矩阵

它表现了改善产品某一技术特征的性能对其他技术特征所产生的相关影响。

(7) 确定产品技术特征目标值

它是一个综合的决策问题，需要考虑顾客需求、技术可行性、经济性等多方面因素。质量屋将这些信息结合起来，根据各部分信息进行分析比较，使目标值的确立更加科学合理。

(8) 设计质量

通过比较分析，明确本企业要战胜竞争对手、赶超先进水平、实现顾客满意、获得顾客忠诚必须具备的产品或服务质量。

图4-9只是提供了质量屋的基本轮廓，这一框架可根据组织、产品及服务的不同特点和需要，在水平和垂直两个方向上进行相应的改变。

(二) QFD在企业顾客关系质量管理体系构建中的应用

1. 顾客需求的获取与整理

对顾客需求的获取与整理是企业顾客关系质量功能展开的关键环节，也是最难的一步，企业必须给予充分的重视。如前所述，这里的"顾客"是一个广义的概念，既包括企业外部接受服务的顾客，也包括企业内部各相关的组织部门或人员等。

(1) 顾客需求信息的收集

收集顾客的信息是指通过市场调查获得原始的顾客信息，然后再对此进行整理、分析而得到，主要从以下几个方面入手。

①进行市场调研，通过调查表、顾客代表座谈会等形式

了解和归纳顾客对未来关系的需求。

② 进行同类关系质量跟踪信息分析，了解现有关系中令顾客满意或抱怨的质量特性。

③ 分析本企业产品开发的战略和策略，提炼出必要的顾客需求。

④ 进行关系发展现状与趋势分析，从全局上把握关系发展方向。

在进行顾客需求提取时，应遵循以下科学合理的工作步骤。

第一，合理地确定调查对象。影响顾客关系质量的范围很广，顾客需求也存在很大差异。因此，进行市场调查时应结合具体事项合理确定调查对象，只有这样才能保证调查的准确合理。例如，在开发新产品时应重点调查与新开发产品类似的产品用户；在对现有产品进行更新换代时，应重点调查现有产品用户；在确定调查对象时，应考虑调查对象的地理位置分布、年龄结构、教育程度、家庭收入等因素，因为这些因素都有可能影响顾客需求。

第二，选择合适的调查方法。市场调查的方法很多，必须根据调查对象、地点、人数等因素进行合理选择。在选择好调查方法后，还要根据调查方法的要求做好充分的调查准备工作，如调查人员的选择、调查组织的建立、调查程序的拟订、调查表格的设计等。顾客需求的获取必须运用科学的方法。市场调查方法很多，各有其优缺点，必须对它们进行了解并结合实际情况进行合理选择。现将常见的市场调查方法归纳分类如下。

其一，询问调查法。询问调查法是调查人员以询问为手段，从调查对象的回答中获得信息资料的一种方法。它在市场调查中是比较常用的方法,按传递询问内容的方式以及调查者与被调查者接触的方式不同,又可分为面谈调查、电话调查、邮寄调查和留卷调查等。

面谈调查是调查人员直接面对被调查者了解情况以获得资料。此法的优点是可当面索取被调查者的意见和要求,深入了解被调查者的现在需求和未来需求趋势。其缺点是调查成本较高,时间较长,对调查者要求较高。此法适用于调查对象不多,但需要深入了解情况的调查。面谈调查也可以采取集体座谈的方式,由于众多的被调查者同时出席,往往可以互相启发,使调查者获得较多信息。集体座谈一般包括 8～12 人。

电话调查是调查人员通过电话与被调查者交谈,从而获得顾客需求。电话调查的优点是速度快、成本低。但其缺点是不能询问较复杂的问题。此法比较适用于探索性的初步调查,为今后的进一步深入调查奠定基础。

邮寄调查就是将预先设计好的调查表邮寄给被调查者,请被调查者自行填好寄回。其优点是调查面广、成本低。缺点是回收率低、回收期长,容易产生偏差。

留卷调查即调查人将调查表当面交给调查对象,并对有关问题进行适当解释说明,然后让调查对象自行填写,调查人约定日期取回。此法的优点是偏差小,受调查者主观影响小。其缺点是调查面不太广,成本也较高。

其二,观察调查法。观察调查法是调查人员在调查现场对调查对象的情况直接进行观察和写实,获取所需信息资料的一种调查方法。观察调查法根据其观察地点的不同又可分为柜台观察法和产品使用现场观察法。

观察法的优点是调查较为客观,真实性高,受调查人员偏见影响小。其缺点是所获得的信息往往有一定的局限性,很难了解到顾客需求。

企业在具体运用各种调查方法时,要根据它们各自的特点和适用条件,结合调查的具体目的和要求,选择其中一种或几种合适的调查方法。

第三,按照选择的调查方法及设计的调查表格进行市场调查,获取第一手顾客需求信息。

(2) 顾客需求信息的整理

对调查所取得的所有信息资料,要进行"去粗取精、去伪存真"的整理、分析工作,以求全面、真实地反映顾客需求。

第一,概括顾客需求。顾客对其需求的描述经常很长,为了便于在 QFD 矩阵中输入它们,必须对其进行概括。在概括顾客需求时,要注意不要歪曲顾客原意。这样,当产品设计人员在阅读 QFD 产品规划矩阵时就像在同顾客进行交谈一样。

第二,合并顾客需求。在用简洁明了的语言概括顾客需求后,应将表达同一含义或相似含义的顾客需求进行合并,因为顾客需求总数越少,管理 QFD 矩阵越容易。建议将总顾客需求数最好控制在 25 个以下,最多不要超过 50 个。

第三,顾客需求分类。上述整理后的顾客需求是随意排列的,对它们进行合理的分类有助于我们方便地构造 QFD 矩阵。例如,把所有有关汽车运行性能的需求分在同一组中将有利于我们分析并把它们转换成技术需求。

分类顾客需求通常采用相似成组(Affinity Group)过程。它强调小组成员协同工作,把相关的顾客需求分到同一类中,并尽量用顾客的语言给每类冠以类名,这样就获得了最低级顾客需求,如有必要,还可再对最低级顾客需求进行分类成组，直到小组满意为止。

(3) 获取其他顾客信息

在获取和整理顾客需求后，就应以顾客需求为依据再进行市场调查，以决定顾客需求的重要度和顾客对本公司产品和市场上同类产品在满足他们需求方面的看法。调查对象应包括本公司产品用户和竞争者产品用户。调查时要求被调查者确定一组顾客需求的重要度以及对所使用产品的满意程度。在调查前，调查人员应该根据实际调查情况设计合适的调查表，因为这项工作在很大程度上决定了调查表的回收率、有效率和回答的质量，是市场调查成功的重要条件之一。例如，在调查顾客对其需求的重要度时，直接要求顾客以一定的数字刻度（如 1~5 或 1~9）为基准标出其重要度，往往容易产生偏差和丧失客观性。对此，可采用成对比较法来设计调查表。它在两两比较顾客需求相对重要性的基础上，能够确定各个顾客需求的绝对重要度。

在上述各项调查完成后，调查人员应运用统计方法对调查数据进行综合，然后编写一份完整的顾客需求调查报告，以供有关方面参考和使用。顾客需求调查报告的内容应包括顾客需求及其重要度、顾客对本公司产品和市场上同类产品在满足他们需求方面的看法。

随着科学技术的迅速发展和人们生活水平的不断提高，顾客对产品的要求在不断变化。因此，对于企业来说，要想在激烈的市场竞争中立于不败之地，必须不断地同顾客接触。顾客需求在变化，顾客需求的重要度在变化，顾客对各种产品在满足他们需求方面的看法也在变化。只有通过不断的市场调查，企业才能了解当前的顾客需求信息和预测将来的需求信息，从而生产出满足顾客需求的产品。

企业顾客关系需求主要体现在以下五个方面。

第一，功能性。功能性是指顾客的需求是否能满足，以及关系能否为顾客带来价值。如节约顾客时间、减少顾客成本、帮助顾客解决问题、提升顾客自身竞争力。高关系质量能为顾客创造价值。

第二，时间性。时间性是指企业能及时为顾客交付产品的程度。包括开发人员、需求人员及测试人员等员工之间工作所需产品的时间满足程度，以及研发人员提供给顾客经理及终端用户所需产品的时间满足程度。

第三，安全性。安全性是指顾客处于关系中的安全感、稳定性及风险程度。

第四，舒适性。舒适性是指关系双方沟通过程中的舒适感知程度，包括关系双方的行为方式是否符合对方的偏好、是否符合顾客的企业文化。

第五，文明性。文明性是指企业在其各项业务活动过程中的文明程度，包括亲切友好的气氛、和谐的人际关系等。

这些顾客需求特性形成了企业关系质量的完整内涵，同时也规定了企业关系质量管理的基本对象范围。它们形成了质量屋的行。这些顾客需求也可以根据企业的具体要求被分解成基本的、次级的和更详尽的三级水平。

2. 顾客关系要素的规划与设计

质量屋矩阵的列包括企业管理者能操纵的、用来满足顾客需求的关系要素。这些关系要素是在分析顾客需求的基础上经过详细讨论而得出的，针对如何满足每一项顾客需求，系统分析企业的服务应具有什么质量特性或设计要求，即关系要素。

企业可以选择交易行为、员工素质、服务灵活性和信息服务这四项要素，其含义如下。

(1) 交易行为

交易行为是指服务人员与顾客接触时所采取的行为方式。建立关系型交易行为就要对顾客有充分的了解，要收集有关顾客资料信息。

(2) 员工素质

员工素质包括员工的能力和态度，是指企业的员工通过与顾客的接触提供良好服务的意识和能力，以及软件操作能力、专业能力、工作中的主人翁意识等。一般来说，企业员工相关知识丰富与否、是否体谅顾客的处境、能否帮助解决顾客的问题等因素会影响顾客对企业关系质量的评价，是企业通过培训、考核等措施可以控制的方面。

(3) 服务灵活性

服务灵活性是指企业对顾客的个性化需求、顾客关系需求的及时反应能力。也就是企业对顾客所提出的特殊要求尽量给予满足的效率和程度，以及当顾客反馈一些问题时，企业及时给予解决的程度。

(4) 信息服务

信息服务是指企业从顾客角度出发提供的业务相关信息的服务，为顾客提供即时、便捷的信息服务。包括软件产品版本升级、企业的优惠活动、收费等必要信息，这些信息如果足够多和可靠性强，就会对顾客的业务经营决策有促进作用。

3. 顾客关系需求与服务要素间的联系

矩阵的主体包括范围为 0~9 的数字，表示某种服务要素与对应的顾客需求间的联系强度（9 表示非常强的联系）。这些数字根据不同的服务要素影响企业满足不同顾客需求的能力来决定。例如，员工素质这一项与顾客关系需求中的文明性就有着非常强的联系,因此用9来表示。

4. 赋予关系要素权重

这一步主要衡量顾客评价关系要素的重要性。该部分列出了每一种顾客关系需求的权重。权重范围为1~9,表示顾客认为他们的每一种关系需求的重要性,这些数字通过顾客调查、专家咨询等方法,经过系统地分析来确定。用顾客关系需求的权重乘以矩阵主体中的相关强度,并在每项要素下标出该要素的加权得分。加权分被填入质量屋矩阵的基座部分,代表每一关系要素对满足顾客关系需求的重要性的衡量指标。企业顾客关系质量屋矩阵见表4-3。

表4-3 企业顾客关系质量屋矩阵

顾客关系需求	权重	关系要素			
		交易行为	员工素质	服务灵活性	信息服务
功能性	9	2	4	6	8
时间性	7	1	4	2	3
安全性	5	4	3	5	5
舒适性	3	8	3	3	3
文明性	2	3	9	2	0
权重分数		18	23	18	19

由企业顾客关系质量屋矩阵可以得到,四种关系要素的权重相差不大,对满足顾客关系需求都起着非常重要的作用。其中员工素质的权重最高,因为在关系质量中,人是最关键的因素。另外,信息服务、交易行为、服务灵活性要素也很重要,它们的完成质量情况,会在顾客心中留下很深的印象,决定了企业顾客对其所处关系的质量感知情况。如果顾客感知到的关系质量水平较高,对培养企业的忠诚顾客是非常有帮助的。

第五章
企业顾客关系质量管理体系的成熟度评价

第一节 企业顾客关系质量管理体系成熟度的概念及模型

顾客关系质量管理体系的建立不是一个一蹴而就的过程,需要持续地改进和完善。因此,顾客关系质量管理体系初步建立以后,就需要从整体上了解其完善和成熟的水平,以便能对管理体系的持续改进提供动力并指导改进的方向。

一 企业顾客关系质量管理体系成熟度的概念

近年来,"成熟度"这个概念被应用得非常广泛,如软件能力成熟度、系统工程成熟度、项目管理成熟度、供应链管理成熟度、科技成果成熟度、工作能力成熟度等。"成熟度"一词要求,能力必须随着时间的推移而持续提高,这样才能在竞争中不断地取得成功。

企业顾客关系质量管理体系成熟度是指企业顾客关系质

量管理体系具备的顾客关系质量管理能力的程度（即系统管理能力成熟度）及有效运行的程度（即系统运行能力成熟度）。

顾客关系质量管理成熟度是对企业顾客关系质量管理进行测量的综合指标，系统运行能力是对企业顾客关系质量管理体系运行能力进行测量的综合指标。

二 企业顾客关系质量管理体系成熟度模型

成熟度模型是生命周期研究方法具体运用的一个成果。从本质上来讲，成熟度模型描述了一个事物随时间发展的状况，即随着时间的推移，事物在发展过程中不断得到提升，直至表现得尽善尽美，达到发展的最高境界。这可以是人类所感兴趣的任何事物，如组织的功能、某项技术等。

（一）成熟度模型的特征

（1）简化一个事物的发展过程，并将其描述为几个有限的成熟层次（通常为4~6个层次）。

（2）这些层次由一定的要求来界定，必须满足那些要求才能达到某个层次。

（3）从第一层次发展到最高层次，各层次之间具有顺序性（即后者是前者的进一步完善）。

（4）在发展过程中，事物从一个层次到下一个层次不断进步，不可以忽略其中任何一个层次。

（二）主要的成熟度模型

近年来，成熟度模型越来越被广泛地应用于诸如管理学、信息科学等领域。马斯洛需求分析模型、项目管理成熟度模型、信息质量管理成熟度模型、软件能力成熟度模型和知识管理成熟度模型是其发展的代表。

1. 马斯洛需求分析模型

马斯洛需求分析模型是一个较为普及的成熟度模型。这个模型把人类的需求分为五个层次，分别是生理需求、安全需求、社交需求、尊重需求和自我实现需求。这五个层次的需求发展是一个循序渐进的过程，生理需求是最低层次的需求，自我实现需求是最高层次的需求。只有低层次的需求得到满足后，人们才会产生较高层次的需求。但在某种特殊情况下，人们也会跨越低层次的束缚，产生更高层次的需求。

2. 项目管理成熟度模型（PMMM）

项目管理成熟度表达的是一个组织（通常是一个企业）具有的按照预定目标和条件成功地、可靠地实施项目的能力。项目的成熟度越大，组织成功选择、授权、计划、执行、控制和结束项目并实现组织战略目标的能力就越强。项目管理成熟度模型在基于项目管理过程的基础上，把企业项目管理水平从混乱到规范再到优化的进化过程分成有序的五个等级，形成一个逐步升级的平台。其中每个等级的项目管理水平将成为达到更高等级的基础，企业项目管理成熟度不断升级的过程也就是其项目管理水平逐步积累的过程。

项目管理成熟度模型是一种全新的理念，为企业项目管理水平的提高提供了一个评估与改进的框架，已成为企业维持竞争优势的关键战略之一。其基本目的在于以下三点。①评估一个组织当前的项目管理能力。借助项目管理成熟度模型，企业可找出其项目管理中存在的缺陷，并识别出项目管理的薄弱环节。②让员工接受项目管理的教育和培训。③通过解决对项目管理水平改进至关重要的几个问题，从而形成对项目管理的改进策略，稳步改善企业的项目管理水平，使企业的项目管理能力持续提高。

目前，全球被认为最成功的项目管理成熟度模型有美国项目管理学会（PMI）的 OPM3 模型、英国 APM 集团的 OGC 项目成熟度模型、日本的项目和项目群管理 P2M 模型和科兹纳的项目成熟度模型（K-PMMM）。下面将主要介绍 OPM3 模型和 K-PMMM 模型。

（1）OPM3 模型

1998 年，美国项目管理学会（PMI）开始启动 OPM3 计划，并于 2003 年 12 月问世。PMI 对 OPM3 的定义是：评估组织通过管理单个项目和项目组合来实施自己战略目标的能力的方法，也是帮助组织提高市场竞争力的方法。OPM3 的目标是"帮助组织通过开发其能力，成功地、可靠地、按计划地选择并交付项目而实现其战略"。OPM3 为使用者提供了丰富的知识和自我评估的标准，用以确定组织的当前状态，并制订相应的改进计划。

PMI 的 OPM3 模型是一个三维的模型：第一维是成熟度的四个梯级；第二维是项目管理的九个领域和五个基本过程；第三维是组织项目管理的三个版图。

成熟度的四个梯级分别是：

① 标准化的（Standardizing）；

② 可测量的（Measuring）；

③ 可控制的（Controlling）；

④ 持续改进的（Continuously Improving）。

九个领域是指项目整体管理、项目范围管理、项目时间管理、项目费用管理、项目质量管理、项目人力资源管理、项目沟通管理、项目风险管理和项目采购管理。

五个基本过程是指启动过程（Initiating Processes）、计划编制过程（Planning Processes）、执行过程（Executing

Processes)、控制过程（Controlling Processes）和收尾过程（Closing Processes）。

三个版图是指单个项目管理（Project Management）、项目组合管理（Program Management）和项目投资组合管理（Portfolio Management）。

对那些想在项目管理成熟度方面有所改进的组织来说，OPM3 在避免了组织资源浪费的同时提供了合理改进过程的指导方针。运用 OPM3 的步骤如下。

第一，研究标准。第一步是组织必须尽可能透彻地了解该模型所依托的种种概念。包括研究比较标尺的内容、熟悉组织项目管理以及 OPM3 模型的组成和操作程序。

第二，评估组织现状。这一步是评估组织的项目管理成熟度。为此，组织必须把自己当前的成熟度状态的特征和 OPM3 模型所描述的具有代表性的特征进行对比。通过对比识别自己当前的状态，包括自己的优势和弱势，以及在组织项目管理成熟度中的位置处于哪个梯级，从而决定是否需要制订和实施改进计划。

第三，决定改进重点。OPM3 的自我评估可以帮助组织识别自己的状态，了解自己目前在组织项目管理方面已经具备哪些基本特征、还缺乏哪些基本特征。这样，使用者就可以把重点放在与"最佳实践"相关的、需要改进的那些特征上，并制订适当的改进计划。一旦使用者知道哪些"最佳实践"是需要测定和致力于改进的，这种"最佳实践"以及对它们的描述就可以在 OPM3 模型给出的目录中查找出来。

第四，决定改进的路径。一旦使用者从目录中查看到希望完成的"最佳实践"所需要的一系列能力，他们也就找到了改进的路径，知道了如何才能达到需要的"最佳实践"，以便将当前的成熟度梯级提高一步。

第五，评价当前能力。在这一步，组织需要确定自己具备了在第四步中提到的哪些首先必备的能力。这需要仔细研究每种能力，并确定可以证明该能力的结果是否存在，或者是否可以观察到。该评价步骤将帮助组织决定要达到预期的成熟度需要培育哪些特定能力。

第六，编制改进计划。以上步骤的完成将构成组织改进计划的基础。组织可以根据那些未被观察到结果（这表明组织的某些能力还没有获得）的记录文档，就这些结果所反映的组织所需能力的优先程度进行排序。将这些信息同实现资源最佳配置的"最佳实践"的选取结合起来，就可以编制出管理改进计划。

第七，执行改进计划。这一步是组织真正实施变革的步骤。一旦计划被制订，组织必须一步一步地将其贯彻下去，也就是必须实施改进活动来获得必需的能力，并沿着组织项目管理成熟度发展的道路不断推进。

第八，重复过程。完成了计划中的一些改进活动后，组织将重新评估当前的组织项目管理成熟度状态，即回到第二步；或开始进行其他的在先前的评估中确定下来但还没来得及实施的"最佳实践"，即回到第五步，重新评估当前能力，从而更新改进计划。

OPM3为使用者提供了丰富的知识了解组织项目管理，并给出了对照标准作为自我评估的工具，用这些工具来确定组织当前的状况，以及制订改进计划。OPM3的用途可以从以下四个方面体现出来。

第一，通过内部的纵向比较、评价，找出组织改进的方向。OPM3成熟度标尺为组织提供了在关键时机进行评价的方法，这种即时"抓拍"的结果可以和以前的评价做比较，用以确定已实行的变革带来的效果，以便指导今后的改进。

第二，通过外部的横向比较，提升组织在市场中的竞争力。

第三，商家通过评价、改进和宣传，提升企业形象。

第四，雇主要求商家按照OPM3模型的标准达到某级成熟度，以便选择更有能力的投标人，并将其作为一种项目控制的手段。

（2）K-PMMM模型

K-PMMM模型由美国著名咨询顾问和培训师科兹纳（Harold Kerzner）博士于2001年在其著作 *Strategic Planning for Project Management Using a Project Management Maturity Model* 中提出。K-PMMM模型从企业的项目管理战略规划角度着手，共分为五个层次（见图5-1）。

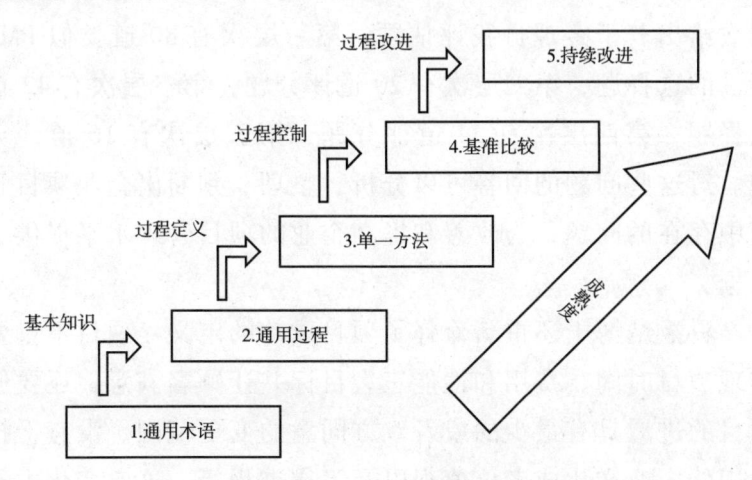

图5-1 K-PMMM模型的五个层次

通用术语（Common Language）。在组织的各层次、各部门使用共同的管理术语。

通用过程（Common Processes）。在一个项目上成功应用的管理过程，可重复用于其他项目。

单一方法（Singular Methodology）。用项目管理来综合TQM、风险管理、变革管理、协调设计等各种管理方法。

基准比较（Benchmarking）。将自己与其他企业及其管理因素进行比较，提取比较信息，用项目办公室来支持这些工作。

持续改进（Continuous Improvement）。将从基准比较中获得的信息建立经验学习文档，组织经验交流，在项目办公室的指导下改进项目管理战略规划。

每个层次都有评估方法和评估题，组织可以用其汇总评估本层次的成熟度，分析不足和制定改进措施，确定是否进入下一层次。

该模型的应用采用了与众不同的问卷调查方法，分不同层次给出若干客观自我评估题。第一层次有80道类似PMP考试的选择题，第二层次有20道评分题，第三层次有42道选择题，第四层次有24道评分题，第五层次有16道评分题。对这些问题的回答可以分析、整理、判断出企业项目管理中存在的问题，为改善和提高企业的项目管理水平提供了依据。

科兹纳博士还重新诠释了项目成功的定义：项目不仅要实现项目时间、费用和性能三大目标并让顾客满意，还要使项目的进展具有最少的或者双方同意的变更范围、没有干扰组织的企业文化或者价值观以及工作进程等。这一变化主要源于越来越多的企业开始由原来的面向职能、过程的管理转变为面向对象（即项目）的管理。因此，企业战略规划中项目管理这一环就越发重要。企业项目管理能力的成熟与否直接影响企业战略目标的实现。

该项目成熟度模型实施过程中需要注意重叠和风险两个方面的问题。

第一，重叠。如前所述，K-PMMM 项目管理成熟度模型包含五个层次。完成这五个层次的顺序是不能改变的，但很多人会产生一种误解，就是所有的工作必须被连续地完成。实际上并非如此，虽然层次的顺序不能改变，但某些层次能够而且也应该重叠，重叠的程度取决于组织愿意承担的风险的大小。

第一层次与第二层次的重叠。这种重叠能够发生，因为无论是在通用术语的精练过程中还是在培训过程中，组织都可能开发项目管理通用过程。

第二层次与第三层次的重叠。这种重叠不能够发生，第二层次被完成之前就开始第三层次的某些工作一般不大可能，一旦某个公司认可单一方法，那么在其他方法上的工作一般就终止了。

第三层次与第四层次的重叠。这种重叠能够发生，这是因为当组织还在开发单一方法的时候，用于改进方法过程的开发计划也正在编制之中。

第四层次与第五层次的重叠。当组织越来越赞成基准比较和持续改进时，组织想进行变革的速度可能会造成两个层次有较大的重叠。另外，从第五层次到第四层次和第三层次存在反馈机制，这就意味着这三个层次可以形成一个连续的改进环，而且这三个层次都重叠在一起都是有可能的。

第二，风险。风险可以归属到 K-PMMM 项目管理成熟度模型的各个层次中。简而言之,风险可以分为低、中、高三类,其依据是看企业文化不得不改变对于企业造成的影响。

低风险。对企业文化可能没有实质性的冲击,或者组织文化是动态的,能够很容易地接受变革。

中风险。组织意识到变革是必需的,但可能不知道变革带来的冲击。

高风险。当组织意识到实施项目管理所导致的变革将引起企业文化的变化时,高风险也将随之而来。

在成熟度模型的五个层次中,第三层次具有最高的风险,因而对组织而言,它具有最高的难度(见表5-1)。

一旦组织顺利实施了第三层次,那么实施后续的高层次成熟度所需的就是时间和努力,难度已经大为减小,然而要实现第三层次可能需要企业文化做出重大的转变。

表5-1 与 K-PMMM 项目管理成熟度模型相关的难度

层　次	描　述	难度(风险)
第一层次	通用术语	中
第二层次	通用过程	中
第三层次	单一方法	高
第四层次	基准比较	低
第五层次	持续改进	低

3. 信息质量管理成熟度模型 (IQMMM)

柯洛丝佩(Crosby)的信息质量管理成熟度网格列举了信息质量管理成熟度问题的五个阶段。阶段一,对信息质量管理认识不清,管理层趋向于指责由数据管理不当和信息服务不及时造成的"信息质量问题",数据审计部门所强调的是纠正错误的数据信息;阶段二,管理层认识到了信息质量管理是非常有效的,但还不愿意在信息管理上投入时间和金钱;阶段三,通过提高信息质量,管理层更多地了解了质量管理,质量评估体系正式启用;阶段四,信息质量管理走向成熟,管理层普遍理解了信息质量管理的原则,针对错误的预防措施非常得力;阶段五,信息质量管理已经被认为是企业系统本质的一部分,管理层关注的焦点转向对问题的有效预防上。

4. 软件能力成熟度模型（CMM for Software）

能力成熟度模型（Capability Maturity Model, CMM）是一种协助企业改进软件制作质量与管理流程,并对其进行评估的标准,是对软件组织在定义、实施、度量、控制和改善其软件过程的实践中各个发展阶段的描述。基于过去所有软件工程过程改进的成果,CMM吸取了以往软件工程的经验教训,为软件企业的过程能力提供了一个阶梯式的改进框架,其核心是把软件开发视为一个过程,描述了该过程中的原则和实践,并根据这一原则对软件开发和维护进行过程监控和研究,指明一个软件组织在软件开发方面需要管理哪些主要工作、这些工作之间的关系如何,以及以怎样的先后次序使其更加科学化、标准化,使其有助于软件厂商提高软件开发的能力,即从无序开发状态到有序的、规范化的状态,最终帮助企业更好地实现商业目标。

CMM的思想来源于已有多年历史的项目管理和质量管理,自其产生以来几经修订,成为软件业具有广泛影响的模型,并对以后项目管理成熟度模型的建立产生了重要的影响。尽管已有个人或团体提出了各种各样的成熟度模型，但还没有一个像 CMM 那样在业界确立了权威标准的地位。

CMM 的标准分为五个等级，从低到高，软件开发生产的计划精度越来越高，每单位工程的生产周期越来越短，每单位工程的成本也越来越低（见表 5-2）。

表 5-2　CMM 标准的五个等级

级别	名称	具体表现
层次一	初始级	软件开发随意性强，甚至是混乱的，很少有经过定义的流程。处于最低级的组织基本上没有健全的软件工程管理制度，每件事情都以特殊的方法来做。如果一个特定的工程碰巧由一个有能力的管理员和一个优秀的软件开发组来做，那么这个工程可能是成功的。然而通常的情况是，由于缺乏健全的总体管理和详细计划，时间和费用经常超支，结果大多数的行动只是应付危机，而非事先计划好的任务。处于这个成熟度等级的组织，由于软件开发过程完全取决于当前的人员配备，所以具有不可预测性，人员变化了，过程也跟着变化。其结果是，要精确地预测产品的开发时间和费用之类的重要项目是不可能的
层次二	可重复级	为了跟踪软件开发成本，制订开发计划并预测软件的功能，基本的项目管理流程也就建立了起来。在这一级，有些基本的软件项目的管理行为、设计和管理技术是基于相似产品中的经验，故称为"可重复"。在这一级，企业采取了一定措施，这些措施是实现一个完备过程必不可缺少的第一步，典型的措施是仔细地跟踪费用和进度。不像在第一级那样在危机状态下才行动，在这一级，管理人员在问题出现时便可发现问题，并立即采取修正行动，以防它们变成危机。关键的一点是，若没有这些措施，要在问题变得无法收拾前就发现它们是不可能的。在一个项目中采取的措施也可用来为未来的项目拟订实现的期限和费用计划

续表

级别	名称	具体表现
层次三	定义级	软件开发中的管理和工程行为都已经文件化、标准化，并整合为企业的软件开发标准流程。在第三级，企业已为软件生产的过程编制了完整的文档。软件过程的管理方面和技术方面都明确地做了定义，并按需要不断地改进过程，而且采用评审的办法来保证软件的质量。在这一级，可引用 CASE 环境来进一步提高质量和生产率。而在第一级中，"高技术"只会使这一危机驱动的过程更混乱
层次四	管理级	软件开发和产品质量的详细信息都有集中记录，这些质量问题都是可预见和可控制的。一个处于第四级的企业对每个项目都设定质量和生产目标。这两个量将被不断地测量，当偏离目标太多时，就采取行动来修正。利用统计质量控制，管理部门能区分随机偏离和有深刻含义的质量或生产目标的偏离（对统计质量采取控制措施的一个简单例子是每千行代码的错误率，相应的目标就是随时间推移减少这个量）
层次五	优化级	通过大量反馈和吸收创新的思想与技术，软件开发流程得以持续改进和完善。第五级组织的目标之一是连续地改进软件过程。这样的组织使用统计质量和过程控制技术作为指导，将从各个方面获得的知识运用在以后的项目中，从而使软件开发过程融入正反馈循环，使生产率和质量得到稳步的改进。整个企业将会把重点放在对过程进行不断的优化上，采取主动的措施找出过程的弱点与长处，以达到预防缺陷的目的。同时，分析各有关过程的有效性资料，做出对新技术的成本与效益的分析，并提出对过程进行修改的建议。达到该级的企业可自发地不断改进，防止同类缺陷二次出现

　　CMM 之所以会产生，是因为在信息社会，计算机软件的应用越来越普及，无论企业还是个人，每天都需要与各种各样的软件打交道。软件是软件企业提供的产品，其质

量的高低也就直接影响企业和个人的工作效率和效果,是产品市场开拓、事业得以发展的关键,软件质量的重要性越来越为人们所认识。但在 20 世纪 70 年代之前,软件产品的质量整体处于较低的层次。20 世纪 70 年代中期,美国国防部曾专门研究软件项目做不好的原因,发现 70% 的项目是因为管理不善而做不好,并不是因为技术实力不够,进而得出一个结论,即管理是影响软件研发项目全局的因素,而技术只影响局部。到了 20 世纪 90 年代中期,软件管理工程不善的问题仍然存在,大约只有 10% 的项目能够在预定的费用和进度下交付。当时软件项目失败的主要原因有:需求定义不明确;缺乏一个好的软件开发过程;没有一个统一领导的产品研发小组;子合同管理不严格;没有经常注意改善软件过程;对软件构架很不重视;软件界面定义不善且缺乏合适的控制;软件升级暴露了硬件的缺点;关心创新而不关心费用和风险;军用标准太少且不够完善;等等。

  软件过程包括各种活动、技术和用来生产软件的工具。因此,它实际上包括了软件生产的技术方面和管理方面。在涉及软件项目成功与否的众多因素中,软件度量、工作量估计、项目规划、进展控制、需求变化和风险管理等都是与工程管理直接相关的因素。由此可见,对软件项目管理过程的改进至关重要,如果软件过程的管理得到明显改善,技术上的改进则是其必然的结果。

  1987 年,美国卡内基·梅隆大学软件研究所 (SEI) 受美国国防部的委托,率先在软件行业从软件过程能力的角度提出了软件过程成熟度模型 (CMM),这是 SEI 集多年软件研究的经验所研制的过程标准。该标准基于众多软件专家的实践经验，侧重于软件开发过程的管理及工程能力的提高与评估，是国际上流行的软件生产过程标准和软件企业成熟度等级认证标准。CMM 自 1987 年开始实施认证，现已成为软件业最权威的评估认证体系。

CMM 的基本思想是：根据实际调查得出的结论，既然大部分软件的质量问题是由管理软件过程的方法引起的，那么单纯依靠新软件技术的运用不会自动提高生产率和利润率；只要集中精力持续努力地建立有效的软件工程过程的基础结构，不断进行管理的实践和过程的改进，就可以克服软件生产中的困难。

5. 知识管理成熟度模型（KMMM）

知识管理的目的是知识创新，它既是不同知识过程相互作用的结果，也贯穿于知识的生产、分享、应用和创新的所有阶段。在一个知识没有得到管理的企业中，知识通常是隐性化的，并以片断的方式分散在企业中，知识创新是偶然的个人行为。而知识管理正是要改变这种状况，使隐性知识显性化、结合化，知识应用普及化，知识创新规范化。知识成熟度模型可以描述知识的这种"成熟"过程。

（1）知识成熟度模型（KMM）

与其他类型的成熟度模型相似，知识成熟度模型也包含五个等级（见表 5-3）。

这五个等级可以用图 5-2 来形象地描述，图中横坐标代表知识在企业中的应用层次，从个人到团队，再到业务过程和整个企业；纵坐标则代表知识的表现形式，由非结构化隐性到非结构化显性，再到结构化显性和结构化隐性。

表 5-3　知识成熟度模型等级

等级	名称	具体表现
等级一	特殊的知识	其主要特征是知识的社会化,实现了从隐性到隐性的转化,表现为个人之间的信任关系
等级二	重复的知识	其主要特征是知识的外在化,实现了从隐性到非结构化的转化,表现为文档传输和分享、E-mail和团队学习等"文字交流"方式
等级三	定义的知识	其主要特征是知识的结构化,实现了从非结构化显性到结构化显性的转化,表现为制定数据、文档等各类知识的规范化标准
等级四	组织的知识	其主要特征是知识的结合化,实现了从结构化显性到显性知识库的转化,表现为对文档、内容的有效管理,最佳实践的有效应用和项目经验的成功总结等
等级五	创新的知识	其主要特征是知识的内隐化,实现了从结构化显性到结构化隐性的转化,表现为知识应用和创新已成为日常工作的有机组成部分,并使企业保持旺盛的竞争力

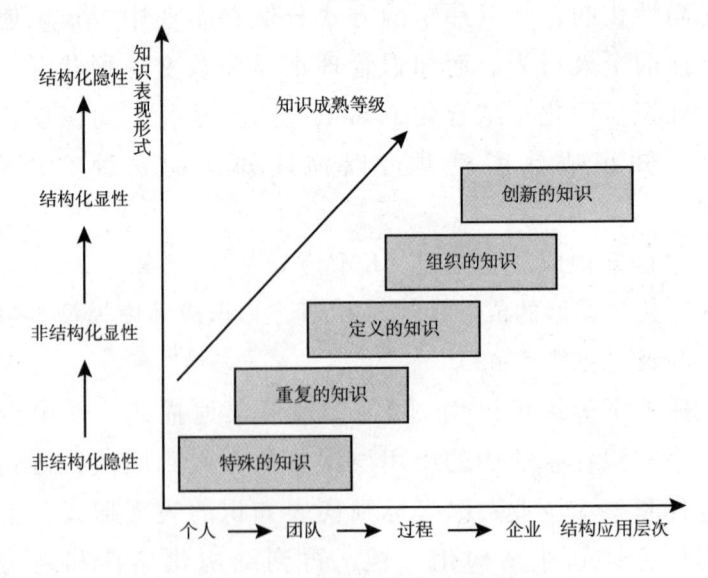

图 5-2　知识成熟度模型

从 KMM 的角度来看,知识管理的目的就是要使知识不断"成熟"。KMM 可以判别一个组织中的知识状况,进而为知识管理的实践提供基本的参考依据。

(2)知识管理公式——知识管理成熟度模型的灵感来源

盖勒(Gallagher)和哈斯力(Hazlet)用所谓的"K3"对知识管理公式进行了详细的阐述,这为知识管理成熟度模型的制定奠定了基础。

图 5-3 提供了一个如何划分企业成熟度层次的简单模型,这个模型主要可以分为四大类。

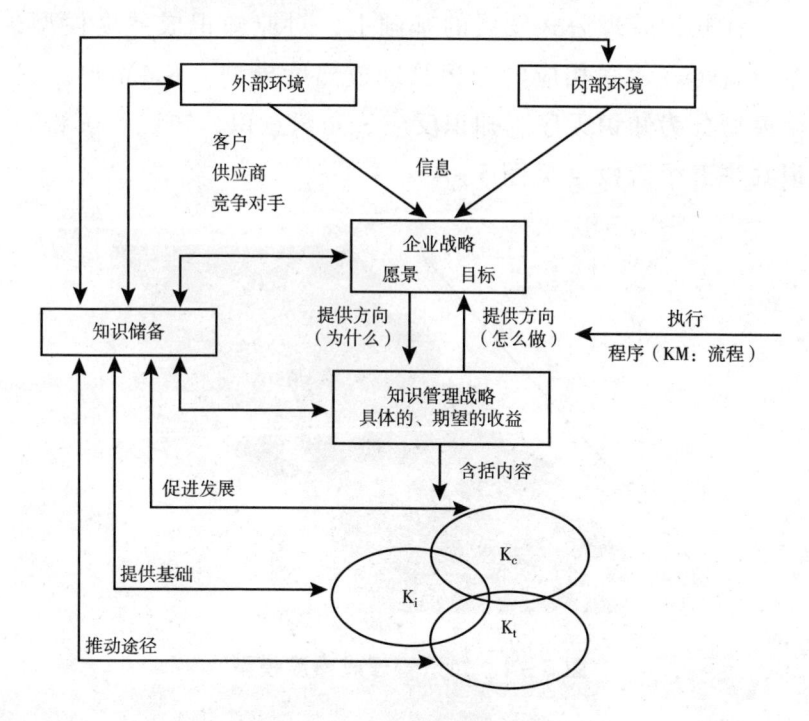

图 5-3 知识管理公式模型

注:K_i 为企业知识的基础设施;K_c 为知识文化;K_t 为知识技术。

KMM_ 0。企业缺乏知识转化的基础设施（K_i），没有知识文化体系（K_t）和知识技术（K_c）来支持知识管理（KM）。

KMM_ 1。企业有好的基础设施（K_i），但没有知识文化体系（K_t）和知识技术（K_c）来支持KM。

KMM_ 2。企业掌握了良好的知识技术（K_t），并建立起了知识文化体系（K_c），但缺乏基础设施（K_i）来支持KM。

KMM_ 3。企业具备可靠的基础设施（K_i）、健康的知识文化体系（K_t）和扎实的知识技术（K_c）来支持KM。

(3) 知识管理成熟度模型（KMMM）

在知识管理公式发展的基础上，对应知识成熟度模型，企业就可以建立相应的知识管理成熟度模型（KMMM）。这个模型分为知识无序、知识反应、知识意识、知识确认和知识共享五个阶段（见图5-4）。

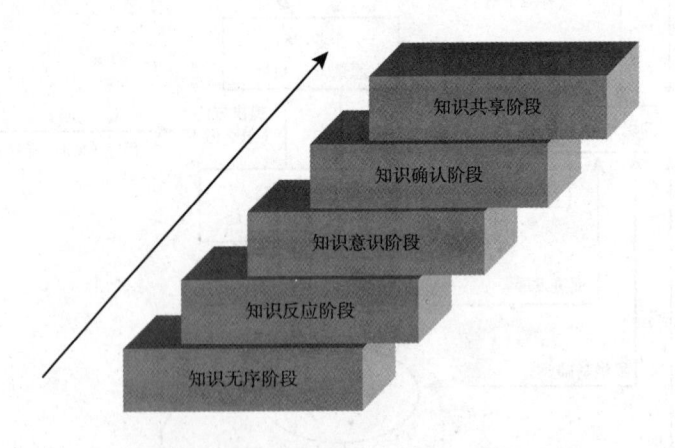

图5-4 知识管理成熟度模型

知识无序阶段。没有关于KM的明晰概念和认识，即使有KM，通常也是一种无意识的行为；组织的知识是零碎的，很难得到共享；缺乏必要的技术手段。

知识反应阶段。人们对 KM 有所认识，认识到知识必须加以管理才能充分发挥作用；对日常所用知识已经文本化，但知识创新仍属于特殊行为；在技术上存在基本的知识记录系统，但数据格式仍然不规范，数据集成层次比较低，知识浪费现象比较严重。

知识意识阶段。有专门的组织推进 KM 建设；有透明的知识管理和维护机制，存在逻辑化的知识内容结构，知识内容不断增长并得到了有效的维护；在技术上具备了基本的信息系统，实现了对知识的单点访问能力，但知识仍没有得到有效集成。

知识确认阶段。人们能够随时随地使用和学习知识，知识应用和共享给业务带来了明显的收益，并得到了定量评估；在技术上建立了整合的知识基础结构，知识内容与业务过程得到了有效集成。

知识共享阶段。共享文化已经制度化；组织在决策、管理和运作的各个层次都和知识紧密结合，知识过程持续改善，知识内容不断创新；KM 技术具备了知识表示、知识挖掘和商业智能的能力，技术在某种程度上已经成为组织的一种核心力量。

6. 国外企业知识管理成熟度模型

国际上比较著名的企业都或多或少地建立了一套自己的知识管理体系，下面主要介绍毕马威知识管理框架评估体系、微软的知识管理 IT 顾问和西门子的 KMMM。

（1）毕马威知识管理框架评估体系

毕马威公司（KPMG）于 1998 年对知识管理框架的评估体系进行了初步的探索，并于 2000 年再次对这个问题展开了研究。KPMG 对知识管理定义了四个关键领域：人、过程、内容和技术。每一个领域都有一定的工作要完成。企业可以通过评估这些工作的执行情况来判断自己当前知识管理所处的水平。框架评估体系允许用图表示企业在知识管理方面取得的进步。评估结果是动态创造的，当相关问题都得到回答之后，也就得出了正确的结果。这个体系分为十部分，涵盖了知识管理的各个关键领域，具体如下。

感悟和承诺。员工是否理解知识管理的内容，以及高级管理者对系统的运用程度。

战略。企业是否致力于知识管理软件的提升，企业是如何管理知识以确保其业务发展的。

文化。组织内的行为是否确保了知识管理的有效性。

外部聚焦。企业是否尝试开拓边界业务以最大限度地获取业务机会。

激励。企业是否对知识管理所取得的效果给予了合适的奖励。

IT 支持。IT 是否摆在了足够有效的位置来支持知识管理。

维护。企业是如何维护其信息和知识资产的。

持续评估。企业是否明晰了其知识管理的效果，更为重要的是对其智力资源是否进行了有组织的管理。

组织。组织结构支持知识管理的程度。

知识运用。企业的业务运作是否以一种有效的方式真正使用和挖掘了企业的内部知识。

KPMG 的模型总体上来说涵盖了企业知识管理的各个方面，但评估的结果对知识管理提升的指示作用不明显。

KPMG 的模型考虑的因素很多，但比较零散，重点并不突出，没有形成结构，操作性比较差。构建一个评价模型，需要有一个总的框架，包含对关键成功因素进行评价的关键绩效指标，这个框架及其因素，应该是完备的，符合 MECE 和 2/8 原则。

（2）微软的知识管理 IT 顾问

微软在其 IT 系列中依赖于"知识管理地图"。通过一个自由的软件工具，微软描述了一个从对知识管理的"无知"到成为知识管理"领导者"的 8 个层次的成熟度模型。

微软奉行的哲学是：KM 模型框架建立在假设组织能通过运用 KM 工具和技术来达到一系列阶段，从而取得显著进步的基础上，在这个过程中，KM 的最大关注点在于从效率到效益再到成长的过程。同时，通过学习其他组织的经验和做法，企业的技术基础也会得到充分的发展。

为了合理地确定企业在模型中的位置，微软给出了在现有层次上的 77 种评判标准。每一个标准都从差到优分为 4 个等级。这些标准可以归为 20 个类，分别属于 3 个领域。通过标准规则的评价，企业被标定在了"地图"的特殊位置，并说明了评判的理由。微软提供的软件工具允许个人对已进行的实践进行分别标记。而且，支持对这种标记进行整合。因此，软件工具的应用使企业管理者能够共享他们的观点。

（3）西门子的 KMMM

知识只能通过管理来创造价值，而这个"管理"涉及企业的方方面面，而不仅仅是技术和组织。KPMG 和微软的模型更多的是强调知识管理软件的提升,实际应用中容易忽略管理的作用。西门子知识管理成熟度模型是一种评估组织在知识管理中全面地位的结构化模型。这个成熟度模型包括分析模型、发展模型和一个评估流程。分析模型有助于企业的知识管理者充分考虑 KM 的各个重要方面,并揭示将要发展哪些关键领域和要素。发展模型提供了关于那些关键领域和要素是如何最好地发展而达到下一个成熟层次的信息。评估流程构建了从评估的定义到结果的解释等所有相关步骤。

这个发展模型定义了知识管理的五个成熟层次。

初级。知识管理的行为是非系统的和比较混乱的。不能从知识的角度来描述组织的现象。

重复。用指引性的项目和单一行动来标榜知识管理。

定义。标准的工作流程使知识能被有效地创造、分享和使用。

管理。创造、分享和使用知识的过程能有组织性地结合起来,并持续发展。

优化。知识管理持续发展并能够自我完善。

这个模型是以卡耐基·梅隆大学软件工程研究所的能力成熟度模型(CMM)为基础的,它每一个层次的名字都来自该模型。但是,它成功地实现了成熟度模型从软件开发到知识管理领域的转移。

7. 克劳士比的质量管理成熟度方格

质量管理成熟度模型由美国质量管理大师菲利浦·克劳士比(Philip B. Crosby)首倡,用来衡量企业质量工作的水平高低、经营过程和质量上取得的成效。

质量管理的目的便是要设立一套系统以及一套管理方

法，以便阻止缺陷在公司的运作过程中起作用。质量管理成熟度模型虽然简单，但实用性强，可操作性高，对质量改进工作具有非常大的指导作用。

第一，质量管理成熟方格分为五个成熟阶段，这是五个连续的发展阶段。判断企业处于哪一阶段，便可参考下一阶段找出质量改进的方向与行动方案。这五个阶段分别为：不确定期、觉醒期、启蒙期、智慧期、确定期（见表5-4）。

表5-4 质量管理成熟度方格

评估项目	第一阶段：不确定期	第二阶段：觉醒期	第三阶段：启蒙期	第四阶段：智慧期	第五阶段：确定期
管理层的认识态度	不理解质量是管理的工具，将质量问题归咎于质量部门 □	认识到质量管理或许有价值，但不愿意投入时间或金钱来改进 □	参加质量改进计划，对质量管理有较多的认识，比较支持和协助 □	参加活动，完全了解质量管理基本原则，并充分认识个人在持续改进中的角色 □	认为质量管理是公司管理系统中的基本部分 □
质量管理在组织管理中的地位	质量是制造部门或工程部门的事，组织内可能没有检验部门，比较注重产品的评估和分类 □	强有力的质量负责人，但他的基本任务仍是使生产顺畅，是生产或其他部门的一部分而已 □	质量部门对管理层负责，将所有评估结果纳入正式报告，质量经理在公司的管理层有一定的地位 □	质量经理成为公司重要的一员，报告有效的工作情况，采取预防措施，参加与客户有关的事务及指派的特别活动 □	质量经理列席董事会，预防成为基本重点，质量被认为是公司的先导 □

续表

评估项目	第一阶段：不确定期	第二阶段：觉醒期	第三阶段：启蒙期	第四阶段：智慧期	第五阶段：确定期
问题处理	"头痛医头、脚痛医脚"，无法解决问题，也没有清楚的质量标准，组织内各部门相互攻击 □	组成工作小组来解决问题，但没有长远的整体处理问题的策略和方法 □	建立畅通的纠错活动沟通渠道，公开面对问题，并有计划地加以解决 □	问题在其发展初期就能被发现，所有部门都接受公开的改进建议并实施改进活动 □	除了一些极少的例外，问题已经被预先防止了 □
质量成本占营业额的比例	报告：未知数 实际：20% □	报告：3% 实际：18% □	报告：8% 实际：12% □	报告：6.5% 实际：8% □	报告：2.5% 实际：2.5% □
质量改进活动	没有组织的质量活动，也不了解这样的活动 □	"兴趣所致"时会尝试一些短暂的改进活动 □	完全了解并落实每一个步骤，执行14个改进步骤 □	继续实施14个步骤行动，并开始走向"确定" □	质量改进是日常持续的活动 □
公司质量心态总论	我们不知道我们的质量会有问题 □	总有质量问题是不是绝对的 □	经过经理层的承诺和质量改进活动，我们已经能够确定解决我们的问题 □	缺陷预防是不是我们日常工作的一部分 □	我们知道为什么我们没有质量问题 □

阶段一，不确定期（Uncertainty）。这一阶段的特征是混乱而没有目标。大家都努力工作，但问题仍然不断地出现，产品始终无法令人满意，却不知道原因在哪里。管理层

对质量不但没什么概念，也不知道如何改进质量管理来解决层出不穷的问题。

阶段二，觉醒期（Awakening）。在觉醒期，管理层开始了解质量管理的重要性，但是不愿意投入过多的时间、金钱去推动质量管理的改进。管理层有改进质量的动机，也开始进行一些尝试，如增设质量管理人员，但并没有一套解决质量问题的长期计划。

阶段三，启蒙期（Enligntment）。启蒙期的管理层成立组织健全且被充分授权的质量部门，质量改进活动由一个正式的质量改进小组领导，质量成本的估算制度开始建立。人们有工作热情，但持续的改进需要不断关注与鼓励。

阶段四，智慧期（Wisdom）。质量管理部门充分发挥功效，大家对质量管理有正确的态度，各个部门都把改进质量、预防问题视为重要的任务，问题大都在早期被发现而且迅速被解决，质量不合要求而产生的成本显著降低。

阶段五，确定期（Certainty）。在这一阶段，管理层把质量管理当成公司管理中绝对重要的部分，良好的预防系统使问题很少发生，质量成本降低到几乎只相当于质量管理部门的薪水和测试费用。质量管理工作持续不断地推进。

第二，质量管理成熟方格把质量成本列为其中的一个因素，这有助于高层领导理解企业的质量管理状况，理解如何以及采取什么质量措施来预防问题的发生。质量管理成熟方格实质上是一种永续改进的理念，它指明了每一个阶段需要改进的方向，不进则退。

第三，质量管理成熟方格模型不但适用于评估一个企业,还可以用来评价一个部门。通过比较企业与部门的质量管理成熟程度,以及各部门的质量管理成熟程度,企业可以发现瓶颈,找出质量改进的关键因素。

第四,质量管理成熟方格模型是质量改进计划的一个组成部分。

在实践中,也有一些企业推出了自己的质量管理成熟度模型,下面简单介绍 IBM 推出的基于质量管理的成熟度模型。该模型也将质量管理分为五个等级(见表 5-5)。

表 5-5　IBM 基于质量管理的成熟度模型

0 级:不可知	1 级:意识到	2 级:熟练	3 级:遵从	4 级:思想领袖
没有归档的质量流程;只执行了非常少的测试;没有认识到 QA 的重要性	测试大多是手动的;未与需求或缺陷影响相衔接,没有测试实验室管理;可追踪性低	具有出色的 QA 实践,但只在单一团队上实施;与需求或缺陷影响相衔接;自动化刚刚起步;测试实验室管理没有被组织起来	组织级的 QA 实践都得到归档和遵从;自动化程度非常高;Build 验证既是自动的,又非常全面;测试实验室管理得到有效利用;功能强大的治理报告	清晰的项目 QA 目标得到了集中归档;自动化程度非常高;与需求或缺陷影响相衔接;出色地利用测试实验室管理;功能强大的治理报告;质量延伸到安全性、遵从性等领域

(三) 顾客关系质量管理体系成熟度模型

将成熟度的概念引入企业顾客关系质量管理体系中,就形成了企业顾客关系质量管理体系成熟度。能力成熟度模型(CMM)用于测定组织软件开发流程的成熟度,而顾客关系质量管理体系成熟度模型则以测定组织的顾客关系质量管理能力及体系运行程度的成熟度为目标。

1. 顾客关系质量管理体系成熟度模型的特征

(1) 简化性。不同企业执行顾客关系管理的情况不同,顾客关系质量的水平也不尽相同。该模型根据企业顾客关系质量的不同发展阶段进行了简化,将其描述为几个有限的成熟层次(通常为4~6个层次)。

(2) 标准性。不同层次的划分是依靠一定的要求来界定的。某个具体企业的顾客关系质量水平所处的那个层次必须满足相应的要求。

(3) 顺序性。顾客关系质量成熟度的发展遵循一定的层次性,循序渐进,即从低级到高级。从第一层次发展到最高层次,各层次之间具有顺序性(即后者是前者的进一步完善)。

(4) 渐进性。在整个模型不同层次的发展变化过程中,关系质量成熟度需要从一个层次到下一个层次不断进步,不可以忽略其中任何一个层次。

2. 顾客关系质量管理体系成熟度级别

顾客关系质量管理体系的成熟度水平被定义为五个级别,每个水平的特点和将要采取的改进活动见表5-6。

表5-6 顾客关系质量管理体系成熟度模型

成熟度水平	具体描述	改进的主要活动和方向
初始级	企业没有正式的顾客关系质量管理体系,顾客关系质量管理混乱;企业各部门之间缺少沟通,顾客关系质量低(处于第一级的企业,并不意味着企业在顾客关系质量管理上是失败的,而只是表明企业在顾客关系管理上处于混乱状态,但最核心的问题是没有人能解释为什么会发生这样的情况)	实施基本的顾客关系质量管理体系或改进现存体系实施的有效性

续表

成熟度水平	具体描述	改进的主要活动和方向
可重复	企业内部有一些体系结构文档,体系结构在企业内部实行。企业实施了基本的顾客关系质量管理体系,过程得到界定并且可被重复,有适当的基本过程规则;企业部门之间建立了非正式的沟通。但顾客关系质量管理没有很好地融入经营管理,大部分方法是被动和纠正性的(在第二层里的企业,对于顾客关系的重要性还没有形成很清楚的认识,也没有明确地将其作为企业经营管理的指导。在长期的实践过程中,企业总结了有益的流程,并通过强有力的规章制度固化下来,成为企业对顾客行为的准则)	创建过程图来界定所有的过程。识别每个过程规律,并实施管理评审过程;在管理评审过程中,高层管理者至少要有一定程度的参与
已定义	企业定义了体系结构,并制定了提高顾客关系质量的措施,提高员工关系质量意识;严格界定的系统方法业务过程被很好地界定、理解,并整合到关于企业业务如何运作的系统模型中,包括企业模型和过程图;管理的重点主要是在过程层次。整个体系还没有完全融入关系质量和业务管理功能,但有了基础的改进方法论(对于第三层的企业来讲,每一个营销人员、销售人员以及顾客服务人员都清楚应该如何进行工作——不仅接受了这种行事方式,而且把它当作唯一的方式,对顾客管理关系的统一认识渗透到每一个活动中。当产品需求开始有变动、竞争策略变得更有效,或当顾客满意度开始下滑时,他们都能及早察觉)	开始整合顾客关系质量体系和业务目标,界定企业总体模型、任务、愿景和目标,使所有的管理层参与活动;确保信息体系及其他推动、约束条件与实现组织的目标和结果一致;确定整体评价模型并实施一个增值的评价过程来支持改进目标

续表

成熟度水平	具体描述	改进的主要活动和方向
持续改进	有持续的体系结构优化,企业全员的关系质量意识、关系质量知识水平不断提高,企业与顾客之间的关系质量不断提高; 组织内部的过程要很好地进行整合,要能够很好地理解过程业绩、顾客满意度和顾客价值三者的关系; 改进过程绩效的活动是构成企业经营计划和管理方法的一部分 (在第四层的企业拥有稳固的 CRM 流程,并可以通过最完整的 CRM 系统得以优化。这些企业会通过详尽的信息收集和分析来对顾客关系的情况做出评价。同时,处于这一层次的企业已经开始把顾客的外延扩充到了其他范畴,如渠道合作伙伴)	所有管理者之间实现高层次、跨部门的整合,创造支持持续改进的、强有力的、由领导支持的文化和环境; 在稳固地理解整体业务和单个过程的基础上,界定和实施一个系统方法来管理业务; 开发有效整合的所有标准要求和最佳实践的评价模型,并培训评价者作为增值过程的咨询师; 在各层次中完全整合所有指标,制定一个整合方法来改进流程。包括过程重组和持续改进的内容,并有效整合先进技术和业务过程设计的 IT 系统设计
最高级别	建立了便于对过程改进(包括渐进的和激进的变化)进行管理的设计方法,企业已经优化了组织结构、文化和体系,并通过持续实施获得了成功; 围绕一系列共同目标,组织内所有职能部门和业务流程进行很好的整合,组织内部有高水平的跨职能部门协作; 有很好地整合了的和有效的、考虑再造和累进型改进需要的方法,改进方法论和企业驱动结果非常一致和协调; 信息体系的设计和实施很好地融入业务过程设计,先进的信息技术在达到高水平的业务结果中起到相当重要的作用	

第二节　企业顾客关系质量管理体系成熟度评价的指标体系

一　指标体系选择原则

顾客关系质量管理体系成熟度评价是一个针对性较强的、复杂的系统。因此，应结合一般成熟度模型的共性和顾客关系质量的特性选择合适的指标体系。指标体系的指标项选择应遵循以下原则。

（1）系统性原则。抓住主要因素，以保证综合评价的全面性和可信度。

（2）可测性原则。指标含义明确，数据资料收集方便，计算简单，易于掌握。

（3）共性与个性相结合的原则。在构建评价指标体系时应采用共性与个性相结合的原则，既要保证评价的普遍性，又要兼顾特殊性。

（4）定量指标和定性指标相结合的原则。由于定量指标比较客观，所以对于可量化的指标通常采用定量指标。但是定量指标不能包含所有要评价的信息，因此只采用定量指标而忽略定性指标显然是不全面的。绩效评价中定性分析是基础，定量分析是目标。因此，在确定评价指标时，应采取定量指标与定性指标相结合的原则，以定量指标为主、定性指标为辅，以保证评价结果更加客观、合理、公平、准确。这样做既可使评价具有客观性，便于数学模型处理，又可弥补单纯定量评价的不足及数据本身存在的某些缺陷。

（5）绝对指标和相对指标相结合的原则。绝对指标反映总量及规模水平，相对指标反映某些方面的强度（密度）。

（6）长期目标与中短期目标相结合的原则。长期目标是指采用最有效率的实现目标的方式，以最低的成本最大限度地满足竞争力可持续发展的需要；中短期目标是指在较短时间内所能达到的结果或目标。长期目标与中短期目标相结合的目的是避免供应链管理者及供应链上节点企业只关注眼前利益而忽略长远利益，只关注局部利益而忽略全局利益，导致供应链失去活力和竞争力，无法实行供应链的战略目标。

指标之间应尽可能避免明显的包含关系。对隐含的相关关系，在模型中加以适当消除。

（7）指标的选择要保持同趋势化，以保证可比性。

（8）指标设置要有重点。重点方面的指标可设置得密集些、细致些，次要的指标可设置得稀疏些、粗略些。

（9）指标要有层次。这为衡量方案的效果和确定指标的权重提供方便。

二 顾客关系质量管理体系成熟度评价指标体系

在进行顾客关系质量管理体系成熟度评价时，应尝试采用多种指标，构建一个完整的指标体系。综合各种因素，可以选取规范性、有效性、可持续性三大准则作为评价企业顾客关系质量管理体系成熟度的主准则（见表5-7）。

三 各指标解释

1. 规范性

该准则描述了组织关系质量管理体系的规范性，要使管

表 5-7 指标体系的结构

主准则	一级子指标	二级子指标
规范性	关系质量管理体系手册	系统性
		协调性
		可操作性
	程序文档标准化	
有效性	顾客满意度	预期关系质量
		感知关系质量
		总体质量
		抱怨
		忠诚度
	员工素质	关系质量意识
		质量知识水平
		技术水平
		文化教育程度
	企业文化	质量文化
		学习氛围
		竞争氛围
可持续性	管理评审	
	过程积累	
	错误预防机制	
	TQM 推进	

（主准则总列："顾客关系质量管理体系成熟度评价指标体系"）

理体系成熟度级别不断提高，顾客关系质量管理体系就应该不断提高其规范性，组织的顾客关系质量管理体系就应该有其规范和约束。制定规范的目的是告诉人们应当做什么、应当如何去做。在制定规范的过程中要遵循下列原则。

(1) 坚持实事求是的原则

企业需要制定什么规范、达到何种水平，应当根据企业的实际情况来决定，制定出的管理规范应当在实践中经过检验，证明它确实符合客观规律和企业的实际情况，确实能取得良好效果，只有这样才能组织实施。

(2) 坚持领导和群众相结合的原则

管理规范是要全体员工来执行的，必须反映群众的集体意愿。管理规范的制定必须由领导总结群众的实践经验，充分听取员工的意见，这样才能扎根于群众，为广大群众自觉遵守执行。

(3) 坚持系统、全面、统一的原则

系统是指各项管理规范要配套，达到整体优化。全面是指凡涉及经营管理活动全过程的各项工作、各个岗位，都要有相应的管理规范，做到有章可循。统一是指各项管理规范应当相互协调，服从统一体现领导意志的共同目标。

(4) 坚持职务、责任、权限、利益相一致的原则

职务是前提，责任是核心，权限是条件，利益是动力，四者缺一不可，必须相互一致。

(5) 坚持繁简适度、通俗易懂的原则

管理规范应当规定得详尽明确，有关项目不能有遗漏和含糊之处，指标、要求尽可能量化，并且行文要做到简单明了、通俗易懂，使执行者易于理解和掌握。

(6) 正确处理"定"与"变"、"破"与"立"的关系

管理规范要有一个相对稳定的时间，不能朝令夕改。为此，要坚持先立后破的原则，只有制定出新的、合理的制度规范，并让员工逐步熟悉和习惯之后，才能废除旧有的规程。

（7）管理制度的改革和管理规范的修订相结合

企业外部环境的变化及内部管理制度的改革，都涉及相应的管理规范的修订。凡是进行企业经营战略的转变、组织机构的改组、各项专业制度的改革，都必须相应地修改有关的管理规范。

规范性可以从两个方面体现出来：一是顾客关系质量管理体系手册；二是程序文档标准化。

顾客关系质量管理体系手册是阐述企业顾客关系质量管理方针目标、质量体系和质量活动的纲领指导性文件，也是质量体系建立和实施中的主要依据。质量手册的编制是以 ISO 9001 标准为依据的，根据组织的顾客关系质量目标，系统识别影响质量的各个直接过程和间接过程，描述这些过程之间的相互关系，并规定对重要过程进行有效控制的各项准则。

通过编制顾客关系质量管理体系手册，一方面可以使企业相关工作"有法可依"；另一方面可以以此为手段，促进各级员工通过对质量手册的学习获取有益的质量管理知识，从而不断提高意识和能力。

对顾客关系质量管理体系手册的理解应注意以下几点。

（1）质量手册的内容是质量管理体系。

（2）组织编制质量手册的目的是通过文件形式来规定组织的质量管理体系。

（3）满足 GB/T19001 – 2000 标准要求的质量手册的内容至少应包括以下内容：

①质量管理体系的范围；

②为质量管理体系编制的形成文件的程序或对其引用；

③质量管理体系过程之间相互作用的描述。

具体来讲，质量手册的具体内容见表 5 – 8。

表 5-8 质量手册的具体内容

组成部分	主要内容
前言	
企业简介	简要描述企业名称、企业规模、企业历史沿革,隶属关系,所有制性质,主要产品情况(产品名称、系列型号),采用的标准、主要销售地区,企业地址、通信方式等内容
目的	说明为什么开展该项活动
范围	说明活动涉及的(产品、项目、过程……)范围
职责	说明活动的管理、执行及验证人员的职责
程序内容	详细阐述活动开展的内容及要求
质量记录	列出活动使用或产生的记录
支持性文件	列出支持本程序的第三层文件
手册介绍	介绍本质量手册所依据的标准及所引用的标准;手册的适用范围;必要时可说明有关术语、符号、缩略语
颁布令	以简练的文字说明本公司质量手册已按选定的标准编制完毕,并予以批准发布和实施。颁布令必须以公司最高管理者的身份叙述,并予亲笔手签姓名、日期
质量方针和目标	—
组织机构	行政组织机构图、质量保证组织机构图是指以图示方式描绘出本组织内人员之间的相互关系。质量职能分配表是指以表格方式明确体现各质量体系要素的主要负责部门、若干相关部门
质量体系要求	根据质量体系标准的要求,结合本公司的实际情况,简要阐述对每个质量体系要素实施控制的内容、要求和措施。力求语言简明扼要、精练准确,必要时可引用相应的程序文件
质量手册管理细则	简要阐明质量手册的编制、审核、批准情况,质量手册修改、换版规则,质量手册管理、控制规则等
附录	质量手册涉及的附录均放于此(必要时,可附体系文件目录、质量手册修改控制页等),其编号方式为附录 A、附录 B,依此顺延

质量管理体系手册编制完成后需要对其进行评价，对管理体系手册的评价可以从以下几方面入手。

系统性。系统性要求手册编制时要从管理体系的总体出发，着眼于全局和系统的优化，并在内容编排上充分体现质量管理体系的总体性要求、局部性要求和基础性要求的层次关系。

协调性。协调性要求手册的内容保持协调，同时与组织的其他管理制度、管理标准间协调一致。

可操作性。可操作性要求手册所述的各条款必须有较强的可操作性，一经最高管理者发布实施就必须贯彻执行。

程序文档标准化。程序文档标准化要求组织对关系质量管理中应维护的文档制定相应模板，供企业员工使用。一般情况下，至少应该对以下四种程序文档规定模板。

第一，顾客资料文档。

对顾客进行日常及分类管理。对已形成的文档，应指定专人进行归档管理，明确入档、调阅、借用文档的工作流程和审批权限，形成编写人、借用人、保管人、审批人分立的互相监督、互相牵制的局面，以减少因管理混乱而造成顾客档案缺失的现象。顾客资料文档一般包括的内容见表5-9。

表5-9　常见顾客资料文档包括的内容

组成部分名称	主要内容
顾客基本情况	包括注册名称、地址、企业类别或性质、经营范围和期限、执照的有效期限、发证机关、制造许可证、注册资本、法人代表、生产管理认证、产品质量认证等

续表

组成部分名称	主要内容
销售人员信息记录	是指企业销售人员通过实地访问和电话、信函了解到的许多顾客内部信息,包括该顾客对待各交易环节的习惯态度和做法,特别是对于偿付贷款的一般做法,同时要记录顾客的付款情况,并随着每次交易进行动态管理情况
同行对顾客的资信评价	企业与同业相关部门通过电话、信函、E-mail 等方式从对方获得自己需要的信息
公共管理资信记录	主要是通过司法部门、行政部门和媒体部门得到的顾客资信方面的内容,具体包括在法院、工商、税务、公安、许可证发放主管部门等国家机关和报纸、电视、网络等新闻媒体形成的资信记录
商业资信证明书和顾客开户银行资信证明书	由具备一定的资信调查和评估水平的专业机构,根据企业的要求提供客户资信报告服务并形成客户资信报告
企业资信综合调查报告	是指委托企业资信调查中介机构对顾客资信档案的形成和积累始终进行一个动态的管理,只要双方有经济上的交往,档案就在不断形成

顾客资料文档应做到以下几点。

准确。是指产权来源清楚,证件手续齐备,符合法律政策,记录与实际相符。

完整。包含两方面内容:一是各种表册项目无缺项;二是各种证件、证明材料无遗漏。

及时。顾客资料文档随销售过程的进展不断更新,随时反映更新情况,使之符合现状。

第二,项目实施的流程规范。

流程是一个组织在一定目标指引下进行各项工作的基本规范和工作方法,包括工作目标、职责划分、信息传递、质量标准等。项目实施的流程规范主要阐述在项目开发实施过程中的各个阶段的规范。此规范能够让整个组织清楚地理解项目实施的目的、影响、进度，可以有效地保证按时、保质、保量完成预期交付的任务。

第三，部门之间的工作流程规范。

工作流程是指企业内部发生的某项业务从起始到完成，由多个部门、多个岗位，经多个环节协调及顺序工作共同完成的完整过程。简单地讲，工作流程就是一组输入转化为输出的过程。工作流程管理是一个单位或一个部门业务工作的集中体现，是企业基础管理和质量管理的重要组成部分，它与企业内部各项管理制度、员工岗位职责等共同构成了企业的内部控制系统。工作流程是工作效率的源泉。管理学界认为，流程决定效率，流程影响效益。好的工作流程能够使企业各项业务管理工作良性开展，从而保证企业的高效运转；相反，差的工作流程则会问题频出，部门间、人员间出现职责不清、相互推诿等现象，从而造成资源的浪费和效率的低下。因此，设计、建立科学、严谨的工作流程规范并保持这些流程得到有效执行、控制和管理，对一个企业、一个单位或部门至关重要。

第四，处理顾客反馈问题的流程。

顾客反馈是企业必须面对的事情。处理得不好，将会使公司失去顾客，甚至失去更多的潜在顾客；处理得好，可以提高顾客的满意度，其结果是为企业带来更大的效益。企业应制定明确的顾客反馈处理流程，明确顾客反馈的入口、各部门之间的处理流程、与顾客沟通的流程以及针对相关责任者、管理者、监督者的可量化的奖惩制度。

2. 有效性

有效性是指组织对完成所策划的活动并达到策划结果的

程度所进行的度量,即通过质量管理体系的运行,完成体系所需的过程或者活动,从而达到所设定的质量方针和质量目标的程度,包括与法律法规的符合程度、顾客满意程度等,描述组织建立、实施顾客关系质量管理体系在各方面的收益等。ISO 9000:2000 标准中对有效性的定义为:完成策划的活动和达到策划结果的程度。质量管理体系的有效性是指所建立的质量管理体系的运行结果实现预定目标的程度,有效性至少应体现以下几个方面。

第一,实现本组织的质量方针和质量目标的程度。
第二,产品质量持续稳定、符合要求并有所提高。
第三,不断提高组织的顾客和其他相关方的满意程度。
第四,持续的质量改进机制已经形成。

为判定质量管理体系的有效性,组织可将有关的信息与设定的质量方针、质量目标进行对比,判断质量管理体系过程是否达到预定的目标。这些信息主要有:顾客的反馈,包括对顾客的满意程度、不满意程度的测量结果和顾客抱怨;过程的业绩,即过程实现直接增值或间接增值而达到预期结果的程度,包括顾客对员工服务态度满意程度的提升、生产效率的提高、市场占有率的增加、成本的降低等;产品的符合性,包括与顾客要求、法律法规要求及组织要求的符合程度;审核的结果,包括内审和外审发现的产品、过程和体系的不符合等。

(1) 顾客满意度

2000 版 ISO 9000 族标准明确指出组织要以顾客为中心,把顾客满意度纳入指标体系是非常有必要的。

预期关系质量。消费者在购买特定产品或服务前对其关系质量的预期。

感知关系质量。消费者购买或使用特定产品或服务后对其关系质量的评价。

总体质量。消费者对特定产品或服务的总体印象和满意程度。

抱怨。消费者通过各种渠道向厂商或经销单位正式提出投诉的次数。

忠诚度。消费者继续选择该特定产品或服务的可能性。

(2) 员工素质

组织顾客关系质量管理体系的建立并有效运行，必定会使员工的质量意识、质量知识水平有大幅度的提高。有效运行的关系质量管理体系会大幅度地提高员工的综合素质。具体表现如下。

关系质量意识。该指标反映了员工对组织顾客关系质量管理体系的态度，对关系质量在组织经营中的作用的认识及其对自身质量责任的认识。质量意识差是工作质量差的根本原因。质量意识可以衡量一个员工的工作质量，也可以衡量一个组织的质量管理成效。ISO 9004：2000专门规定了"能力、意识和培训"，把质量意识与质量能力并列。质量意识具有对员工质量行为的控制功能，使其行为符合质量意识的要求。特别是在质量遇到冲击、出现波动的情况下，质量意识往往能够使员工坚持质量意识所指导的行为，不因外界的干扰而动摇或改变自己的质量行为。质量意识又具有对质量的评价功能。这种评价功能不是判断产品质量水平的能力，而是质量意识在对产品质量、工作质量和质量管理功能的价值评价中的具体表现，反映了员工的价值观，或者说质量在员工价值观中所占的地位及所起的作用。质量意识在工作中还具有调节功能。员工在工作中必然会遇到各种各样的问题，包括对质量的干扰、冲击、损害等，需要员工进行必要的调节。质量意识就能起到这样的调节功能，它是质量意识的具体表现，但又有其独特的意义。

质量知识水平。该指标反映了员工对一般性质量知识的了解，并能利用所掌握的质量知识指导自身工作。所谓质量知识，包括产品质量知识、质量管理知识、质量法制知识等。一般说来，质量知识越丰富，对质量的认知也就越容易，对质量也越容易产生坚定的信念。丰富的质量知识也能够提升员工的质量能力，使其产生成就感，增强对质量的感情。可以说，质量知识是员工质量意识形成的基础和条件，但是，质量知识的多少同质量意识的强弱并不一定成正比。

技术水平。该指标反映了员工在实施顾客关系质量管理体系过程中技术水平的变化。

文化教育程度。该指标反映了组织实施顾客关系质量管理体系后个人综合能力方面的变化。

（3）企业文化

企业文化是企业在生产经营实践中逐步形成的，为全体员工所认同并遵守的，带有本组织特点的价值观、信念和行为方式的总和。组织实施质量管理体系必然对组织本身产生深远的影响，特别是对企业文化来说是一次不小的革命。

企业文化涵盖四个方面：物质文化、行为文化、制度文化及精神文化。这里的"物质"是指在经营管理过程中所产生的"产品"；"行为"是指各职能人员在各种经营管理活动中的素养表现；"制度"涉及企业的工作流程、管理制度以及所遵循的法律规章、职责分配和奖惩考核等内容；"精神"则是企业意识形态的总和。从企业文化结构的四个层次看，质量管理体系要求也与之相辅相成，形成互补模式。质量管理所包括的质量策划、质量控制、质量保证和质量改进无一不视质量为生命的活动,与企业的"物质文化"和"品质文化"的原则毫无二致。标准中对"职责、权限、沟通"与"人力资源"的规定,以及以人为本的"全员参与"质量管理原则可以与企业的"行为文化"互相嵌入,甚至融为一体。在质量管理体系文件中,其质量手册、质量计划、规范,以及指南、记录、作业指导文件等所包容的内容则是企业"制度文化"的主要方面。

质量文化。国务院颁布的《质量振兴纲要》明确要求:"企业要加强精神文明建设,努力培育企业质量文化。"企业的质量文化是企业文化的主要内容,是质量管理的基础。在市场经济条件下,企业必须建立既能促进企业发展,又能维护社会共同利益的企业文化,只有这样才能为企业长期保持良好的经营业绩创造条件。质量文化是以质量为中心,建立在物质文化基础上的、与质量意识和质量活动密切相关的精神文化活动的总和。决定质量文化的核心因素有两个:一是全员的质量意识;二是员工的综合素质。随着组织质量管理体系的有效运行,以及员工的质量意识、质量知识水平的不断提高,企业质量文化的内涵也在不断丰富。不断丰富的顾客关系质量文化内涵是组织顾客关系质量管理体系有效运行对企业文化的贡献。

学习氛围。面对激烈的市场竞争,企业只有变成学习型组织,通过不断的学习才能立于不败之地,未来只有学习型组织才能抓住发展的机遇。组织实施顾客关系质量管理体系后,各方面的工作都变得规范化,对员工也提出了更高的要求,这必然促使员工加强学习,必然营造出浓厚的学习氛围。好的学习氛围是组织质量管理体系有效运行对企业文化的贡献。

竞争氛围。只有经得起竞争的组织才能在全球经济一体化的潮流中获得发展。从一个角度来看，有效运行的顾客关系质量管理体系必然是人尽其职，杜绝了人浮于事的情况。从另一个角度来看，有效运行的顾客关系质量管理体系营造了良性的竞争氛围。良性的竞争氛围是组织质量管理体系有效运行对企业文化的贡献。

3. 可持续性

建立顾客关系质量管理体系的核心在于建立一种能够自我改善和创新的机制，这是维持组织生命力的根本所在。这种机制可以有效地防止并及时发现体系中存在的问题，进而采取纠正和预防措施，进行关系质量的改进。纠正与预防是对体系机体的改善，而关系质量改进则是在改善的基础上的创新。因此，顾客关系质量管理体系应从长远或者战略上考虑。

可持续准则描述了组织对顾客关系质量管理体系运行的响应情况，它是对组织关系质量管理体系可持续获得的能力的描述。一个成熟的管理体系，应该具有一种自我纠错的机制，不断适应客观环境的变化，能够不断创新。持续改进的目的是提高质量管理体系满足顾客要求的能力。如果组织对顾客关系质量管理体系运行的情况及时总结，强化、提高、推广好的做法，及时补救不足，制定防范这种不足再次发生的措施并贯彻实施，那么组织获得长期的顾客关系质量管理体系有效性是有物质基础的，是必然的。否则，组织的发展就是不可持续的。

（1）管理评审

管理评审是组织最高管理者召集各级管理者及与关系质

量管理有关的人员对组织顾客关系质量管理体系进行评价的一项重要活动，是管理层对整个企业在一定的时段内质量管理体系运行情况总结成绩、分析问题、解决问题的过程。成功的管理评审可以通过及时总结经验找出差距，并结合市场的变化和企业自身发展的需要提出改进措施。因此，管理评审是组织获得可持续的顾客关系质量管理体系的重要环节，这对确保质量管理体系持续的适宜性、充分性和有效性具有不可替代的重要作用。

管理评审必须由最高管理者负责主持，它是由组织高层领导、管理者代表（质量负责人）和质量管理体系所覆盖的所有部门负责人参加评审的管理活动。其目的是评价目前运行的质量管理体系的适宜性、充分性和有效性，及时发现质量管理体系的薄弱环节，并寻找改进的机会。其作用在于使质量管理体系文件的修改、组织机构的调整、资源配置、技术革新等全局性问题得到持续改进。

对顾客关系质量管理体系进行评审主要是从以下三个方面进行的。

第一，评审质量管理体系的适宜性。评审顾客关系质量管理体系是否与所开展的工作相适应，是否与内部、外部变化着的环境相适应。根据评审结果，做出是否需要及时调整质量方针、质量目标、质量管理体系，以及增加资源和改编过程的安排等的决策。

第二，评审质量管理体系的充分性。评审质量管理体系以及相关活动是否能充分满足顾客的要求，是否充分符合标准/准则和法律法规的要求。从质量管理体系的运行情况分析质量管理体系文件的规定是否充分，以及质量管理体系是否充分发挥了企业的实力、是否充分利用了资源、是否需要修订文件等。根据评审结果，修订本质量管理体系文件或采取必要的改进措施。

第三，评审质量管理体系的有效性。对质量管理体系运行结果是否达到预期效果所进行的评审，包括评审质量目标量化是否得当、是否落实到部门或者岗位上、对质量目标的考核是否有效，以及评审质量管理体系运行主要过程的效果、对检测结果质量的影响，还包括对培训、实施纠正措施和预防措施的效果进行评审。通过有效性评审，组织对那些没有达到预期效果的情况应及时分析原因，进一步采取有效的措施，以达到持续改进的目的。

组织要重视管理评审的输入。管理评审所需的信息来源通常被称为评审的输入，组织应特别关注质量管理体系运行中长期存在的问题，由此对系统性问题提出解决的对策，并将这些对策写入质量管理体系文件，从而不断改进。管理评审的输入一般包括但不仅限于以下方面的信息：

①质量方针和程序的适用性；

②管理和监督人员的报告；

③近期内审的结果；

④纠正和预防措施的实施情况及效果；

⑤由外部机构进行的评审；

⑥上次管理评审采取的决策实施情况及效果；

⑦可能影响质量管理体系变更的因素，如工作量和工作类型的变化、能力扩充等；

⑧顾客的反馈；

⑨投诉/申诉；

⑩其他因素，如质量控制活动、资源，以及人员培训和日常管理会议中有关议题的研究；

⑪改进的建议。

其他可以考虑的输入包括：

①培训需要；

②供应商问题；

③设备需求和维护；

④工作环境和基础设施。

召开管理评审会议是评价质量管理体系的持续适宜性、充分性和有效性的重要手段，上述情况及改进的方向都需要在管理评审会议上得到解决。管理评审会议必须由企业法定代表人及质量管理体系所覆盖的所有部门负责人参加。相关部门应于管理评审会议前将汇总报告发给每一位与会者，由法定代表人听取质量体系运行情况、各部门汇报有关工作情况并提出不足及改进意见，并对议题逐项讨论，形成最终意见。最后由质量管理部门根据管理评审结果形成管理评审报告，明确评审后输出的改进要求，经最高管理者批准后印发给各有关部门实施改进。

管理评审提出的问题和改进意见由责任部门在规定时限内完成实施，质量管理部门应监督责任部门的落实改进措施，并将跟踪验证结果以书面的形式向质量负责人报告。由质量管理部门负责对管理评审决议进行跟踪验证，编制改进进度一览表，按计划监督其尽快完成改进工作。

最高管理者应定期评审质量管理体系。对于一个已经建立并且有效的质量管理体系来说，每年评审一次就可以了。如果策划更改或者更改实施，则需要更频繁的评审。参与评审的人员应能够对任何结果采取措施。

组织应采用一致的方法评审质量管理体系，应考虑以下事项：

①质量方针和目标对当前需求的适合程度；
②质量管理体系是如何工作的，目标是否达到；
③过程业绩分析；
④质量问题和采取的措施；
⑤顾客反馈，包括顾客投诉；
⑥质量审核报告（内部和外部）；
⑦需要改进/更改的方面；
⑧上一次评审的主要措施。

评审和审核不是一回事。事实上，对其最好的理解是，审核的结果是管理评审的一部分。

评审的方法应适合企业实践，包括以下几个方面：
①正式的、面对面的会议，包括议程、备忘录和正式确认的措施；
②上述关于电话会议或互联网的变量；
③企业范围内的各种不同层次的评审，并向评审报告的最高管理者报告，评审记录需要保留，包括所有的评审点、采取的措施和分配的目标、日期。

记录可以是适合企业的任何形式，如以日志或日记形式记录的正式的会议备忘录或笔记等，也可以以书面或电子形式（计算机数据）进行生成、分发和存储。

（2）过程积累

企业应该及时总结在顾客关系质量管理过程中的经验教训，将其总结整理，以便日后引用，不断积累，使其成为组织的过程财富。该指标描述了组织在管理维护、增加修改组织过程财富方面的工作。

（3）TQM 推进

ISO 9000：2000 的《基础知识与术语》标准中给出了

全面质量管理（Total Quality Management，TQM）的定义：全面质量管理是一个组织以质量为中心，以全员参与为基础，其目的在于通过让顾客满意和本组织所有成员及社会受益而实现长期成功的管理目的。

全面质量管理是在20世纪60年代初由美国著名专家菲根堡姆提出的。它是在传统的质量管理基础上，随着科学技术的发展和经营管理上的需要而发展起来的现代化质量管理，是一种由顾客的需要和期望驱动的管理哲学。TQM是建立在以质量管理为核心、全员参与为基础的一种管理方法，其目的在于长期获得顾客满意，实现组织成员和社会的利益，现已成为系统性很强的科学管理体系。

全面质量管理是在企业中以质量为中心，建立在全员参与基础上的管理，它重视人在顾客关系质量管理中的作用，强调全员的、全过程的、全面的关系质量管理。企业TQM的推进程度也将影响组织顾客关系质量管理体系的成熟度水平。全面质量管理的基本内容是"三全"，其内容包括以下三点。

第一，对全面质量的管理。全面质量是指所有质量，它不仅包括产品质量，还包括工作质量、服务质量。在全面质量中，产品质量是核心，企业应以质量为中心。

第二，对全过程的管理。对产品的质量管理不只限于制造过程，还扩展到市场研究、产品开发、生产准备、采购、制造、检验、销售、售后服务的全过程。

第三，由全体人员参与的管理。企业把"质量第一，人人有责"作为基本指导思想，将质量责任落实到全体职工，为人人保证和提高质量而努力。

TQM推进的要点见表5-10。

表 5 – 10　TQM 推进的要点

要点	内容
顾客满意	顾客包括两种：外部顾客和内部顾客。外部顾客是指公司产品的最终用户，内部顾客是指在公司内部和自己的工作有联系的那些人
全员参与	质量不仅仅是质量管理部门的事，每一个员工都有维护质量的责任。每个员工都有责任，也有权利提出改进建议，并将合理的建议付诸实施
团队精神	TQM 要求全体成员之间进行有效交流，紧密合作。管理者要改变发号施令的角色，变成教练、协调人、组织者
百分之百的优质	任何一个小错误都可能造成大的损失。只有消除侥幸心理，时刻追求百分之百的优质，才能实现 TQM，充分满足顾客需求
贯彻始终	在产品开发的每一个阶段都应实行全面的质量管理，而不是仅在某一阶段
事前主动	防患于未然，经常组织讨论，主动寻找出可能发生的问题，并及时加以解决
持续改进	实施 TQM 不可能毕其功于一役，必须坚持持续改进，将 TQM 融入日常的工作和管理中

第六章
软件企业顾客关系
质量应用案例

  软件产业是信息产业的核心与灵魂，是知识经济时代的重要经济支柱产业，具有极强的行业带动力和辐射力，也是21世纪国际竞争的焦点和战略制高点。目前，软件产业已成为我国信息产业中增长最快、潜力最大的产业。软件产业是现代高技术产业中的"劳动密集"型产业，人才的素质及水平的高低决定了企业的成败。软件产业又是一门特别要求创造性的产业，产品的档次和质量、生产率的高低，无不取决于人的因素。

  软件企业是发展软件产业的主体。软件企业不同于一般的制造业企业，在软件企业中，不仅组织管理者是人，生产工具也是人，企业的管理团队和核心专长能力在企业的发展中发挥着重大作用。人是软件企业的最大资源。用户资源对软件企业也具有特别的意义。高质量的顾客关系能促进顾客与软件企业的互动式发展，并带来持续增值的长期合作伙伴关系。高质量的顾客关系对于企业与顾客来说均是需求满足的关键。

第一节 软件企业及其产品的特点

一 软件企业的特点

企业的特点直接影响着顾客关系质量。软件产业是一个朝阳产业,是决定国家 21 世纪国际竞争地位的战略性产业。随着信息技术的飞速发展,软件产品已被应用到社会的各个领域,同时软件企业也陷入了激烈的竞争中,软件企业面临着许多竞争和挑战。软件企业是指从事软件产品开发、生产、销售或提供软件服务的企业。根据企业所提供的产品和服务的内容及对象不同,可将软件企业分为专业软件服务商、企业解决方案提供商和大众市场软件提供商。[①] 软件企业的一般特点如下。

(1) 研发成本高,但规模经济效应明显。软件企业具有高投入、高产出的特点。对一个大型工具类软件的开发往往投资很大,需要集中几千甚至几百个软件工程师,协同工作数月乃至数年,才会有结果。研究与开发是软件企业最重要的经营要素,也是软件产业作为典型知识经济产业的特征之一。

(2) 无形资产比重大。软件企业作为知识密集型高科技企业,其资源要素包括人力、技术与产品、营销服务网络、用户群、合作伙伴、品牌及工业产权、资金及其他有形资产。在资源的比重和顺序结构上,软件企业有别于传统企业的是软件企业的无形资产是其主要资产形式,有形

[①] 高晓菲、张巍:《软件企业的行业特点及价值链分析》,《科技风》2008 年第 10 期。

资产成为相对次要的资产。在无形资产中，人力资源成为最重要的资源，表现出年轻化、学历高的特点。人力和技术等资源具有很大的不确定性，同时却对企业起着至关重要的作用。

（3）技术骨干流动风险大。软件企业无须很多的固定资产，其最大的资产就是软件人才及其拥有的知识和技能，而这种知识是无形的，它固化在软件研发人员的大脑中。同时，低年龄、高学历的人力资源特点，加上技术人才供需矛盾，容易产生较高的流动性。因此，对于软件企业而言，软件人才的流失，尤其是技术骨干的流失，将带走它们最重要的财富，有的甚至给软件企业带来毁灭性的打击。

（4）服务性强。软件产品的售后服务工作量大，而且软件企业在做系统集成时必须对用户需求有深入了解，在实施项目过程中必须得到用户的密切配合，因此兼具制造业和服务业的特点。

（5）管理难度大。软件工程是系统工程，其项目往往工期长，投入大，资金回收慢；脑力劳动多，产品无形，对员工的工作难以量化考核；团队协同要求高，管理上的难度较大。

（6）涉及领域广。随着信息技术的飞速发展，软件产品已被应用到社会的各个领域。软件产业几乎可以与所有的传统产业结合，并带动其他产业的发展。

二 软件企业产品的特点

企业产品的特点分析是研究顾客关系质量的基础，软件企业应结合行业分析产品特点。以下主要针对软件产品的特点进行分析。

（1）边际成本低。软件产品的边际成本等于零，这是软件产品区别于普通工业产品的最突出的特征。软件是通过人的智力活动把知识与技术转化成信息的一种产品，软件开发主要依靠人工完成，其价值主要体现在信息而不是载体上。软件产品的生产没有明显的制造过程，一旦开发成功，就可以大量地以极低廉的成本复制同一内容的副本。一旦第一份软件产品研制成功并得到市场认可，则拷贝和分销每件产品的边际成本就相当低廉，甚至可以忽略不计。这就是软件产品高固定成本、低边际成本的特殊成本结构。例如，微软 Windows 95 的研发成本高达 10 亿美元，但之后每份拷贝的费用却只有仅仅几美元。因此，不考虑批量生产软件的复制费用，每增加一个产量，软件的总生产成本不变，即软件产品的边际成本等于零。随着软件产品产量的增加，其利润空间越来越大，而且软件产品不需要库存，无须存货，因此没有库存成本，也无须运输工具，可以在互联网上传输给购买者，它的售后服务也可以在网络上进行。这种特点决定了在规模经济下，软件产品的低成本、高利润率。

（2）具有抽象性。软件是一种逻辑实体而非具体的物理实体，具有抽象性，必须依赖一定的载体存在。人们可以记录和保存软件，但不能像对物质产品一样直接操作软件。其抽象性使得软件产品的可见性差，虽然软件产品大都以软盘、光盘等实体表现，但消费者在购买软件时，并不能通过其实体表现而了解该软件产品的功能。

（3）具有封闭性。软件的源代码和最终产品（可执行文件）可以分离，最终产品具有一定的封闭性，在不公开源代码的情况下，软件产品对外界来说是一个黑箱，无法直接考察其内部结构和内容，只能通过特定工具测试和探索其性能。

（4）具有复杂性。软件是一个复杂的逻辑系统，其复杂性既来自它所反映的实际问题，也来自程序逻辑结构，并随着规模的增大而急剧增加。因此，对大型软件而言，即使公开源代码，其他企业也必须投入巨大的资源才能完全掌握。同时，系统的复杂性导致对软件的任何修改都可能会引入新的错误。

（5）具有不确定性。软件开发项目从一开始就存在高度的不确定性，这不仅反映在项目的难度、项目的开发上，也反映在项目开发的计划、开支和其他项目参数的变化上。而在项目进展过程中，其不确定性下降，在项目完成后的服务维护阶段，不确定性逐步消除。软件开发的这种不确定性主要是由客户需求的不明确、设计的不可预见性以及需求和技术的不断变化决定的。

（6）具有依赖性。软件在计算机平台上运行，对计算机系统（包括软件和硬件）有着很强的依赖性。软件不能摆脱硬件而单独活动，因而可能被限制为某个型号的计算机所专用。同时，大部分软件的运行往往离不开其他的软件，特别是操作系统的支持，使其可能无法在其他操作系统上应用。

（7）具有规模不经济性。与软件复制的规模经济性相对的是软件开发的规模不经济性。这是因为软件产品的规模越大，复杂性就越强，因此所需要的软件开发人员就越多。这将直接导致项目组中每一个人在使用和理解公共资源及与其他成员沟通上所花费的时间及成本增加，个人之间的差异和分歧对整个生产率产生不利影响的机会也变大。

（8）要求不断升级。在软件的运行和使用期间，软件企业没有硬件的机械磨损和老化问题，但是在生命周期内，为了修正错误和适应新的需求，旧版本需要不断升级。

第二节　软件企业顾客特性分析

一　外部顾客

软件作为一种信息产品，是一种逻辑的而非物理的系统。软件企业的外部顾客是消费者，也是需求的提出者。鉴于软件产品的特性，软件企业顾客行为及特性主要体现在以下四点。

1. 交易周期长

一般性产品的销售，只要向用户进行简单的解释，用户就知道这种产品是什么，如何使用，自己需要不需要，如家用电器、书籍类产品等。而向顾客销售软件时，顾客往往不能很快了解软件的功能，不能确信软件是否如销售人员所说的那样有价值。让用户购买不太清楚的东西，自然需要更多的等待时间。尤其对于一些管理软件而言，企业在决策前往往会集中相关部门进行讨论研究，因此做出决策的时间也往往较长。

2. 需求弹性小

和购买一般产品相比，顾客对软件产品的需求弹性较小。由于软件产品之间有着较大的差异性，一套软件产品往往具有某些特殊的功能，能满足人们某些特定的要求，用户的着眼点往往是软件能给他们带来多大的效益，而不是价格的高低。因此，软件价格的高低对于迫切需要获得这些功能的顾客的影响不大。

3. "锁住"程度高

软件企业的顾客"锁住"程度比其他产品要高，老顾客往往是软件企业的主要顾客源。顾客一旦使用了某个软件之后，就不会轻易再选择别的软件。因为当使用者从一个软件转移到另一个软件时，将会产生成本，这些成本不仅包括软件更换的价格差别、数据转换发生的费用，还包括所需要的转换时间和使用者学习新软件的成本。因此，当顾客选择使用某软件之后，为了降低转移成本，顾客会不断跟随这个软件。

4. 双重身份

软件企业的顾客不仅是软件的使用者，还是需求的提出者。由于软件消费的连续性和即时更换性，顾客对软件企业的需求已超越了普通商业上的购买者和消费者身份，而兼具消费者和设计者的双重身份。软件企业的许多专业性需求都来自企业的专业顾客，顾客不断提出的新需求是软件企业产品发展的源泉，并能提高软件的易用性。顾客与企业的互动式发展，能带来持续增值的长期合作伙伴关系。

二 内部顾客

软件企业是知识密集型高科技企业，这决定了其人才结构中高素质人才和年轻人居多。根据目前国内软件企业现状，软件企业的员工特征主要表现在以下几个方面。

1. 知识型员工

软件企业是年轻人聚集的地方，软件公司往往充满了活力和激情，一般的中小型软件企业员工的平均年龄不会超过30岁。学历高是软件企业共同的特点，许多调查资料表明，在软件企业中，本科以上学历的员工占企业人数的比例基本上都能够达到85%以上。

2. 流动性强

年纪轻、学历高，再加上技术人才供需矛盾突出，这些特点容易使员工产生较高的流动性。同时，软件企业人才流失率普遍高于其他行业的另一原因是该行业迅猛的发展势头以及激烈的市场竞争。因此，在软件企业中，企业技术的积累非常重要。许多企业往往是在人员流失的同时，技术也被带走了。

3. 工作难以监控

由于软件产品的抽象性、无形性特点，因而对研发人员的工作过程难以监控，工作成果也难以衡量。在软件产品开发过程中，人起着关键作用，对员工的工作很难进行定量考核。

4. 自我价值实现感强

研发人员对知识和技术更新有强烈的需要，看重工作出色所带来的成就感和自我实现。同时，软件开发是一个创造性的工作，大多数研发人员喜欢自由的工作方式，不愿受束缚。

第三节　软件企业顾客关系的界定及关键维度

综合众多学者对关系质量的定义，结合软件企业顾客的特性，本书将软件企业顾客关系质量定义为：顾客对其在关系中感知到的价值及需求满足程度的认知评价。其内涵包括两方面：其一，顾客关系质量是顾客感知总质量的一部分；其二，顾客关系质量意味着关系主体需求的满足程度。

在软件企业中，关系质量要符合软件质量范例的标准，这是由关系特征决定的，这些关系特征应该满足顾客关系的需求，处于高质量中的关系没有阻碍满足顾客关系需求的缺陷。关系特征包括：①简洁、及时、有信息的沟通；②满足顾客合理的特殊请求；③可信任（当承诺去做某事时）；④符合客户企业文化及规范、标准；⑤为客户创造价值。

与上述特征相反的就可视为关系缺陷。

许多学者对关系质量的维度进行了研究，关系质量的维度应根据不同研究行业来具体选择。根据软件行业的特点及顾客特性，本书选取信任、沟通、承诺、满意作为软件企业顾客关系质量的主要维度，并对其进行分析。

1. 信任

Crosby、Evans 和 Cowles 等认为，信任是一种信念，顾客相信销售人员会为其提供长期的利益服务。Moorman、Zaltman 和 Deshpande，以及 Morgan 和 Hunt 将信任定义为依赖交易关系对方的意愿，并且对关系成员充满信心。Lewis 和 Weigert 认为，信任是一个不可或缺的多维的社会实体，它包含认知、情感和行为三个维度。

当关系的一方向关系的另一方寻求预期的或必需的行为，以相对高程度地确保获得未来利益时，信任在关系中就非常重要；当关系中存在不确定性和风险且没有合同与担保时，培养顾客的信任就尤为重要。

软件产品属于无形的知识产品，且技术含量较高，系统较为复杂。企业的外部顾客常常因为缺乏足够的知识而无法正确感知和评估软件的质量。因此，对软件企业的外部顾客而言，对销售人员的信任、对软件品牌的信任尤为重要。如果销售人员、服务人员能取得顾客的信任，让顾客相信企业提供的软件是高质量的且能满足顾客需求、能为顾客带来预期价值的产品，就能减少顾客的不确定性感知，缩短顾客的决策时间，节省交易成本，从而提高关系质量。

2. 沟通

沟通是为了设定的目标，把信息、思想、情感在个人或群体之间进行传递，并达成协议的过程。信任是有效沟通的基础。一些实证研究说明了沟通对软件开发的重要性。Curtis用访谈法研究了17个大型软件开发项目后发现，沟通和协调中断是导致软件项目失败的主要原因之一。McConnell通过文献分析，总结出12项软件开发的典型的错误，其中和沟通问题相关的错误有3项。

在软件企业中，与顾客的良好沟通非常重要。由于顾客对软件工作的流程不了解，对自己的需求也不能很好地描述，虽然很多顾客只是模糊地知道自己想要达成一个什么目标，但是心中也不清楚这个目标具体化后会是什么样子。如果软件设计人员不能就此和顾客进行很好的沟通，并对其需求进行引导，将很难设计出使顾客满意的产品。软件开发方与用户方对需求的确认都是通过有效沟通进行的。只有建立有效的沟通，才能研发出符合双方期望的软件。在软件开发前期进行有效的沟通，能减少开发中后期的需求变更，从而提高软件的质量。

在软件项目中，对软件需求的正确理解离不开良好、有效的沟通。软件企业中的项目经理、开发人员、需求人员及测试人员等之间的沟通非常重要，这种沟通能提高软件的质量，使之符合用户的需求，提高顾客的满意度。

有效的沟通对建立和保持与顾客的关系非常重要。要建立和保持与顾客的良好关系质量，企业的销售人员、服务人员要与顾客进行良好的沟通。软件的专业性要求软件企业的销售人员必须具备一定的专业知识并了解软件的功能、服务及可靠性等问题。企业通过双向沟通可以达到多种目的：收集市场信息使企业与环境相适应；传递各种信息使其对顾客的心理和思想产生重大影响。其结果不仅有助于维保与现在顾客的关系，还有助于与潜在的顾客建立关系。软件企业用人际沟通的方式经常向重点顾客询问他们对产品的想法、使用情况和新的需求，向顾客表达对其利益的关切之心，并通过沟通将新的服务传递给用户，进而增强顾客的信任感，提高顾客关系质量。

3. 满意

在现有的文献中，许多学者从不同角度定义了顾客满意。Crosby、Evans 和 Cowles 认为，满意是一种情感性的评价，是消费者与销售人员互动经验的响应，他们将满意分为三个方面：对人的互动满意、对核心服务满意、对组织满意。Hennig-Thurau 和 Klee 认为满意是一种短暂的情绪状态，它来源于顾客对单一产品/服务经历的评价与他们期望值比较的结果，是以某种内在的期望值作为基础标准，并认为满意是全面质量感知的前置因素。

Philip Kotler 指出维系顾客的关键在于顾客满意度，高度满意的顾客对企业会有如下好处。

（1）停留的时间更久。

（2）购买公司所推荐的新产品，并扩大其目前产品的购买范围。

（3）会向他人推荐公司及其产品。

（4）不太注意竞争品牌与广告，且对价格较不敏感。

（5）为公司提供其对产品或服务的新想法。

（6）比服务新顾客所花费的成本要低，因为交易活动已成惯例。

可见，无论对企业的外部顾客，还是对企业的内部顾客，软件企业必须尽力使顾客满意。

满意是指顾客自身的关系需求被满足的程度，它是由顾客的期望和服务的实绩决定的。由于受到生活习惯、经济、价值观等不同因素的影响，不同的顾客有不同的需求和期望。如果服务的实绩符合或超过顾客的期望，顾客就会满意；如果服务的实绩达不到顾客的期望，顾客就必然会不满意。

服务人员应不断了解顾客的满意程度、需求变化情况，并向顾客介绍企业软件的新产品、新功能。系统性地与顾客保持密切的联系，及时从顾客那里得到有价值的反馈信息，如对企业产品及服务的意见、评价，及时了解顾客的新需求。同时，使顾客感知到被重视，满足顾客的社会需求，并为顾客带来关系的情感承诺，提高顾客的满意程度。

4. 承诺

美国学者 Allen 和 Meyer 认为，承诺是个多维的概念，员工承诺包含员工的情感性承诺、持续性承诺和道义性承诺。情感性承诺是指员工喜欢在本企业工作；持续性承诺是指员工因"跳槽"代价过大或者缺乏"跳槽"机会而不得不继续在本企业工作；道义性承诺是指员工出于道义责任，觉得自己应该在本企业工作。Anderson 和 Weitz 指出，承诺是指一方希望与另一方建立长期稳定的关系，愿意为保持这一关系而牺牲本方的短期利益。Hennig-Thuran 和 Klee 则把承诺定义为顾客维持长期关系的导向，当顾客感觉维持关系对自己有利时，就会表现出承诺的意愿，不仅想要与企业维持现有的关系，也期待维持长久的关系。Moorman 等认为承诺是想要持续维持有价值的关系的愿望。O'Reilly 和 Chatman 将承诺视为一种个人对组织的心理依附。Dwyer、Schurr 和 Sejo Oh 认为承诺是指关系成员对维持关系的明显或隐藏的誓约，是交易双方互相依赖的最高阶段，交易双方因过去交易过程中得到的某种利益或满足而排除了与其他企业进行交易的可能。

第四节　提高软件企业顾客关系质量的策略

要想创造有效的关系质量特征，提高顾客关系质量，企业提供的关系就一定要适应顾客的特定需求。举例来说，一些顾客需要时常单独沟通，而有些人偏爱正式的交谈方式。要提供关系质量特征，关系的提供方就要了解顾客的关系需求，并且知道如何去传递这些质量特征，从而满足顾客需要。

1. 树立员工"以顾客为中心"的理念

软件产业发展迅速，同时顾客的需求也在不断变化。要满足顾客的各种需求，就需要企业的所有员工有"以顾客为中心"的理念。

对于与顾客直接接触的企业销售人员和服务人员而言，"以顾客为中心"是其提供优质服务的必要前提，只有为顾客着想，才能满足顾客的显性需求与隐性需求。销售人员及服务人员要站在顾客而不是自身产品的角度引导和告知顾客，使他们认识到正确利用信息化的工具会给自己现在和未来的发展带来哪些收益。对于企业的研发人员而言，虽然与顾客间接接触，其工作主要是研制、开发软件，但在研发过程中，也要充分考虑顾客的需求，使产品功能满足顾客需要，对顾客反馈的新需求及软件缺陷要及时考虑并解决。顾客与企业间的关系与每位员工的努力都息息相关，如果每一位员工都能做到"以顾客为中心"，必将推进企业更好地向"以顾客为中心"转型。只有为顾客着想，提高顾客价值，提高顾客关系质量，才能实现顾客与企业双赢。

2. 招聘优秀员工并进行培训

招聘优秀员工并进行培训，能提高企业产品的质量及提供的服务质量。由于软件产品的特性，软件企业需要的不是大量的物质资源，而主要是大量优秀的人力资源。因此，企业招聘优秀员工，对软件的开发、销售及服务都是非常重要的。企业提供服务的能力也相当重要。软件企业需要证明自己提供的相应服务能为用户带来增值，而且能让用户确信使用软件工作比用户自己完成工作更为有效。这都离不开优秀的员工。因此，在招聘过程中，企业要根据应聘者的经历、知识基础及交际能力，选聘优秀的人员。

软件企业需要大量有良好知识基础的员工，只有这样才能应对未来可能出现的突变。要创造正确有效的高关系质量，企业还应对销售人员、服务人员进行培训，如建立学习型组织，对员工进行正式或非正式的培训，使他们懂得分析顾客的行为方式，了解顾客的关系需求，并能使自己的行为传达这种关系特性，从而满足顾客的需求。同时，企业要不断激励员工，奖励关系型交易行为，鼓励员工重视关系质量，提高顾客信任程度。

3. 加强与顾客的沟通

首先，沟通是建立关系的重要手段。从经典的 AIDA 模型"注意－兴趣－渴望－行动"来看，营销沟通基本上可完成前三个步骤，而且平均每次和顾客接触的成本很低。良好的沟通有利于增加顾客对企业及其产品和服务的了解，促使顾客产生购买行为。其次，美国营销学家潘拉索拉曼（A. Parasuraman）与隋塞莫尔和贝坦认为，买卖双方之间的沟通在顾客评估服务结果的过程中发挥着核心作用。美国著名企业管理学家莱维特（Theodore Levitt）认为，买卖双方的相互沟通是企业留住顾客的重要营销策略。美国的一项调查表明，成功的技术革新和民用新产品中有 60% ~ 80% 来自用户的建议。因此，企业服务人员应不断与顾客交换意见，重视顾客的意见，强化与顾客的社交性联系，不断了解顾客是否满意，并根据顾客的具体需要灵活提供定制化服务，通过与顾客之间的持续的感情交流，使顾客产生对企业及员工的信任感。

软件企业的顾客既是消费者、使用者，同时又是软件需求的提出者。软件企业应系统性地与顾客保持密切的联系，及时从顾客那里得到有价值的反馈信息，如对企业产品及服务的意见、评价，及时了解顾客的新需求。软件企业要保持与顾客的联系，就必须在软件开发前期收集需求、确认需求，可减少软件开发中期的需求变更，从而保证软件开发的预期进度，提高软件的稳定性，同时使顾客感知到被重视，满足顾客的社会需求，并带来关系的情感承诺，增强其信任感。服务人员应不断了解顾客的满意程度及需求变化的情况，并向顾客介绍企业软件的新产品、新功能。

4. 建立以顾客为中心的企业组织结构

要求对顾客的需求和意见具有快速的反应机制，养成鼓励创新的组织氛围，组织内部保持上下沟通的顺畅，并实施分级授权，这是及时提供令顾客满意的服务的重要一环。如果执行工作的人员没有充分的处理决定权，什么问题都等待上级的命令，顾客满意就很难得到保证。

5. 利用 CRM 系统提高顾客关系质量

企业应该不断完善服务系统，包括提高服务速度、服务质量。利用 CRM 系统有利于保持畅通有效的顾客交流渠道，动态地管理顾客数据库和查询系统，及时识别忠诚顾客。企业运用顾客数据处理系统，可以使每一个服务人员在为顾客提供产品和服务的时候，明白顾客的偏好和习惯购买行为，从而提供更具针对性的个性化服务。

第五节 软件企业顾客关系质量管理体系的构建

软件企业的顾客关系因其顾客的承诺时间较长等特点而不同于其他行业。Bruce Russell 和 Sangit Chatterjee 指出，对顾客行为的观察研究表明，顾客对软件质量的感知不仅来源于产品质量、服务质量，而且来源于关系质量。如果处于高关系质量中，顾客相信企业会改进产品的功能缺陷，因此会继续使用企业的产品，重复购买并向他人推荐；如果处于低关系质量中，顾客往往会中止使用产品，并不再关注企业的其他产品。如果在软件项目的开发初期与顾客就有高关系质量，该软件就更可能被接受和使用，即使它有功能质量上的缺陷。Bruce Russell 和 Sangit Chatterjee 还指出了软件产品的功能性质量、顾客关系质量与顾客的购买行为之间的关系（见图 6-1）。[1]

---

[1] Bruce Russell, Sangit Chatterjee, "Relationship Quality: The Undervalued Dimension of Software Quality", *Communications of the ACM*, 2003 (8), pp. 85-90.

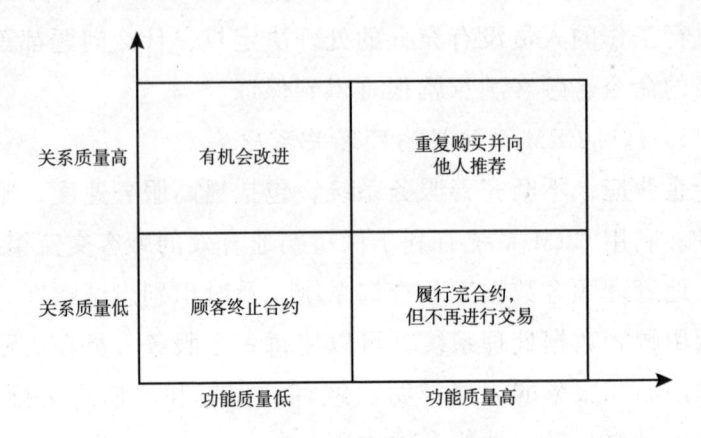

```
关系质量高    有机会改进        重复购买并向
                               他人推荐

关系质量低    顾客终止合约      履行完合约,
                               但不再进行交易

              功能质量低        功能质量高
```

图 6-1　功能性质量、关系质量与购买行为之间的关系

顾客关系质量管理体系的作用是为了实现提高关系质量的目标,使关系主体相信关系质量能够达到要求,满足自身的需求。顾客关系质量管理体系是一种客观存在的事物,它既是实施关系质量管理的基础,又是关系质量管理的技术和手段。建立顾客关系质量管理体系的最终目的是服从企业的质量方针和目标,对于软件企业构建顾客关系质量管理体系来说,能够指导企业改善顾客关系,提高顾客关系质量,为顾客创造价值,同时为企业提高竞争力、改善企业的经营绩效、提高企业的客户满意度给予有力的支持。

一　软件企业组织结构及工作流程分析

1. 软件企业组织结构分析

体系是要为企业服务的,因此必须对企业的组织结构进行紧贴分析。顾客关系质量管理体系是为了实现组织目标,针对不同管理对象,企业要提出相应的管理职能。可见,了解不同管理层的活动对于体系的构建有重大的指导作用。图 6-2 是某软件企业的组织结构。

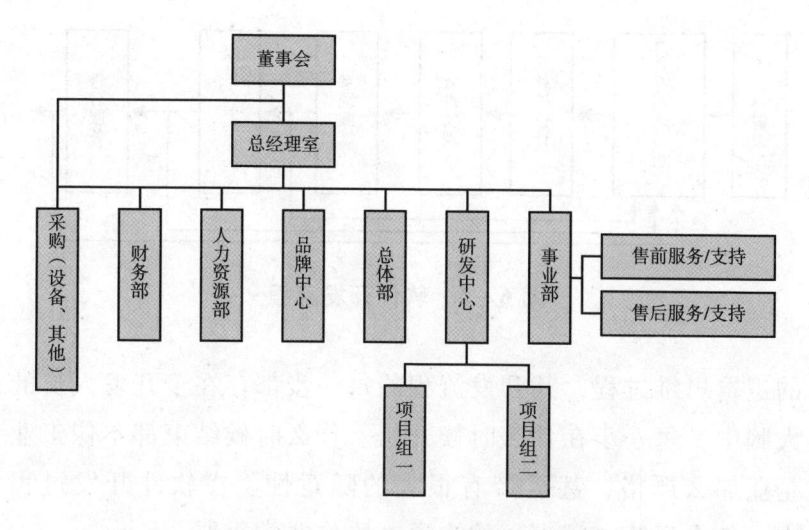

图 6-2　某软件企业的组织结构

企业内部各部门之间的工作需要有效沟通、互相协作。例如，研发部门一般希望有充足的时间开发稳定的产品，而客户服务部门为了尽快满足顾客不断提出的新需求，则希望研发部门能快速、高质量地完成任务。

2. 企业流程分析

对于软件企业而言，企业中最为关键的一项业务就是软件的开发，这项业务是基础，也是核心活动。一个软件开发过程可以被定义为"人们用以开发和维护软件及其相关产品（如项目计划、设计文档、代码、测试用例等，在模型中往往称其为软件工作产品）的一系列行为、方法、实践和转化过程"。一个标准的软件开发流程应该是：可行性分析和项目开发计划→需求分析→概要分析→详细分析→编码→测试→维护。软件开发的流程见图 6-3。

软件企业流程的特殊性在于，软件生产是一个相当复杂

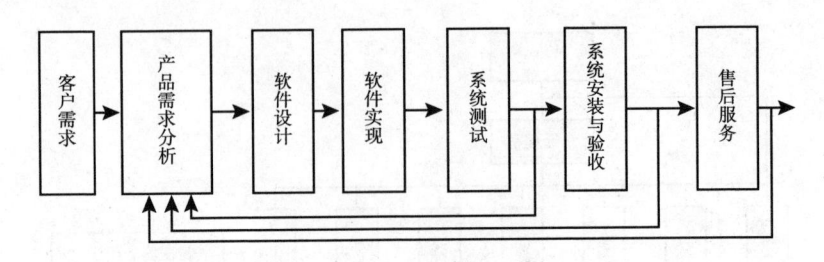

客户需求 → 产品需求分析 → 软件设计 → 软件实现 → 系统测试 → 系统安装与验收 → 售后服务

图6-3 软件开发流程

的逻辑思维过程,其开发流程的每一步都存在于开发人员的大脑中,每一步在什么时候开始、什么时候结束都不像工业企业那么严格,甚至带有很大的随意性。在软件开发过程中,各个环节之间人员的沟通、协作非常重要。

在软件企业中,软件产品的研究开发构成了企业价值链中最重要的基本活动。图6-4为软件企业价值链的基本组成。

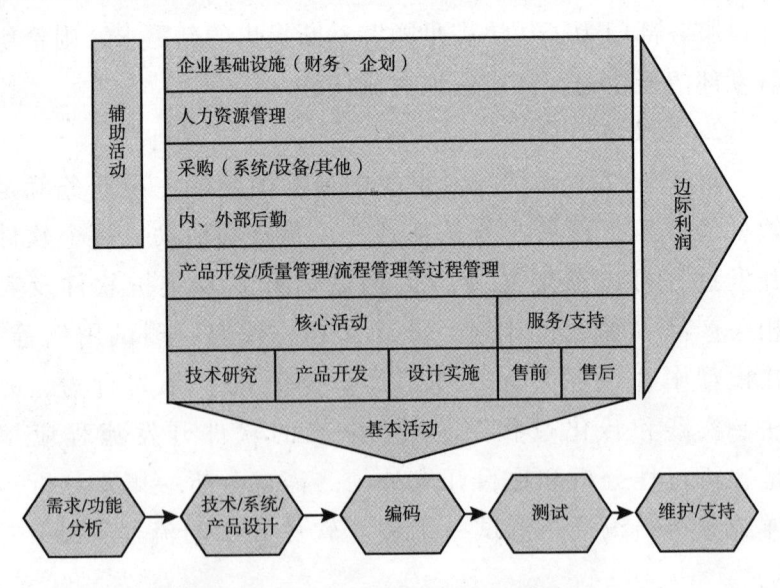

辅助活动	企业基础设施(财务、企划)		边际利润
	人力资源管理		
	采购(系统/设备/其他)		
	内、外部后勤		
	产品开发/质量管理/流程管理等过程管理		
	核心活动	服务/支持	
	技术研究 / 产品开发 / 设计实施	售前 / 售后	
	基本活动		

需求/功能分析 → 技术/系统/产品设计 → 编码 → 测试 → 维护/支持

图6-4 软件企业价值链的基本组成

软件企业在竞争激烈的市场中，一方面，为了取得更多的市场份额，为了使企业内部价值链得到最大的增值，就应该建立顾客关系质量管理体系，提高企业内部顾客的关系质量，加强员工之间的沟通，提高员工的满意度，从而使工作更有效；另一方面，内部员工关系质量的提高还能提高外部顾客的关系质量。

3. 企业文化的特殊性

软件企业是一个知识密集型企业，其生产特点有别于传统的企业，因而软件企业的文化也有其自身的特点。

一方面，受日益更新的信息技术的影响，软件企业的员工更偏好不断变化的空间，能够主动适应新技术、新事物，因此，这种企业文化是一种适应性文化，重视员工的独立性和灵活性，最大限度地满足个人需求，这与在行为模式和价值观上因循守旧、抵制变化的企业文化相距甚远。另一方面，软件企业的员工更崇尚技术的创新，对管理上的创新不太敏感，把技术看得高于一切，更看重个人潜能的充分发挥，甚至有时会导致个人英雄主义的产生。

二 软件企业顾客关系质量管理体系的构建原则

当前的大多数企业都兼具制造业与服务业的特点，而顾客关系质量管理与一般的产品质量管理相比有共性的一面，也有其自身的特点。因此，在建立企业顾客关系质量管理体系时，科学、合理地借鉴 ISO 9000 质量标准中的质量管理原则是十分必要的。

1. 以内、外部顾客为关注焦点

以顾客为关注焦点是质量管理最为核心的指导思想。顾客是每个组织存在的基础，即"组织依存于顾客"。因此，

"组织应理解顾客当前的和未来的需求，满足顾客要求并争取超越顾客期望"。作为一个组织，软件企业的理念就是向顾客提供优质的产品和服务。

软件企业的外部顾客一般包括软件的购买者和软件的使用者。与外部顾客直接接触、提供服务的是软件企业的内部顾客，即销售人员、实施人员，软件企业的研发人员要为销售人员、实施人员提供软件产品，并提供技术支持等。因此，软件企业应把企业的一切活动视为服务活动，使企业的顾客关系变为服务者与被服务者的平等关系，把企业的各项工作看成一个服务链，以外部顾客为服务中心，将内部顾客引入顾客关系质量管理体系中，一环紧扣一环，最终将高质量的顾客关系提供给外部顾客。对内，企业要与员工通过一定的渠道相互传递信息，了解员工的关系需求和期望，从而有针对性地满足员工的多样化和多层次的需求；对外，企业要了解顾客对关系的需求，从而降低顾客的交易成本、时间成本，为顾客创造价值。

2. 领导的作用

"领导通常确立本组织统一的宗旨和方向。他们应该创造并保持使员工能充分参与实现组织目标的内部环境。"这是质量管理成败的关键。它强调领导是落实质量管理原则的根本保证，是实现质量管理目标的原动力。

软件企业领导的作用主要体现在创造全员实现企业目标的工作环境和人文环境。因此，企业的领导者要根据企业的特点，以前瞻性的眼光、超前的意识和行为，为企业发展确定质量方针和质量目标，制定措施，狠抓各个环节、各类人员的工作落实，创造并保持良好的工作环境，使员工充分参与。同时，企业领导还要充分展示并发挥自己的人格魅力，通过自己的非职务性影响力，努力营造一种以人为本、团结民主、积极进取的文化氛围。

3. 全员参与

全员参与是一个组织的管理体系有效运行的重要基础，也是组织能够不断改进的保障条件之一。因为"各级人员都是组织之本，只有他们的充分参与，才能使其才干为组织带来收益"。

在软件企业中，任何一个环节、任何一个人的工作质量都会不同程度地、直接或间接地影响顾客关系质量。同时，员工及部门之间关系质量的提高，需要软件企业全员的共同参与。因此，企业应让每一位员工了解自身贡献的重要性及其在组织中的角色，包括职责、权限、工作内容及要求等。同时，使员工接受所赋予的权利和职责并解决各种问题，并根据自己应承担的目标评估其业绩，从而通过识别员工在得到承认、工作满意和个人发展等方面的需求和期望，确保最大限度地调动员工的参与意识和主观能动性，引导他们自觉主动地关心顾客关系质量，做好本职工作，进而保证全员参与顾客关系质量管理。

4. 过程方法

实现组织有序化管理的途径是对所有的活动都能实现分门别类的控制。要使组织的所有活动都得到控制，唯一科学的途径就是过程方法，即"将活动和相关的资源作为过程进行管理"。通常，软件企业为顾客提供的服务过程要持续较长的时间，这就决定了企业需要将顾客关系质量的改善分解为一个个过程来实现。而这些过程不是一个简单的按顺序排列的线性结构，而是一个相当复杂的立体网络。企业的服务过程可分为研发、销售、实施、维护等环节。这些环节相当于一个服务链，企业应明确这些关键环节的职责和权限，并对上述重点环节进行控制，通过内审、管理、评审等活动进行评估，从而达到各过程之间的协调，使各工作质量得到保障，同时提高顾客关系质量。

5. 持续改进

"持续改进总体业绩应当是组织的一个永恒目标。"它以满足顾客不断增长的需求为目标，是增强软件企业满足顾客要求的能力的循环活动。它与"以顾客为关注焦点"这一原则相呼应。持续改进的范围可以包括软件产品质量、服务质量和关系质量等方面，而关系质量取决于形成及支持它们的顾客关系质量管理体系过程的效益和效率。企业必须把分散在组织各部门、各环节的质量保证活动联结起来，为保证和提高顾客关系质量而互通信息、协同工作，组成一个高效、严密的质量保证的有机整体，并且始终按照"计划 - 实施 - 检查 - 处理"的管理循环不停地、周而复始地运转。有了这样一个自我完善、自我发展的机制，企业就可以不断增强竞争力，提高顾客关系质量，并使其在激烈的市场竞争中立于不败之地。因此，在软件企业顾客关系质量管理体系建立和运行的过程中，企业应设定持续改进的目标和标准，不断地进行对比分析，找出差距，制定对策，进行改进和创新。

6. 管理的系统方法

管理的系统方法是管理活动的一个普遍适用的方法。因为"将相互关联的过程作为系统加以识别、理解和掌握，有助于组织提高实现目标的有效性和效率"。软件企业顾客关系质量管理与企业内部各层次、各部门的工作密切相关，不能孤立地对某一部门、某一环节、某一要素进行管理，而应树立系统整体观，站在全局的高度，运用系统集成的方式进行管理和决策。系统功能发挥得如何，有赖于其部分功能的发挥。因此，在顾客关系质量管理过程中，企业必须贯彻系统方法中的"整－分－合"原则。

三　软件企业顾客关系质量管理体系的主要内容

在本书第四章第三节，结合 ISO 9000 标准 2000 版"质量管理过程模式"，提出了企业顾客关系质量体系主要由四方面内容组成，分别是管理职责、资源管理、顾客关系实现以及测量、分析和改进。

对于软件企业而言，虽然有其自身的特点，但在确定顾客关系质量管理体系时仍可按照这一框架展开，只需在细节上结合软件企业特点即可。

1. 管理职责

结合软件组织、软件产品及企业顾客的特点，软件企业的主要管理职责如下。

（1）制定质量方针、质量工作计划和顾客关系质量管理体系文件。

（2）提出并采取措施，加强顾客关系过程质量控制，防止出现顾客关系质量差的问题。

（3）制定各项工作交付应达到的标准。

（4）组织软件产品的设计评审以及各阶段的软件测试与验证。

（5）参与软件产品的验收、交付、安装和维护。

（6）确认和记录软件产品的质量问题。

（7）验证并纠正措施效果。

2. 资源管理

软件企业资源管理也可以分为人力资源管理、基础设施管理和工作环境管理三大部分。

(1) 人力资源管理。从顾客关系管理角度分析，软件企业相对比较突出的岗位有两个：一个是软件开发人员；另一个是销售及售后服务人员。软件开发人员是产品的提供者，直接决定了顾客对产品的满意程度。因此，软件企业必须重视软件开发各岗位对相应员工能力的要求，有针对性地开展质量意识教育，提供必要的培训和技术交流机会，建立合理的人才激励机制；销售及售后服务人员可以为顾客提供增值服务，这对提高顾客满意度也能够起到重要的作用。对于销售及售后服务人员，企业应制定合理的薪酬制度，提供必要的销售技巧、售后服务技巧、软件产品知识等的培训。

(2) 基础设施管理。基础设施管理包括软件企业组织结构的设置、工作任务和职责的分配、企业质量文化的建设、信息共享所需的设施架构等。

(3) 工作环境管理。工作环境管理包括员工工作环境的管理、企业产品销售地点的管理等。员工工作环境的布置应便于员工特别是软件开发人员进行工作。由于软件开发人员工作压力较大，因此在工作环境的安排上尤其要注意。一方面，要有助于个人独立工作；另一方面；要便于团队小组的交流和沟通。同时，也应开辟一定的空间，供员工放松休憩。在这一点上，互联网企业巨头谷歌公司就是一个很好的例子。对于产品销售地点的管理，主要应考虑顾客在选购软件产品时的需要，包括照明、员工着装、态度、产品的摆放等。

3. 顾客关系实现

软件企业应结合自身业务开展的实际情况，全面梳理企业内部的各项活动流程及彼此的联系，形成书面文件，构建全套管理文件，使员工在工作中有明确的依据。同时，要加强顾客关系管理一线工作。其中比较重要的工作有三类

（1）加强顾客分类管理。软件企业应根据顾客的不同情况，对顾客分类加强管理。例如，可以把顾客分为潜在顾客、预期顾客、现实顾客和流失顾客，并制定不同对策。应采取陌生拜访等不同方式挖掘潜在顾客，并编制潜在顾客名册，加强追踪。预期顾客是在对潜在顾客筛选的基础上得到的。对预期顾客应给予高度关注，有目标地建立联系，在条件成熟时及时促成交易。对现实顾客要加强关系的维护，使之成为企业的忠实顾客，建立相互信任的关系。对于流失顾客，则应进行相应分析，争取使之回归。

（2）提高内部员工满意度，带动外部顾客满意。软件企业向顾客传递的产品和服务是由员工来完成的。如果员工对企业不满意，就会将这种不满意带进工作中，从而影响向顾客提供的产品和服务质量，进而影响顾客满意度。因此，软件企业应随时了解员工对企业的态度，制定有效措施提高员工对企业的满意程度。值得注意的是，员工对企业的满意程度不仅取决于企业给予员工的报酬高低，还有很多其他方面的内容，如企业办公环境、企业文化氛围、合理的晋升机制等。

4. 测量、分析和改进

顾客关系不是一成不变的，因此顾客关系质量的管理也应随着企业环境的变化而进行适时的调整。对顾客关系质量管理体系进行测量是为了及时发现该体系中可能存在的缺陷

或问题，并进行有针对性的分析，提出处理建议，加以有效改进，从而促进整个体系始终适应企业发展的要求。

软件企业在对顾客关系质量管理体系进行测量时，可分不同领域有针对性地展开。例如，软件项目管理部门可以从产品功能、开发过程、安装过程、工程师表现、客户培训等方面展开，客户服务部门可以从维护支持、客户问题、问题受理等方面展开。表6-1为以上两大部门相关的参考内容，企业可以结合自身情况加以细化。

表6-1 软件企业相关部门测量内容及需获取的信息

部门	测量内容	需获取的测量信息
项目管理部门	产品功能：软件产品/应用系统的功能，软件产品包装、手册等资料； 开发过程：项目的前期调研、开发进度，软件需求调研质量，软件系统验收； 安装过程：按时交付，准时完成安装、调试，系统安装、集成质量； 工程师表现：技术能力、工作态度； 客户培训：技术培训效果、用户手册等技术文档的作用	客户对软件需求分析工作、软件产品/应用系统的功能、安装过程/系统集成、软件项目验收、工程师技术能力和工作态度、用户培训效果、技术文档作用等
客户服务部门	维护支持：维护请求响应时间、维护工作质量； 客户问题：投诉响应时间、投诉问题办理质量； 问题受理：热线电话、服务网站	客户对技术支持、售后维护、客户投诉办理情况的反馈等

在统计分析的基础上，应会同有关部门讨论并识别顾客满意方面所出现的问题，提出可具体实施的改进意见。这些意见的效果应在下次顾客满意度调查、统计分析结束后进行评估。

四 软件企业顾客关系质量管理体系的构建步骤

不同企业的业务特征、规模等虽然大不相同，但在开展类似工作时的步骤却大致相同。结合第四章相关内容，软件企业构建顾客关系质量管理体系时也可遵循如下步骤：

(1) 设置组织机构；

(2) 收集相关资料；

(3) 体系策划与设计；

(4) 分解系统，确定要素；

(5) 编制体系文件；

(6) 试运行与体系的内部审核；

(7) 正式运行与体系的持续改进。

五 软件企业顾客关系质量管理体系的成熟度评价

对软件企业顾客关系质量体系进行成熟度评价，是为了了解软件企业顾客关系质量管理体系建立和发展的水平，并通过评价来揭示该管理体系可能存在的问题或缺陷，为后续的持续改进提供基本的指导。

根据前述第五章的相关分析，软件企业顾客关系质量管理体系的成熟度水平也可以定义为五个级别，分别是初始级、可重复、已定义、持续改进和最高级别。这五个级别的具体描述和改进的主要方向可以在前述模型的基础上结合企业自身的实际情况加以细化。

软件企业在设计顾客关系质量管理体系成熟度评价指标体系时，也可以选取规范性、有效性、可持续性三大评价准则作为主准则，在表5-7的基础上，结合企业自身特点进行指标细化，在此不再赘述。

参考文献

[1]〔美〕艾登伯格：《4R 营销：颠覆 4P 的营销新论》，文武等译，企业管理出版社，2003。

[2] 白杨：《企业知识管理理论初探》，《情报科学》2000 年第 6 期。

[3] 百度百科，http：//baike.baidu.com/link？url＝－fiuDCznHHSt7bwqKLQHPZeRtEC＿0Bu87cWK1ZaR1s6warw－Cy＿mi1BFB8BXj9QE。

[4] 百度百科，http：//baike.baidu.com/view/777806.htm。

[5]〔美〕彼得·F.德鲁克：《知识管理》，中国人民大学出版社，1991。

[6]〔美〕布克威茨、威廉斯：《知识管理》，杨南该译，中国人民大学出版社，2005。

[7]〔法〕查尔斯·德普雷、丹尼尔·肖维尔主编《知识管理的现在与未来》，刘庆林译，人民邮电出版社，2004。

[8]〔美〕查尔斯·M.萨维奇：《第五代管理》，谢强华等译，珠海出版社，1998。

[9] 陈鹏：《知识管理对现代物流的影响》，《当代经理人》2005年第17期。

[10] 陈玉国、景奉杰：《从双向视角看关系营销》，《商业时代》2004年第18期。

[11] 储节旺：《国内外知识管理理论发展与流派研究》，《图书情报工作》2007年第4期。

[12] 邓湘琳：《国内外知识管理的研究进展》，《湘潭师范学院学报》（社会科学版）2007年第1期。

[13] 〔美〕蒂瓦纳：《知识管理十步走：整合信息技术、策略与知识平台》，董小英等译，电子工业出版社，2004。

[14] 丁蔚、倪波：《知识管理思想的起源——从管理学理论的发展看知识管理》，《图书情报工作》2000年第9期。

[15] 〔美〕菲利普·科特勒：《营销管理：分析、计划、执行和控制》，梅汝和等译，上海人民出版社，1997。

[16] 冯青：《国外过客投诉研究及其启示》，《外国经济与管理》2005年第10期。

[17] 〔美〕弗莱·保罗：《知识管理》，徐国强译，华夏出版社，2004。

[18] 付立宏、崔波：《近年来我国知识管理研究综述》，《郑州经济管理干部学院学报》2004年第2期。

[19] 高峰：《二十世纪世界资本主义经济的发展与演变》，三农中国网，http://www.snzg.com.cn/ReadNews.asp?NewsID=2973。

[20] 高晓菲、张巍：《软件企业的行业特点及价值链分析》，《科技风》2008年第10期。

[21] 顾基发、张玲玲：《知识管理》，科学出版社，2009。

[22] 〔美〕亨利·阿塞尔：《消费者行为和营销策略》，韩

德昌等译，机械工业出版社，2000。

[23] 郭媛媛、王季、宋占丰：《关系营销理论新发展及其思考》，《企业活力》2007年第1期。

[24] 江林：《顾客关系管理》，首都经济贸易大学出版社，2009。

[25] 〔美〕卡尔·弗莱保罗：《知识管理》，徐国强译，华夏出版社，2004。

[26] 李莉、杨亚晶：《国内知识管理研究综述》，《现代情报》2005年第10期。

[27] 梁燕：《顾客满意度研究述评》，《北京工商大学学报》2007年第3期。

[28] 林冬青：《知识管理理论与实务》，电子工业出版社，2005年第7期。

[29] 刘人怀、姚作为：《关系质量研究述评》，《外国与管理》2005年第1期。

[30] 卢金荣、郭东强：《知识管理热点问题研究综述》，《科技管理研究》2008年第1期。

[31] 吕庆华：《保持顾客关系是关系营销的关键》，《理论探索》2005年第1期。

[32] 吕新业：《企业知识管理系统构建与实施研究》，天津大学硕士学位论文，2004。

[33] 〔美〕罗伯特·布伦纳：《繁荣与泡沫》，王生升译，经济科学出版社，2003。

[34] 〔英〕马克斯·H.博伊索特：《知识资产：在信息经济中赢得竞争优势》，张群群、陈北译，上海人民出版社，2005。

[35] 马海群：《知识管理学科建设的若干基本问题思

考——兼评〈知识管理学〉》,《图书情报知识》2007年第5期。

[36]〔英〕麦迪森:《世界经济二百年回顾》,改革出版社,1997。

[37] 孟丁磊、王宇:《国内知识管理理论的发展》,《现代情报》2007年第8期。

[38] 潘芳莲:《试谈知识管理的特点》,《情报科学》2007年第7期。

[39] 潘旭伟、顾新建等:《知识管理工具》,《中国机械工程》2003年第5期。

[40] 彭锐、刘冀生:《西方企业知识管理理论"丛林"中的学派》,《管理评论》2005年第8期。

[41] 邱均平等:《知识管理学》,科学技术文献出版社,2006。

[42] 邱均平、文庭、张蕊、张洋:《论知识管理学的构建》,《中国图书馆学报》(双月刊)2005年第3期。

[43] 邱晓兰:《国内外知识管理研究对比分析》,《经济师》2009年第2期。

[44] 盛小平、吴菁:《知识管理流派浅析》,《国家图书馆学刊》2007年第1期。

[45] 宋平、王立英:《关系营销中老顾客该如何维护》,《现代营销·营销学苑》2006年第6期。

[46] 王德禄:《知识管理的IT实现——朴素的知识管理》,电子工业出版社,2003。

[47] 王勇、庄贵军、刘周平:《企业对顾客直接投诉的反应及其影响》,《管理学报》2007年第5期。

[48] 王勇贵:《顾客资源管理——资产、关系、价值和知

识》，北京大学出版社，2005。

[49] 〔美〕维娜·艾莉：《知识的进化》，刘民慧等译，珠海出版社，1998。

[50] 无涯子：《中国知识管理发展概述》，http://www.360doc.com/showweb/0/0/343779.aspx。

[51] 谢延浩：《基于关系质量的渠道行为机理研究》，南京理工大学硕士学位论文，2004。

[52] 徐向艺、辛杰：《企业知识管理》，山东人民出版社，2008。

[53] 徐兆英：《论知识管理的内容、特征及其对管理科学的贡献》，《东北师大学报》（哲学社会科学版）2004年第6期。

[54] 许艳萍：《论顾客投诉处理与顾客忠诚度的培养》，《商场现代化》2006年第5期。

[55] 杨建秀：《论知识管理学的创生和发展》，大连理工大学硕士学位论文，2005。

[56] 姚作为：《关系质量的关键维度——研究述评与模型整合》，《科技管理研究》2005年第8期。

[57] 《有效顾客反馈的原则》，《品质·文化》2006年第7期。

[58] 余峻峰：《顾客满意度发展及模型综述》，《经济论坛》2009年第5期。

[59] 郁义鸿：《知识管理与组织创新》，复旦大学出版社，2001。

[60] 张荔莹：《我国网络银行客户关系管理研究》，哈尔滨工程大学硕士学位论文，2008。

[61] 张润彤、曹宗媛、朱晓敏：《知识管理概论》，首都经济贸易大学出版社，2005。

[62] 张润彤、蓝天:《知识管理》,高等教育出版社,2005。

[63] 张同健:《知识管理研究述评》,《淮南职业技术学院学报》2008年第4期。

[64] 张新国:《21世纪关系营销发展新趋势》,《中南财经政法大学学报》2002年第6期。

[65] 赵洋、胡峰:《知识管理:理论内涵与实践意义》,《广东商学院学报》2002年第3期。

[66] 郑杰:《谈知识管理》,《特区经济》2005年第5期。

[67] 郑龙:《顾客满意度测评研究及实证分析》,武汉理工大学硕士学位论文,2008。

[68] 周秀玲、王信东:《顾客忠诚的驱动因素分析及培育模式探讨》,《商场现代化》2006年第4期。

[69] 朱思文:《顺丰物流基于顾客让渡价值创造的营销战略研究》,湖南大学硕士学位论文,2005。

[70] 朱晓峰:《知识管理研究综述》,《理论与探索》2003年第5期。

[71] Alex Sharland, "The Negotiation Process as a Predictor of Relationship Outcomes in International Buyer-Supplier Arrangement", *Industrial Marketing Management*, 2001, Vol. 2.

[72] Allen, N. J. and Meyer, J. P., "The Measurement and Antecedents of Affective Continuance, and Normative Commitment to the Organization", *Journal of Occupational Psychology*, 1990, Vol. 63.

[73] Anderson E. W., and Sullivan M. W., "The Antecedents and Consequences of Customer Satisfaction for Firms",

Marketing Science, 1993

[74] Anderson, Barton A., Weitz, B., "The Use of Pledges to Build and Sustain Commitment in Distribution Channels", *Journal of Marketing Research*, 1992, 24 (2).

[75] Anonymous, "Business School Knowledge Management Course", *The British Journal of Administrative Management*, Orrington, Mar./Apr. 2008, Iss. 19.

[76] Boisot M., "Information, Space, and the Information-space: A Conceptual Framework", http://www.uoc.edu/in3/gnike/eng/docs/dp_02_boisot.doc.

[77] Bruce Russell, Sangit Chatterjee, "Relationship Quality: The Undervalued Dimension of Software Quality", *Communications of the ACM*, 2003 (8).

[78] Bthur Aisingham, Agupta, Ebertno, Eferrari, "Col-elaborative Commerce and Knowledge Management", *Knowledge and Process Management*, 2002, 9 (1).

[79] Burghard C., Galimi J., "Customer Relationship Management-New MCO Catalyst", *Gartner Advisory*, 2000, 13 (1).

[80] Carlson S. A., "Strategic Knowledge Managing within the Context of Networks", In Holsapple C. W. eds., *Handbook on Knowledge Management: Knowledge Matters*, New York: Springer-Verlag, 2003.

[81] Ckprahalad, Ghamel, "The Core Competence of the Corporation", *Harvard Business Review*, 1990, 5.

[82] Crosby, L. A., Evans, K. E. & Cowles D., "Relationship Quality in Services Selling: An Interpersonal Influence

Perspective", *Journal of Marketing*, 1990, 54 (3).

[83] Curtis B., Kransner H., Iscoe N., "A Field Study of the Software Design Process for Large Systems", *Communications of the ACM*, 1998, 31.

[84] Daghfous, A., "How to Make Knowledge Management a Firm Score Capability", *Journal of Knowledge Management*, http://www.tlainc.com/articl54.html.

[85] Davenport T., Prusak L., *Working Knowledge: How Organizations Manage What They Know*, Boston: Harvard Business School Press, 1998.

[86] Dnrastogl, "The Nature and Role of IC: Rethinking the Process and Value Creation and Sustained Enterprise Growth", *Journal of Intellectual Capital*, 2003, 4 (2).

[87] Don Peppers, Martha Rogers, Bob Dorf, *Ten Steps to a Learning Organization*, Great Ocean Publishers, 1998.

[88] D. M. Berry, "The Importance of Ignorance in Requirements Engineering", *Journal of Systems and Software*, 1995, 28 (2).

[89] Emma Chablo, "The Importance of Marketing Data Intelligence in Delivering Successful CRM", *DM Review*, 2000 (46).

[90] Flint D. J., Woodruff R. B., Gardial S. F., "Exploring the Phenomenon of Customers' Desired Value Change in a Business-to-Business Context", *Journal of Marketing*, 2002, (66).

[91] F. Robert Dwyer, Paul H. Schurr, and Sejo Oh, "Developing Buyer-Seller Relationships", *The Journal of*

Marketing, 1987, Vol. 51, No. 2.

[92] Gordon S., Linoff, Michael J. A., Berry, *Mining the Web: Transforming Customer Data into Customer Value*, Wiley, 2002.

[93] Graham Roberts Phelps, *Customer Relationship Management: How to Turn a Good Business into a Great One*, London: Hawskmere, 2001.

[94] Hansen M. T., Nohria N., Tierney T., "What's Your Strategy for Managing Knowledge?", *Harvard Business Review*, 1999, 77 (2).

[95] Hasan H., AI-hawari M., "Management Styles and Performance: A Knowledge Space Framework", *Journal of Knowledge Management*, 2003, 7 (4).

[96] Hennig-Thurau Thorsten, Alexander Klee, "The Impact of Customer Satisfaction and Relationship Quality on Customer Retention: A Critical Reassessment and Model Development", *Psychology & Marketing*, 1997, Vol. 14.

[97] Hennig-Thurau, T., Gwinner, K. P., Gremler, D. D., "Understanding Relationship Marketing Outcomes: An Integration of Relational Benefits and Relationship Quality", *Journal of Service Research*, Vol. 4, No. 5, Feb. 2002.

[98] Hflin, Glee, "Impact of Organizational Learning and Knowledge Management Factors on E-business Adoption", *Management Decission*, 2005, 43 (2).

[99] Hirschman, Albert O., *Exit, Voice, and Loyalty*, Harvard University Press.

[100] Hollsopple C. W., Singh M., "The Knowledge Chain

Model: Activities for Competitiveness", *Expert Systems with Applications*, 2001, 20 (1).

[101] Ikujiro Nonaka, "The Knowledge-Creating Company", *Harvard Business Review*, 1991, 69 (6).

[102] Lagace, R. R., Dahlstrom R., Gassenheimer, J. B., "The Relevance of Ethical Salesperson Behavior on Relationship Quality: The Pharmaceutical Industry", *Journal of Personal Selling & Sales Management*, 1991, 11 (4).

[103] Liljander, Veronica, and Tore Strandvik, "The Nature of Customer Satisfaction in Services", In Teresa A. Swartz, David E. Owen, and Stephen W. Brown, *Advances in Services Marketing and Management* (Vol. 4), London: JAI Press, 1995.

[104] McConnell, "Classic Mistake", *IEEE Software*, 1996, 13 (5).

[105] Moorman, C., Deshpande R., G. Zaltman, "Factors Affecting Trust in Marketing Research Relationships", *Journal of Marketing*, 1993, Vol. 57.

[106] Moorman, C., Zaltman, G. & Deshpande, R., "Relationships between Providers and Users of Marketing Research: The Dynamics of Trust within and between Organizations", *Journal of Marketing Research*, 1993, 29.

[107] Morgan R. M. and Hunt S. D., "The Commitment-Trust Theory of Relationship Marketing", *Journal of Marketing*, 1994 (58).

[108] Nha Nguyen, Gaston Leblanc, "Corporate Image and

Corporate Reputation in Customers' Retention Decisions in Services", *Journal of Retailing and Consumer Services*, 2001, Vol. 8.

[109] Nonaka I., Toyama R., Konno N., "SECI, Ba and Leadership: A Unified Model of Dynamic Knowledge Creation", *Long Range Planning*, 2000, 33 (1).

[110] Nonaka I., Toyama R., "The Knowledge-Creating Theory Revisited: Knowledge Creation as a Synthesizing Process", *Knowledge Management Research & Practice*, 2003, (1).

[111] Nonaka Ikjurio, "The Knowledge Creating Company", *Harvard Business Review*, 1991, 11 (9).

[112] Oliva, T. A., Oliver, R. L. & Macmillian, I. C., "A Catastrophe Model for Developing Service Satisfaction Strategies", *Journal of Marketing*, 1992.

[113] Osterle H., Muther A., "Electronic Customer Care-Neue Wege Zum Kunden", Wirtschafts Info MatiK, 1998, 40 (2).

[114] O'Reilly, C. & J. Chatman, "Organizational Commitment and Psychological Attachment: The Effect of Compliance, Identification, and Internalization on Prosocial Behavior", *Journal of Applied Psychology*, 1986, Vol. 71.

[115] Palmatier, R. W., Dant, R. P., and Grewal, D. et al., "Factors Influencing the Effectiveness of Relationship Marketing: A Meta-Analysis", *Journal of Marketing*, 2006 (70).

[116] Parasuraman, A., "Reflections on Gaining Competitive

Advantage through Customer Value", *Journal of the Academy of Marketing Science*, 1997, 25 (2).

[117] Perter C., Verhoef, Philip Hans Franses, Janny C., Hoekstra, "The Impact of Satisfaction and Payment Equity on Cross-buying: A Dynamic Model for a Multi-service Provider", *Journal of Retailing*, 2001, Vol. 77.

[118] Polanyi M., *Knowing and Being*, Chicago: The University of Chicago Press, 1969.

[119] Polanyi M., *Personal Knowledge: Towards a Post Critical Philosophy*, London: Rout ledge, 1958.

[120] Polanyi M., *Study of Man*, Chicago: The University of Chicago Press, 1958.

[121] Psthle, "Dynamic Intellectual Capital in Global Rapidly Changing Industries", *Journal of Knowledge Management*, 2002, 6 (2).

[122] Robert M., Morgan and Shelby D. Hunt, "The Commitment-Trust Theory of Relationship Marketing", *Journal of Marketing*, 1994, 58 (7).

[123] Roberts, Keith, Varki, Sajeev, and Brodie, Rod, "Measuring the Quality of Relationships in Consumer Services: An Empirical Study", *European Journal of Marketing*, 2003, 37 (1/2).

[124] Ronald S. Swift, *Accelerating Customer Relationships: Using CRM and Relationship Technologies*, Prentice Hall, 2000.

[125] Smith, J. B., "Buyer-Seller Relationships: Similarity, Relationship Management and Quality", *Psychology & Marketing*, 1998, 115 (1).

[126] Storbacka K., Standvik and Gronroos C., "Managing Customer Relationships for Profit: Dynamics of Relationship Quality", *International Journal of Service Industry Management*, 1994, 5 (5).

[127] Woodruff, Robert B., "Customer Value: The Next Source for Competitive Advantage", *Journal of the Academy of Marketing Science*, 1997, 25 (2).

[128] Zack M. H., "Developing a Knowledge Strategy", *California Management Review*, 1999, 41 (3).

图书在版编目（CIP）数据

基于知识管理的顾客关系质量研究/杭建平，王建梅编著.
—北京：社会科学文献出版社，2015.1
（管理科学与工程丛书）
ISBN 978-7-5097-5735-2

Ⅰ.①基… Ⅱ.①杭… ②王… Ⅲ.①企业管理-销售管理-研究 Ⅳ.①F274

中国版本图书馆 CIP 数据核字（2014）第 039854 号

·管理科学与工程丛书·

基于知识管理的顾客关系质量研究

编　　著	/ 杭建平　王建梅
出 版 人	/ 谢寿光
项目统筹	/ 恽　薇　冯咏梅
责任编辑	/ 冯咏梅　王　沛
出　　版	/ 社会科学文献出版社·经济与管理出版中心（010）59367226
	地址：北京市北三环中路甲29号院华龙大厦　邮编：100029
	网址：www.ssap.com.cn
发　　行	/ 市场营销中心（010）59367081　59367090
	读者服务中心（010）59367028
印　　装	/ 三河市尚艺印装有限公司
规　　格	/ 开　本：787mm×1092mm　1/20
	印　张：16.8　字　数：242千字
版　　次	/ 2015年1月第1版　2015年1月第1次印刷
书　　号	/ ISBN 978-7-5097-5735-2
定　　价	/ 65.00元

本书如有破损、缺页、装订错误，请与本社读者服务中心联系更换

▲ 版权所有 翻印必究